澳门语言研究

黄翊 著

商务印书馆
2007年·北京

本书获澳门理工学院科研委员会赞助出版。项目号 P005/DECP/2006。

目 录

序一 ··· 1
序二 ··· 5

第一章 绪论 ··· 1
  第一节 澳门概况 ··· 1
    壹 澳门地理 ·· 1
    贰 澳门历史 ·· 3
    叁 澳门人口 ·· 7
    肆 澳门的政制与经济 ··································· 11
  第二节 本书研究的意义和方法 ·························· 14
    壹 研究的意义 ··· 14
    贰 研究的方法 ··· 15
    叁 前人的相关研究 ······································· 17

第二章 澳门早期的语言状况 ································· 24
  第一节 清代中文档案反映的澳门语言状况 ·········· 28
    壹 葡汉词语并存 ·· 50
    贰 粤方言普遍通行 ······································· 53
    叁 语言相互影响 ·· 54

第二节 《澳门记略》反映的澳门语言状况 …… 56
- 壹 词汇特征 …… 72
- 贰 语音特征 …… 76

第三章 澳门语言的种类 …… 83
第一节 汉语 …… 85
- 壹 粤方言 …… 87
- 贰 普通话 …… 91
- 叁 闽方言 …… 95
- 肆 其他方言 …… 98

第二节 外语 …… 99
- 壹 葡萄牙语 …… 99
- 贰 英语 …… 107
- 叁 其他语言 …… 111

第三节 澳门的克里奥尔语 …… 113
- 壹 土生葡人和土语 …… 113
- 贰 土语的语言特征 …… 126

第四节 双语和三语 …… 131

第四章 澳门的通用口语 …… 134
第一节 带有其他方言色彩的粤方言 …… 134
- 壹 带有吴方言色彩的粤方言 …… 135
- 贰 带有官话色彩的粤方言 …… 140
- 叁 带有闽方言色彩的粤方言 …… 144

第二节 土生粤方言 …… 147

第三节　带有其他语言色彩的粤方言 …………………… 155
　　　壹　泰国人所说的粤方言 ………………………………… 155
　　　贰　菲律宾人所说的粤方言 ……………………………… 158

第五章　澳门通行的书面语 …………………………………… 164
　第一节　普通话与粤方言并用 …………………………… 164
　　　壹　无意流露的普粤并用 ………………………………… 165
　　　贰　刻意追求的普粤并用 ………………………………… 168
　　　叁　用方言写作文章 ……………………………………… 172
　　第二节　文言与白话并用 ………………………………… 176
　　第三节　中文与英文并用 ………………………………… 182
　　第四节　葡式中文 ………………………………………… 191
　　　壹　确定公文种类 ………………………………………… 198
　　　贰　统一公文格式 ………………………………………… 200
　　　叁　改进公文语言 ………………………………………… 201
　　　肆　实现双语立法 ………………………………………… 205

第六章　澳门的专名语言 ……………………………………… 207
　　第一节　土生葡人的中文姓名 …………………………… 207
　　　壹　姓名的语言选择 ……………………………………… 208
　　　贰　签名呼名的语文选择 ………………………………… 215
　　第二节　澳门街道的中文名称 …………………………… 216
　　　壹　澳门街名的特点 ……………………………………… 218
　　　贰　澳门街名的结构方式 ………………………………… 237
　　　叁　省略、简称和代称 …………………………………… 260

肆　澳门街名系统化的手段……………………………… 264

第七章　澳门的语言政策和语言规划……………………… 271
　第一节　澳门的语言政策……………………………………… 271
　　壹　回归前的语言政策………………………………………… 271
　　贰　回归后的语言政策………………………………………… 273
　第二节　澳门的语言规划……………………………………… 275
　　壹　中葡英三语势力的消长…………………………………… 275
　　贰　粤普二言势力的消长……………………………………… 286
　　叁　语言规划中存在的问题及其对策………………………… 289

参考文献………………………………………………………… 303
图表目录………………………………………………………… 311
后　　记………………………………………………………… 315

序 一

两年前,黄翊完成了她的博士论文,现在,论文几经修改,得以出版。老朋友命我作序,推辞不恭,提起笔来,又不知如何说起。就学术而论,社会语言学是一门新兴的语言学门类,我听到这个名称的时间不到十年,真正有一点了解连三年都不到,一知半解都说不上,黄翊的论文我又没有帮上什么忙,所以是最没有资格来作序的。现在,任务摆在面前,逼我去学习,就说一说学习的心得吧!

社会语言学是一门研究语言社会状态、描述语言社会变异的语言学门类,因此,从事社会语言学研究,必须面对社会不同层次人群的语言生活。社会语言学进入了对各种复杂的语言特殊性的探讨,迫使语言学必须超越简单的"普遍性"追求,而要从更为复杂的现实中归纳普遍的规律;因此,它对理论语言学的推动也是十分明显的。20世纪以来,由于社会变迁日渐复杂,影响社会语言变化的因素日渐增多,不但地域、性别、职业等差异会产生语言的社会变体,制度、政策这些对语言影响更为隐性而变化又非常迅速的因素,也必须纳入社会语言学研究的视野中。人类的社会语言生活状态是人类生存状态的一个重要侧面,它不但是人类文化的直接写照,而且越来越对政治经济的发展起到正面的作用;这就增加了社会语言学研究的迫切性,同时也增加了社会语言学研究的难度。在中国的社会语言学研究中,地域方言研究已经取得了很多成就,这个研究领域的成果在经过视角的转换后,可以很快进入社会语言学;性别、职业、微观语境的语言社会变异的研究正在迅速崛起,但成果仍然偏重单一因素对语言的影响,全面、多元地探讨社会语言变异的成果还不是很多。社会因素对语言的影响是多元、交叉的,尽管可以把影响语言的因素分解开来分析,但树立综合的社会语言学的研究标本,探讨各种社会因素如何共同作用于不同人群的语言生活,并且探讨这些因素对语言生活影响的权重,是社会语言学研究发展的迫切需要。澳门是一个社会语言环境十分复杂的地区——它从中国一个郡县所属的地方,逐步被葡萄牙占领,沦为葡萄牙的殖民地,又从葡属殖民地回归中国,社会制度几度发生根本的变化,直接影响到它的官方用语和法律用语;它的居住人口成分复杂,原住民不多,大多是从广东、福建沿海地区来的居民,从东南亚诸国回流的华裔不少,还有从葡萄牙来的外籍人士以及俗称"土生葡人"的葡中混血儿及其后代,流动居民比重很大;人口的分布也有特别之处,不仅有陆上人口,也有水上人口,历史上还有葡国人生活的地区,生活和交际各有特点。社会的主要语言有汉语、葡萄牙语和英语,仅汉语就有粤、闽、客家、吴等多种方言;葡汉、汉英、葡英双语的情况格外复杂;回归以来,特别是赌权开放以来,汉语普通话的需求急剧增强,又多了一种后天学习的语言。制度的变迁和商业对象的变化从不同角度影响了人们的语言心理……种种因素使澳门的社会语言面貌呈现出极为复杂的局面,使它成为现代中国天然的、典型的社会语言学研究的标本。黄翎论文的选材抓住了澳门这个典型,已经是成功的一半。

黄翎的论文的特点是资料丰富,而且都是多年搜集、实地调查的成果。社会语言学要面对语言在社会中的消长与变异,调查和掌握第一手材料是研究的前提，她的论文里提供的语言材料很多是非常典型又不易得到的。例如，论文提供的由于语言接触而出现在口语与书面语中主体语言对其他语言吸收的各种现象，对解释现代语言的多语杂糅是很有说服力的。论文搜集的澳门土生葡人的中文姓名和街道名称的丰富材料，让人耳目一新……而且，这些第一手语言材料，不是任意堆砌，而是经过相当程度的筛选和整理，完全围绕要说明的主题。这些资料角度多元，考虑到多种影响社会语言的历史和现实的因素，各个因素之间又能够相互沟通，因此，对澳门语言状况的描绘真实可信，脉络清楚。这篇论文主要的任务是对现状的描写，其次才是对现状的历史成因加以分析。应当说，第一个任务完成得是很出色的。论文第一次把澳门这个语言情况复杂的社会语言学标本的全面状况摆在我们的面前，为今后的研究和语言的规划打下了非常好的基础。

在澳门生活多年，经历过在澳门这个语言生活极端复杂地区推广汉语标准语的艰辛，以及黄翊难得的学习语言、获得语感的锐敏性，都是她完成这个题目的有利条件。这里还必须提到的是，在澳门回归的前后，一批致力于为汉语争取社会地位、为普通话进入官方语言而奋争的爱国学者，已经渐渐形成了一个由程祥徽教授牵头的学术集体，这个集体对澳门语言生活的状况和变化是十分关注的。这对黄翊论文的完成，无疑有着很大的帮助，增加了她完成这个题目的优势。

如果说论文有什么不足之处的话，那就是对现象的理论提升还有些欠缺。不过，一篇论文再详尽，也不能把所有的问题都解决，我所了解的黄翊是在历经九九八十一难之后终于修成正果的，相信她不会把现在的研究当成终点，而会用她不断进取的毅力，继续推进这个课题的研究。再说,她选择的这个研究题目正是澳门发展急需开发的应用课题,已经缠到了身上,想要完全摆脱,也没有那么容易吧!作为社会语言学的学习者和对港澳语言与教育非常关注的同行,我会常常期待黄翊的新成果问世的!

王 宁

2007 年 2 月

序 二

承曹志耘兄的厚爱，2004年我参加了他所指导的博士生毕业论文答辩。其中有一篇黄翊博士的论文《澳门语言状况与语言规划研究》引起我很大的注意。因为那个时候，我正在对汉语的语言规划和语言生活问题产生兴趣，关于澳门的有关语言信息，自然是我搜求的重要对象之一。答辩会前后，我仔细地研读了这篇论文，跟黄翊博士有数次电子邮件往来，向她讨教了很多问题，都得到了满意的回复。后来，黄翊博士对这篇论文作了很多的修改和补充，希望成书出版，与学界同仁共享她的研究成果。修改补充过的成品就是这本《澳门语言研究》。她把书稿再次寄给我，希望我就书稿中讨论的有关问题说说感想或建议。澳门是一个非常美丽的海滨城市，陶醉于它的幽雅和宁静，享受着它的绚丽风光，倾听着它入耳的涛声，令人流连忘返。有朋友说，这是一个神仙福地、人间天堂。我们在凡尘俗世中过来的人，在这样的环境中是很容易把艰苦的学术忘掉的。所以我虽然去过澳门几次，但对它的语言问题却所知甚少，主要都是从黄翊博士的书稿中得来的。这样，我虽受命，却十分惶恐，迟迟不敢举笔。

这里只能说一说读过《澳门语言研究》之后，我得到的几点最重要的收获。

首先,比较详细地理解了澳门语言问题是非常复杂的。黄翊博士等曾经写过一本名为《澳门:语言博物馆》的专著(香港和平图书·海峰出版社,1998年)。书里已经说到澳门语言和方言种类繁多,有汉语、葡语、英语,此外还有西班牙语、马来语、印度尼西亚语、印地语等其他语种。汉语里有普通话、粤语、闽语、吴语,以及其他各种汉语方言。澳门的面积和人口至多是一个中小城市的规模,在这样一个范围有限的环境里,竟然容纳如此众多的语言和方言,而且这些语言和方言之间的差别是如此之大,这在中国境内,没有其他城市可以相提并论,世界其他地方恐怕也不多见。澳门确实称得上是一座名副其实的"语言博物馆"。它从另一个侧面反映了澳门社会海纳百川、和谐宽容的性格和本质。

《澳门语言研究》一书不但再次展示了这座语言博物馆丰富多彩的语言生活,同时以大量的语言事实,从各个方面描述、分析了这种语言生活形成、发展和演变的历史。其中最重要的是,本书重点揭示了澳门语言社会在相互接触、相互交流中所产生的相互影响的真实面貌。这种状况从澳门早期就开始了,例如清代中文档案和《澳门记略》记载,当时已经出现了汉葡双语并用,葡汉词语并存的语言使用局面。这个现象后来进一步发展,不但广泛地渗透到汉、葡、英三语,同时渗透到澳门的通用口语和通行的书面语。例如几乎通行澳门的粤方言分别带有官话、闽语、吴语等各种方言色彩,甚至还带有汉语以外的其他语言色彩;澳门通行的书面语里,不但汉语文言白话并用,中文英文并用,还有所谓的葡式中文。最特别的是澳门的克里奥尔语和土生的粤方言,本书对这两种特殊语言现象的描写和讨论,确实展示了澳门语言接触、语言影响的斑斓色彩。我细读之后,真的大开眼界。

其次,真的明白了规划澳门的语言问题,为澳门的语言社会制定一套合乎实际的语言政策是至为重要的。规划语言学家认为,语言是一个"问题",因此世界各国以及许多地区都有语言规划,并由规划进一步制定相应的语言政策,希望借此比较理想地处理好这个"问题"。语言规划和语言政策对于一个国家或地区的社会生活,包括政治、文化、经济等各个领域将产生重要影响。这方面的事例不胜枚举。澳门更是如此,因为澳门的语言问题具有特别的复杂性和敏感性。过去澳葡政府已经意识到这个问题的重要性,事实上对汉葡双语双文的共存等重要语言问题作了必要的规划,并为此制定过一些必要的政策。澳门回归以后,《中华人民共和国澳门特别行政区基本法》(以下称为《基本法》)虽然总体上规定了中葡两种官方语文并存的政策,可是具体的实施还是有很多具体的问题需要研究。我知道著名语言学家程祥徽教授等为此做了大量的理论准备和实际工作,例如,在程祥徽会长的领导下,1998年12月在澳门召开了"语文规划的理论与实践"研讨会,程祥徽教授还发表了《澳门回归与澳门语文的前景》(《澳门语言学刊》1999年第8、9期,澳门语言学会出版)、《澳门语文应用要走向规范化与标准化》(《澳门语言学刊》2001年第14、15期,澳门语言学会出版)等重要论文。

《澳门语言研究》第七章也是专门讨论澳门的语言政策和语言规划的,特别讨论了澳门语言政策和语言规划的范畴和基本内容,尤其指出了澳门语言规划中存在的问题及其对策。作者说:"目前澳门语文规划中存在的问题主要是:没有一支用语言学理论武装起来的足以胜任规划任务的团队;缺少必要的机构从事学术研究和开展实际工作;社会上偶有语文问题的争论,但多偏重于语文的微观运用,缺乏宏观的视野,未能把澳门的语言工作放在社会和时代的大环境中开辟道路。"在这个分析的基础上,作者提出必须采取以下对策:

一、加强语言规划理论研究

二、建立语言规划机构

三、注意各方因素的配合

我知道黄翊博士是长期关注澳门的语言规划和语言政策研究的,并发表过多篇相关论文,她所看到的问题,所提出的对策,应该都是实事求是的,有针对性的。

第三,初步知道了澳门语言在应用过程中的具体表现。近年来兴起应用语言学的研究,据说成果非凡,令人刮目相看。应用语言学其实有两个重要方面,一个是研究语言在社会生活中的实际应用,另一个是研究社会生活对语言的应用需求。前者研究语言如何应用于社会生活的各个领域,后者研究社会生活中有哪些领域需要语言的帮助和支持。可见应用语言学具有极其广泛的研究前景。《澳门语言研究》在这两个方面的研究都各具特色,给我留下非常深刻的印象。书稿第六章讨论了澳门的专名语言,涉及土生葡人的中文姓名和澳门街道的中文名称,其中关于姓名的语言选择、签名呼名的语文选择、街名的结构方式等方面的论述,我觉得非常精彩,值得一读。

这里特别应该提到第五章的内容。这一章讨论澳门通行的书面语,说到澳门书面语言应用当中四个重要的方面:一是普通话与粤方言并用,有的是无意流露的并用,有的是刻意追求的并用,最极端的做法就是干脆使用方言写作文章。无论如何,这个显然是澳门书面语言应用中十分突出的现象,除了香港以外,在中国其他地方是不容易看到的。这个现象表现了澳门语言生活当中粤语方言与普通话之间的竞争与共存的事实。粤语方言具有根深蒂固的深刻影响,普通话挺进的势头锐不可当。二是文言与白话并用。文白并用常见于旧时的书面语中,中国内地其他地方现时已难见到,可是澳门仍很常见。尤其在应用文的写作中具有特别的反应,因为"应用文重在应用,因此必须让人读懂,不可艰深,但又要求简洁明晰,不事雕琢,让读者一目了然",而文白并用能够收到这个效果。三是中文与英文并用。四是葡式中文。这是1992年以前澳葡政府在官方语文中实行"葡语独尊"政策所遗留下来的语言应用问题。黄翊博士很客观地指出,"澳门人对这种语文现象十分厌烦甚至深恶痛绝,但对它的存在既无能为力又束手无策,这种现象还会继续下去"。

总之,以上三个重要问题,都给澳门的语言规划学家,以及语言政策制定者提出了严峻的挑战。很让人感到钦佩的是,黄翊博士对于以上这几个问题,都有自己独到的见解,同时开出了"药方"。例如,对于葡式中文,她提出要确定公文的分类,然后进行公文改革;主张统一公文格式,改变格式繁多的情况;要求改进公文的语言,以利于公文语言的通达;呼吁实现双语立法,以彻底改变"葡式中文"写作公文的现状。

《澳门语言研究》一书内容堪称丰富。除了一般的介绍澳门的历史地理以外,作者把最大的注意力都投入于澳门社会语言生活的各个方面，包括对反映澳门早期语言状况的历史文献的整理与分析；对澳门语言种类现状的叙述与讨论；对澳门通用口语、通行书面语的描写与剖析；对澳门特殊中文姓名和街道名称的记录与辨证。最后浓墨重彩落笔于关于澳门语言规划和语言政策的探讨与研究。读过书稿之后，掩卷深思，让人回味无尽。

这肯定是一部社会语言学方面的精彩作品。关于社会语言学，这里想多说几句。大家都知道，社会语言学是一门把社会和语言学结合在一起的学科。它把语言当作一种社会现象，放在整个社会中加以考察，从语言的变化与发展去探究社会生活的某些倾向或规律。著名社会学家和语言学家 Ralph W. Fasold 于 1990 年曾经出版过两部有名的姊妹篇专著，一部叫 *The Sociolinguistics of Society*，另一部叫 *Sociolinguistics of Language*（Basil Blackwell Ltd. 1990）。前一部是从社会的角度讨论社会语言学，说到政治、经济、文化诸因素对语言所构成的影响，语言由此所产生的变化；后一部是从语言的角度讨论社会语言学，说到语言本身的因素对社会所构成的影响，以及由此引起的语言的变化，例如"洋泾浜"和"克里奥尔"等语言现象。可见，讨论社会语言学的时候可以有完全不同的侧重面。令人惊讶的是，这些不同的侧重面，有意无意地几乎成了西方社会语言学与中国社会语言学的分界线。

美国著名社会语言学家拉波夫（Labov William）早年写过两种很有名的著作，一篇是论文，发表于 1963 年的《音变的社会促动因素》(The Social Motivation of Sound Change. *Word* ,19:273—307)，很详尽地讨论了语言当中的音变现象是由什么样的社会因素造成的；另外是一部专著，发表于 1966 年的《纽约市英语的社会层次划分》(*The Social Stratification of English in New York City*. Washington, DC: Center for Applied Linguistics),以 340 个选样进行了详细的语言调查,说明了纽约不同社会层次中所使用的英语的差别,以及这些差别的具体表现。这些主要都是从语言的角度研究社会语言学的。后来的西方社会语言学家,大多遵循拉波夫的方法来研究社会语言学。他们追求研究语言的"变异"(variation)与"共性"(universals),在他们的作品里虽然有大量的图表数据,以及十分烦琐的统计数字,但讨论的问题却是非常严谨,非常有说服力的。

中国社会语言学走的是另外一条道路。由于众所周知的原因,中国社会语言学的兴起比较晚了,著名语言学家和出版家陈原先生为此作出了重要的贡献。陈原先生 1979 年出版了《语言与社会生活》,1983 年出版了《社会语言学》(两书同时收入《陈原语言学论著》卷一,商务印书馆,1998),这两本著作标志着中国社会语言学已经开始走向成熟。现在让我们稍微关注一下这两本著作的大致内容。《语言与社会生活》讨论了语言与社会,语言的灵物崇拜,语言污染与净化,语言的吸收功能,委婉语,词汇学与辩证法等若干问题。《社会语言学》首先定义社会语言学为"一种边缘科学",至于跟什么学科"边缘",并没有详细说明。不过书里讨论了语言是 种社会现象,语言作为一种交际工具,语言作为思想的直接现实,语言是一种信息手段等四个大的理论问题。然后接着讨论手势语言、阶级语言、语言符号与非语言符号、非语言交际与形象思维等若干具体问题。不用多少比较就可以看出,陈原先生这里所研究的社会语言学,内容非常广泛,跟拉波夫等人所研究的西方社会语言学是有明显差别的。

不过,陈原先生学识丰富,广征博引,文采飞扬,举例就在你身边,他这两本著作很快风行学界,很为中国社会语言学立纲张目。最近二十来年中国社会语言学的发展,基本上是沿着这个方向走的。

我的意思并不是要在这里评论西方社会语言学和中国社会语言学的是非优劣。这只是由于社会背景和学术环境的不同,所产生的观察问题、研究问题的侧重点不同而已。中国社会语言学发展本身的事实,已经说明了这一点。何况,近年来已经出现了双向连接的良好势头。例如我曾不揣冒昧,试着写过一篇《语音演变例外的社会调查》(《中国社会语言学》2001年第1期),就是试图以西方社会语言学的惯常方法,来研究方言中的某些语音演变例外现象的。我知道其他的一些学者也作过同类的研究。

现在要回过头来再说黄翊博士的《澳门语言研究》。作者在这部书稿里面,以非常娴熟的手法,把西方社会语言学和中国社会语言学这两种不同的研究路径,很成功地融合在一起了。这部书稿不是专门研究澳门语言的本体,例如不是专门研究澳门广泛通行的粤语方言,也不是专门研究澳门部分通行的闽语、吴语等,甚至也不是专门研究澳门的土生粤语和土生葡语即澳门的克里奥尔语。但是读者却可以从书里获取大量的澳门粤语、闽语、吴语,以及澳门土生粤语和克里奥尔语的信息。书稿里面展示了澳门语言的各个侧面,有着丰富的语言文献、语言记录和语言事实,也有大量的图表和统计数据。这部书稿当然也不是专门研究澳门的文体与文化的,例如不是专门研究澳门的书面语,不是专门研究澳门的通行公文,更不是专门研究澳门人的姓名和澳门的街道的。但是,读者却可以从书里了解到澳门书面语,以及行政公文里表现出来的整体的特殊面貌。书稿里面林林总总,举证了大量人名、街名和路名的实例,并从历史和文化的角度,也从社会应用的角度作出合理的阐释。总之,我们从这部书稿里,看到的是一座袖珍了的"澳门语言博物馆",也是一座袖珍了的澳门文化历史博物馆。我相信对于像我这样的澳门以外的读者来说,所有这一切都足够新鲜,都足以让人大开眼界。即使对于澳门本地的读者来说,看了本书以后,也会感到一种亲近、亲切,里面说的社会语言现象就在他们每天的生活里。

我这里的意思是说,完全按照西方社会语言学的方法,或完全按照中国社会语言学的方法,都无法展示澳门语言与社会的全貌,写不出现在我们读到的《澳门语言研究》。只有把这两种方法结合起来,才能写出这本《澳门语言研究》。我还想特别说一说,就是《澳门语言研究》一书有很大的可读性,在黄翊博士的论文答辩会上,我已特别提出来说过。很多人认为,语言学是一门很单调、枯燥的学问,其中的方言学尤甚。曾听朋友开玩笑说,如果晚上睡不着,拿出语言学的论文,尤其方言学的论文,看不到十分钟就睡着了。此话说得有点儿刻薄,可是很多语言学的论著缺少可读性却是事实。《澳门语言研究》没有这个毛病。我读这个书稿可以说是很有兴趣的。这不是说我有多少语言学的涵养,以至刀枪不入,不是的。而是这本书稿在大部分的章节里,提供了很多新鲜的事实,我迫切希望尽快读下去,尽快获取这些知识。例如,作者对清代的中文档案进行了整理,列举了385个澳门当时的词语;在列举了《澳门记略》里395个流行的常用词之后,又举出一批澳门的地区词或方言词。这些都是非常珍贵的澳门早期语言文献资料,别处难得一见,真是值得一读。书稿介绍澳门的语言种类,澳门通用口语和书面语,虽然有很多图表数字,可是不觉乏味,因为伴随着图表数字的,是大量生动的应用实例,这些实例,平时也不是随便什么地方都能看到的。我相信读者看过之后,对时下学界热衷的语言接触、语言影响等话题,将不再是陌生的。书稿讨论澳门的专名语言,只说土生葡人姓名的语言或语文选择,分析得相当精彩;讨论澳门街道的中文名称时,图文并茂,可以对照着看,读来颇能引人入胜。

我读过《澳门语言研究》之后,对社会语言学的研究还有一些领悟。一是觉得社会语言学的基础还是语言事实,缺少或没有语言事实,无法进行社会语言学的研究。本书之所以成为一本好的社会语言学著作,首要的一条就是充满了大量生动的实际事例,从这些事例中进行分析、讨论,实现理论的升华,才是言之有物的,才是不空洞的,才是有说服力的,也才是有理论的;二是觉得社会语言学的根本也是语言和社会的调查,缺少或没有这个调查,也无法进行社会语言学的研究。本书那么多的丰富的、第一手的文献资料和现实材料是从哪里来的?都是从作者长期的、艰苦的文献调查和语言调查得来的。要做好社会语言学这个学问,就要下苦工夫作调查,不能偷懒。我忽然觉得,社会语言学和我几十年来所从事的汉语方言学最有相通之处。汉语方言学非常重视方言事实,因此才有了"只罗列事实"的名声,我跟我的同事们却至今不悔。汉语方言学也最重视方言的田野调查,记录语言事实是不容易的,田野调查要吃很多苦头。可是我跟我的同事们却也苦中作乐,自有一番风景。这两者既是知识,又是技能,这就是我经常爱说的"方言学是知识和技能的结合"的道理。不过,也许还是有些不同,要是一本专门讲澳门语言和方言本体的作品,也写得像《澳门语言研究》这样耐人阅读,而不觉乏味的,我怕是很难,起码我是没有这个本事的。

我很早就见过黄翊博士,可是跟她真正讨论学问的,却是在参加她的博士论文答辩的前后。她给我的印象是待人大方热情,做起事情来非常认真执著。在论文答辩通过以后,记得有一次,她跟我讨论定居澳门的、从东南亚一些国家来的华侨,论文里该怎么称呼?是叫"华人"或"华侨",还是别的什么称呼?为此我们邮件往来了好几次,每次她都有新的想法。还有一次,我们讨论带着厦门话或上海话味道的澳门粤语,该叫什么?也在邮件里讨论了好一阵子,犹疑反复了好几次。其实,这些都不是大问题,要是马虎一点也就算了。可是黄翊不是这样,非要一个自己满意的说法不可!有时她跟她的先生来北京公干,偶有机会我们会一起品茗论剑,她会有声有色地说起攻读博士期间,特别是做论文期间的甘苦,真是"千淘万漉虽辛苦,吹尽狂沙始到金"啊!也是在这些接触中,后来我才逐渐体会到一部成功的《澳门语言研究》是怎么写出来的。不,应该说是怎么苦"磨"出来的!

好些年以前,我应邀参加在澳门举行的"澳门语文规划研讨会"。后来又读到程祥徽教授关于澳门语言状况的著作,例如《中文回归集》(香港和平图书·海峰出版社,2000年)、《澳门社会的语言生活》(《语文研究》2002年第1期)、《新世纪的澳门语言策略》(《语言文字应用》2003年第1期)等等。澳门语言学界的朋友们为语言学事业作出了不懈的努力,取得了有目共睹的成绩。我相信,黄翊博士从事澳门语言研究,并以此为题攻读博士学位,是跟澳门语言学的整体事业有密切关系的,是这个事业一个重要的组成部分。

是为序。

张 振 兴
2005 年 12 月 31 日于北京东湖别墅

第一章 绪论

第一节 澳门概况

本节提供澳门语言生存和发展的背景资料,包括地理、历史、人口、政制与经济等方面的内容。

壹 澳门地理

澳门位于中国南端的海滨,在珠江和西江三角洲出口处,由澳门半岛、氹仔岛和路环岛组成,其地理中心以东望洋灯塔所在的东经113°32′47″、北纬22°11′51″为准。澳门半岛北面与中国内地接壤,以关闸为界,距广州130公里;东面向海,与香港相隔70公里;西与珠海湾仔和横琴岛的水道相隔仅几百米;南面则濒临南海,位居东北亚和东南亚航线的中继点。(《澳门手册》,澳门日报出版社,2003年,第12页)氹仔岛和路环岛位于澳门半岛南部,是两座全岛。三座岛屿有桥梁连接:澳门半岛与氹仔岛之间有三座大桥连接:3 004米的嘉乐庇大桥(俗称澳氹大桥)、4 700米的中葡友谊大桥和2 200米的西湾大桥;氹仔岛与路环岛之间有一条2 225米的海上公路相连。三座岛屿的西面隔着狭窄的内海与广东省珠海特区相望,在氹仔岛与珠海的横琴区之间,有一座莲花大桥衔接。

1840年时澳门的总面积只有10.94平方公里,其中澳门半岛3.35平方公里,氹仔岛1.98平方公里,路环岛5.61平方公里。因为不断填海取地,土地面积逐渐增长,截至2002年,澳门总面积增至26.8平方公里,其中澳门半岛面积为8.5平方公里,氹仔岛面积为6.2平方公里,路环岛面积为7.6平方公里,路环氹仔填海区面积4.5平方公里。澳门半岛、氹仔岛和路环岛的发展很不平衡,以澳门半岛的人口最多,繁华程度最高;氹仔、路环原来被视为澳门的郊区,20世纪90年代以后,氹仔开始高速发展,人口猛增。

历史上澳门有许多名称。明史最早见到的是蚝镜或壕镜、濠镜。后来出现濠江、海镜、镜湖等;还有马交、妈港等别称。澳门的名称离不开"蚝"、"镜"、"江"、"湖"、"海",原因是澳门地区盛产牡蛎(粤方言称"生蚝"),而海上(即江湖海)水平如"镜"。"蚝"字转换为"壕"、"濠",则是因为土字旁和水字旁的字更像地名的缘故。明嘉靖四十三年(1564年)右佥都御史庞尚鹏的奏稿称"广东南有香山县,地当濒海,由雍麦至濠镜澳,计一日之程,外环大海,乃蕃夷市舶交易之所"。澳门出现了"濠镜澳"的称法。此外还有人称澳门为"香山澳"。在粤方言中,"澳"指船只泊岸之地,因此在"濠镜"、"香山"之后加一"澳"字是很自然的。

"澳门"正式的由来没有肯定的结论。1751年成书的《澳门记略》书中认为:"濠镜澳之名,著于《明史》。其曰澳门,则因澳南有四山林立,海水纵横贯其中,成十字,曰十字门,故合称澳门。或曰澳有南台、北台两山相对如门云。"这里指出澳门又称十字门。十字门有两个解释:一是"四山林立,海水纵横",贯穿其中的,形如十字;二是"南台、北台两山相对如门",南台山即现在的妈阁山,北台山即现在的莲峰山。

澳门的别称还有马交、妈港、阿妈港等。一般认为马交是由葡萄牙文的 Macau 音译而来。传说葡萄牙海员来到澳门,都在澳门半岛妈祖阁庙前面的海滩登陆,登陆时听到华人称那个地方为"妈阁",音译为葡语便是 Macau。1947 年版《辞海》称:"[妈港]地名,澳门之别称,详澳门条。又称马交。""因其地有天后宫,土人称为妈阁,故西文译名为 Macao。"Macau 是葡文拼法,Macao 是英文拼法,澳门通用 Macau。日本人常称澳门为阿妈港。此外氹仔当地本名"大拔岛";路环有古名"过路湾",葡萄牙语据此分别音译为 Taipa 和 Coloane。

澳门盛产莲花,1999 年澳门回归后定荷花为澳门特别行政区区花,区旗、区徽都以荷花为图案,故澳门又有莲海、莲岛、莲洋等称法,多见于诗歌、楹联、散文等文艺作品中。

贰 澳门历史

澳门自古以来就是中国的领土,秦朝时属南海郡番禺县。晋朝以后,澳门改属东官郡;隋朝又改属南海郡;唐朝划入东莞县。南宋绍兴二十二年,即公元 1152 年,广东将南海、番禺、新会、东莞四县的沿海岛洲分划出来,建立香山县,澳门划入香山县。此后,澳门的历史才有明确的记载。明朝的史籍中关于澳门的记载特别多。1553 年以前,澳门居民以从事渔业为生。15 世纪开始,葡萄牙人向东方扩张贸易。明嘉靖三十二年(1553 年),葡萄牙人贿赂广东按察司副使分任巡海副使汪柏,获准在澳门登陆晾晒受潮物品。清代文件称:"查澳门地居海岛,古名濠镜。考之乘志,自前明嘉靖三十二年,番船趋濠镜者,言舟触风涛,渍湿贡物,愿暂借濠镜海地晾晒。海道副使汪柏许之,时茅舍数十间,后商人谋利者渐运砖瓦木石为筑,居住输租,濠镜墺遂成泊薮。"("澳门同知王衷驳理事官禀请添建房屋增设额船等事宜"(嘉庆十二年),《清代中文档案汇编》)自此以后,葡萄牙人逐步住进澳门,甚至筑炮台、建城墙,与香山县一带的居民开展贸易,不少内地的商人也来到澳门经商,至清朝道光年间,这里已"系客商贸易之地,往来甚多"。(转引自"澳门同知冯晋恩为严禁蕃人黑夜拦拿过路民人事下理事官谕"(道光六年二月二十三日),《清代中文档案汇编》)

自此以后,葡萄牙逐渐拥有了澳门的实际治理权。但在1849年以前,葡萄牙人在澳门只可以居住,不拥有主权,而明清政府除了对澳门拥有并行使主权和治权外,还收取赋税。清道光二十九年(1849年),葡萄牙人完全占领了澳门半岛,不再向中国政府缴交年租和关税,还要向澳门的华人征收田赋,标志着葡萄牙人取得了澳门的行政权。在这期间,重大的历史事件有:

明嘉靖三十六年(1557年),葡萄牙人获准在澳门定居,葡萄牙人称这一年是他们的"开埠"之年。

明万历一年(1573年),澳门的葡萄牙当局向中国官员缴纳租金,每年白银500两。

明万历二年(1574年),中国在香山县与澳门之间的边界建置"关闸",并派兵驻守。

明万历十年(1582年),中葡订立租地合约,规定澳门葡人每年向香山县缴纳白银500两。

明万历十一年(1583年),广东地方政府与澳门葡人订约,对葡人立下5条禁例:不得买卖人口,不许收买华人子女,葡国船只

第一章 绪论

要按指定地点泊船候检,不准私建新房屋,禁止买卖私货。

明万历二十九年—明天启二年(1601—1622年),荷兰人三度攻打澳门失败。

明天启三年(1623年),葡国向澳门派出第一任总督马士加路也(D. Francisco Mascarenhas)。次年马士加路也到任后建城堡,筑高墙,架大炮,并计划建宫殿。这些举动遭到广东官员反对。1625年马士加路也被迫请降,拆除城堡。

清顺治一年(1644年),清朝开国,保留明代与葡萄牙所订下的一切法制。

清乾隆八年(1743年),清朝政府委任印光任为广东府海防同知,移驻前山寨,辖区包括首邑广州,支邑东莞、顺德、香山等三县,负责对澳门中外居民的编查,当地出入洋船的检验,当地居民斗殴、盗窃、贩卖人口或私运禁物的惩处等。

清乾隆十六年(1751年),印光任与继任海防同知的张汝霖合著《澳门记略》。

以上史料表明,葡萄牙人在16世纪中叶进入澳门,但是在之后100多年的时间内,澳门的司法权仍然掌握在中国官员手中,葡国人涉及的华人案件,都要受中国法律的管辖。

清嘉庆一年(1796年),中国宣布禁止鸦片进口。

清嘉庆七至十三年(1802—1808年),英国借口协助葡人防守澳门及借口法国将侵占澳门,开始染指澳门。

清道光十九年(1839年),钦差大臣林则徐在广州禁烟,澳门葡萄牙当局对中英纠纷采取中立立场,不少英商由广州逃往澳门。同年林则徐巡视澳门,在澳门接见葡方官员,葡方隆重欢迎。

清道光二十六至二十九年(1846—1849年)，葡国乘中国鸦片战后国力不振，在澳门攫取更大利益。澳门第79任总督阿马留(Joao Ferreira do Amaral)在澳门勒收房屋税，向工人征收人头税，攻占望厦村，禁止开设中国海关和税馆……不再向中国政府缴纳年租和关税，而且向澳门的华人征收田赋。1849年8月22日，中国农民沈志亮等7人用镰刀刺杀阿马留，砍下他的头颅和手臂。9月15日，沈志亮被清廷斩首。① 葡萄牙人最终取得了澳门的行政权，占领了整个澳门。

清咸丰一年(1851年)，葡人强占氹仔岛。

清同治三年(1864年)，葡人强占路环岛，设海岛镇行政局，管理氹仔岛和路环岛。

此后将近100年，葡萄牙一再巩固其在澳门的地位，向中国广东珠海方面扩张地盘，夺取更多的利益；尤其是在中国国力衰弱、在与列强战争中失败的时候趁火打劫。例如仅清光绪十四年(1887年)，中葡就签订了《中葡和好通商条约》、《中葡会议专约》、《中葡会订洋药征收税厘善后条款》，规定澳门为葡国的永久管理地方，葡国以法律形式取得澳门是它的殖民地的地位。

限于本书的研究范围，不再详列有关史料。《中华人民共和国澳门特别行政区基本法》"序言"指出："澳门，包括澳门半岛、氹仔岛和路环岛，自古以来就是中国的领土，16世纪中叶以后被葡萄牙逐步占领。"这"逐步占领"四字准确地概括了葡萄牙占领澳门的

---

① 1849年8月24日，澳门第79任总督(俗称兵头)阿马留(Joao Ferreira do Amaral)推行"绝对自治殖民地"政策，率领葡兵攻占望厦时被中国农民沈志亮等7志士伏击，割下头颅和独臂。葡人在阿马留被杀处刻碑纪念，并于1940年在南湾海傍竖立阿马留策马铜像，1992年在中方声明之下搬走至葡萄牙祖家。

第一章 绪论

历史。

1949年中华人民共和国成立以后,中国政府和葡萄牙政府及葡澳当局在澳门问题上都采取了一种审慎的、实际的态度,最终为澳门主权的回归铺平了道路。1999年12月20日,澳门回归祖国,成为中华人民共和国的一个特别行政区。

叁 澳门人口

古时澳门是个荒芜之地,没有正式的地名,也不见于史册。《澳门记略》开篇就说:"濠镜澳之名著于《明史》。"《明史》修成刊行于乾隆四年即1739年。据史载,南宋末年,蒙古人入侵中原,宋军向南方逃窜,其中一支逃至澳门。1271年,元朝建立后乘势举兵南下,追赶南逃的宋军,追至澳门海面,宋军无路可退,依凭澳门半岛、氹仔和路环的几处高地作最后的战斗,击败元军,自己得以生存下来。他们就是澳门的第一批居民。由13世纪到16世纪中叶,澳门依然人烟稀少,只有一些往来船只偶尔停岸躲避风雨,慢慢发展成为海上作业的中转站,其中以福建漳州、泉州来的人最多;后来就在澳门半岛的海滩登陆处建起妈祖阁庙,供奉天后娘娘。16世纪中叶葡萄牙人登陆澳门以后,人口增长较快,而且开始有人口数字的记载,但不精确,也不全面,有些是葡国人调查得来的,有的是中国官员向政府提交的报告;20世纪90年代以后的数据比较精确。有关澳门不同年代的人数记录见表1。

表1 澳门不同年代的人数调查记录

年　份	人　数(人)
1563年(明嘉靖四十二年)	5 000(华人4 100,非华人900)
1731年(清雍正九年)	3 597(未计华人,非华人3 579,其中夷人517,夷奴666,夷妇1 397,夷婢999)
1809年(清嘉庆十四年)	3 963(仅为葡人,其中男性1 715,女性1 618,葡兵265,黑奴365)
1839年(清道光十九年)	超过12 645(华人1 772户,7 033人;葡人729户,5 612人;向葡人租屋居住的英人57户,人数未计)
1910年(清宣统二年)	74 860(华人71 021,非华人3 839)
1920年(民国九年)	83 918(华人79 807,非华人4 111)
1927年(民国十六年)	156 170(华人152 739,非华人3 431)
1937年(民国二十六年)	164 528
1939年(民国二十八年)	245 194(华人239 803,葡人4 624,其他767)
1950年	187 772
1960年	169 299(华人168 764,葡人7 974,其他561)
1970年	248 636(华人240 008,非华人8 628)
1980年	276 673
1981年	298 221
1991年	355 693(华人237 852,葡人101 223,其他16 618)
1994年底	410 531
1996年底	414 128
2001年8月底	435 235

资料来自澳门统计暨普查司《澳门及其人口演变五百年(一五零零年至二零零零年)人口、社会及经济探讨》第101页,澳门特别行政区政府统计暨普查局《2001人口普查》第23页以及澳门基金会《澳门人口》第25页。

2001年的人口普查是澳门回归后的第一次人口普查。所得数据截至2001年8月下旬,澳门居住人口数目为435 235人,其中常住居民 414 047 人,流动居民 21 188 人。

　　澳门人口普查要考虑以下几方面内容:一是按"堂区"进行,二是要顾及不同的语种和汉语的不同方言,三是要考虑陆上人口和水上人口。此外还要考虑性别和年龄。

　　所谓堂区,就是按天主教堂划分的区域。回归前葡萄牙人将澳门划分为若干个区,按所在地的天主教堂命名。澳门半岛有花王堂区、大堂区、花地玛堂区、风顺堂区、望德堂区;氹仔岛有嘉模圣母堂;路环岛有圣芳济各堂。堂区并非行政区划,但人口调查向来按堂区划分范围,回归后人口统计依然按此传统进行。目前澳门绝大部分的人口居住在澳门半岛,其中花地玛堂区居住人口最多,为 180 499 人,占澳门人口总数的 41.5%;其次是花王堂区,占23.9%;氹仔则占 9.6%。与 1991 年人口普查的结果比较,氹仔的居住人口升幅最明显,增加了 4.8%。①

　　从这份人口普查提供的资料上还可以分析出澳门语言运用的现状。不同语种主要有汉语、葡萄牙语和英语。比较特别的是,澳门有一批称为"土生葡人"的葡汉双语人,他们同时以葡语和汉语为母语。汉语内部,方言现象相当复杂,主要是粤方言,还有闽方言、客家话、吴方言等等。澳门人口普查工作由政府主持,调查人员缺乏语言学知识,对方言的区分不够科学合理,以致在语言状况方面不能充分发挥调查资料的作用。例如调查使用的"广东话"术语,指的是以广州话为典型的粤方言,不包括广东境内的客家话、潮州话;"福建话"指的是以厦门话为代表的闽方言,但实际上包括闽南话、闽北话和潮州话。此外"双语"、"语种"等术语也只取它们的通俗意

----

① 澳门特别行政区政府统计暨普查局《2001 人口普查》第 27 页。

义,不作严格意义的区分,例如不同的方言有时称不同的语种等等。

居民分布在陆上和水域。因为长期以来相当部分澳门人口的经济活动及生活方式,都与捕鱼活动以及各个岛屿和大陆间的海上贸易有联系,所以澳门的水上人口在澳门的人口总数中总是占有一定的比例。在1896—1920年间,其比例一直徘徊在22%—25%之间,1927年大约占人口总数的三分之一。陆上人口居住固定,水上人口居无定所,因而语言有其特殊之处,但因调查困难,历次人口调查都只好置之不顾,或得来的资料不完整。一般情况是,在水域生活的三岁以上人口以男性占多数,达77.1%,女性占22.9%。94.4%的水上居民年龄介乎15—64岁之间。有些资料的统计数字不能与人口总数完全相符(例如各项百分比相加不足百分之一百),主要是没有拿到水域人口的准确资料。

2001年的人口普查资料显示,435 235澳门居住人口出生地在中国大陆的最多,占47.4%,达206 384人,其中有78.5%在广东省出生,14.9%在福建省出生,其次是澳门;在香港和葡萄牙出生的居住人口则分别占3.3%和0.4%。澳门居住人口出生地具体分布见表2。

表2 澳门居住人口出生地分布(2001年)

地点	人数(人)	所占比例%
中国大陆	206 384	47.4
澳门	191 139	43.9
香港	14 436	3.3
葡萄牙	1 616	0.4
其他	21 660	5.0

资料来自澳门特别行政区政府统计暨普查局《2001人口普查》第31页。

第一章 绪论

肆 澳门的政制与经济

从 1553 年起至 1849 年,葡萄牙用了 296 年时间真正开始取得澳门的管治权。

1974 年葡国发生"4·25 民主革命",葡国新政府宣布澳门是中国领土,但是由葡萄牙管治。1976 年葡国政府颁布《澳门组织章程》。《澳门组织章程》的性质是澳门地区的小宪法。澳门的政制就在《澳门组织章程》的规定下展开。其中主要的内容有:

(1)澳门的管理机关是总督及立法会。总督由葡国总统任命。

(2)澳门拥有本身的司法组织,但司法制度的纲要由葡萄牙议会制定。

(3)葡萄牙总统有权决定澳门法院何时被授予完全及专属的审判权。

由此可见回归前的澳门政制的性质是:主权与治权分离;立法、司法、行政平衡,以行政为主导;对葡国政府和法律存在依赖性。澳门总督是澳门政治权力的中心,而澳门总督由葡国总统委任,代表葡国管治澳门。

1999 年 12 月 20 日澳门回归后,澳门特别行政区政制原则是"澳人治澳"、高度自治,特点是行政主导,立法制衡和司法独立。同时根据"五十年不变"的精神,与旧政制有所衔接与继承。

澳门特别行政区依据《中华人民共和国澳门特别行政区基本法》施政。《基本法》的主要规定有:除了国防、外交事务外,澳门享有行政管理权、立法权、独立的司法权和终审权。澳门特别行政区的行政机关和立法机关由澳门永久居民组成。澳门特别行政区保持自由港、单独的关税地区和国际金融中心的地位,并可在经济、贸易、金融、航运、通讯、旅游、文化、体育等领域以"中国澳门"的名义单独与世界各地区及有关国际组织保持和发展关系,签订和履行有关协议。行政长官在当地选举产生,由中央人民政府任命。担任行政长官的人选,必须是"在澳门通常居住连续满二十年的澳门特别行政区永久居民的中国公民"。行政长官不与立法会分享立法权。

澳门的经济是典型的微型经济体。在16世纪后期至17世纪前期,澳门曾经是远东最繁盛的商埠之一。鸦片战争后,香港取代了澳门转口港的地位。1847年澳葡政府宣布赌博合法化,澳门转而发展赌业。20世纪60年代,澳门经济向现代化和多元化发展,1961年葡萄牙颁布法令,指定澳门为旅游区,特许开设赌博娱乐业,澳门逐渐形成以旅游博彩业为主导,出口加工业、地产建筑业和银行保险业为主要产业支柱的经济结构。但是,回归前由于澳葡政府对澳门经济的特征、潜力缺乏深入的探讨和正确的认识,澳门经济发展一直缺乏明确的方向。

回归后,特区政府以现实、大胆的态度确立了以博彩旅游业为产业龙头的经济发展政策。2003年3月14日,《澳门日报》报道特首何厚铧公开表示政府确立澳门经济的定位"以博彩业为龙头,其他行业协调发展"。还指出要"突出重点,兼顾多元","培训人才,加强监管"。公开开放博彩业,打破以往赌业独揽的局面。2004年,金沙娱乐场于5月、银河华都娱乐场于7月相继落成,此后又有皇家金堡娱乐场、希腊神话娱乐场、金龙娱乐场、财神娱乐场、永利娱乐场和星际娱乐场等陆续开张,为澳门经济带来可观的税收。据统计,仅澳门旅游娱乐有限公司这一个赌牌向政府交缴的税金增长迅速:2001年65亿澳门币,2002年70亿,2003年增至100亿,2004年上交140亿。截至2006年,除原有的澳门旅游娱乐有限公司以外,澳门政府另外发放了三"正"三"副"共六个赌牌:澳门博彩股份有限公司、银河娱乐场股份有限公司、威尼斯人(澳门)股份有限公司、永利度假村(澳门)股份有限公司、新濠博亚博彩股份有限公司和美高梅金殿超濠股份有限公司。据澳门特别行政区财政局公布1至11月公共财政数据显示,首十一月"批给赌博专营权之直接税"为179亿9 430万元,较去年同期增长18.3%。2006年12月24日《澳门日报》根据美国内华达州博彩管理委员会、澳门统计暨普查局和澳门博彩监察协调局提供的资料头版列表比较了"全球两大赌城近年博彩收入变化"(见下表)。

全球两大赌城近年博彩收入变化		
(单位:亿澳门元)		
年份	拉斯维加斯金光大道	澳门
二〇〇四年	426.7(+11.1%)	423.0(+43.5%)
二〇〇五年	482.7(+13.1%)	458.0(+8.3%)
二〇〇六年一至十月	434.9(+8.4%)	450.6(+17.8%)

在保证龙头产业优先发展的前提下,澳门政府也积极完善投资环境,透过各种市场开放政策引进资金,如开放电讯市场,重新规划城市,丰富旅游资源,设立跨境工业区吸引工业投资,鼓励多元化的经济发展。同时利用澳门的历史地理优势,使澳门成为区域性商业服务城市和沟通内外的中小商贸平台。

第二节　本书研究的意义和方法

壹　研究的意义

澳门有多种语言和多种方言。语言有汉语、葡语、英语以及泰国语、菲律宾语、缅甸语、印度尼西亚语、越南语、柬埔寨语等等，汉语方言有粤方言、闽方言、吴方言、客家话等等。香港是"两文三语"社会，澳门则是"三文四语"社会。这种复杂的交际机制，使澳门成为研究社会语言学和应用语言学的园地。社会语言学的研究要从了解研究对象的全貌入手，然而澳门的社会语言学的研究刚刚起步，有关澳门语言状况的著作还很缺乏。截至现在，介绍澳门语言全貌的著作不多，有分量的更少。本书所要进行的研究将有助于人们对澳门语言状况的了解。

澳门曾长期被葡萄牙统治，回归前澳葡政府实行的是重葡轻中的语言政策。回归后开展社会语言学研究必须对以往的语言政策进行一番清理，对以往的语言政策作出历史的评价，并针对澳门现实的语言状况预测未来发展的趋势，为澳门地区制定相关的语言文字政策提供依据。本书拟按此目标进行语言状况的历史叙述和现实描写，使这项研究具有现实意义。

语言的功能在于应用，语言研究的重点应当是"社会中的语言问题"和"人们怎样在实际环境中使用语言"。本书讨论中葡英三种语言的定位问题、普通话的推广与经济发展的需要问题、公文写作中的葡式中文问题、改进中文公文的写作问题等，目的是总结澳门语言使用中的特点,为澳门的政治、文化和经济建设提供参考。

澳门语言最具特色的地方是存在一种濒临消亡的克里奥尔语——土生土语。土生土语的葡文名称是 Patuá,中文译名很多,有"葡语方言"、"澳门土语"、"土语"、"澳门语"、"澳门方言"、"土生葡语"等等,目前在香港和澳门只有几十人能运用这种语言。土生土语以往多为葡国人立足于葡语立场进行研究,本书提倡从汉语的视角观察这种克里奥尔语,希望引起社会语言学研究者的兴趣。

贰 研究的方法

澳门语言问题,不仅为语言学家关心,也为研究澳门文化、澳门社会、澳门历史的专家们关注。澳门语言,历来是语言学家、文化学家、社会学家、历史学家以至其他人文学者共同研究的对象。不同的专业范畴面对相同的研究对象,必须采取不同的研究方法。本书运用社会语言学的方法论原则研究澳门的语言现象。

社会语言学的对象有三:"第一是研究语言的变异(variation),并且联系社会因素来探讨语言变异的原因和规律,常常用统计的方法和概率模式来描写这些变异现象。有人称之为'微观社会语言学'(micro-sociolinguistics)。第二是研究社会中的语言问题,如双语(bilingualism)、双方言(bidialectalism)、语言的接触(language contact)等,被称为'宏观社会语言学'(macro-sociolinguistics)。第三是研究人们怎样在实际环境中使用语言进行交际,以及不同的社会、社团使用语言的差别。这些研究被称为'言语人种志学'(ethnography of speaking)"。(徐大明等 1997)澳门的语言状况可为社会语言学的研究提供丰富的资源。

因此,本书将特别注意以下三个问题:

一、选择具有社会特征的语言现象为重点的研究对象。研究澳门的汉语，要充分发掘葡萄牙语对澳门汉语的影响，特别要研究汉葡双语人的语言特征。研究粤方言不仅要对语音、词汇、语法系统进行调查、归类，而是还要研究具有不同方言特点的粤方言，这些具有不同方言特点的粤方言是澳门语言交流的产物，是在其他地区找不到的语言现象，例如带有某些吴方言特征的粤方言，带有某些闽方言特征的粤方言等。

二、语言包括口语、书面语两种形态，研究对象也应包括澳门的汉语口语和书面语两种形态。澳门的汉语口语主要是以狭义的"广府话"（即广州市区的广州话）为标准；书面语以"语体文"（即书面普通话）为标准。研究澳门口语，要研究不同于广州粤方言、香港粤方言的澳门粤方言；研究澳门书面语，实际上是进行粤方言与普通话的对比研究，目的是要减少方言成分，提高民族共同语的使用水平。

三、在具体操作上，尽量运用社会语言学的方法处理书中提出的各种语言现象。由于社会语言学研究语言与社会的关系，涉及语言学的多个领域，因此采用的方法也不可能是单一的。总的原则是，涉及语言学的哪个领域，就与那个领域的主要研究方法产生联系。这些方法包括语言调查描写法、历史比较法和统计分析法等。

语言调查描写法主要应用于语言素材的调查与整理。这是所有语言学研究的一种基本方法。语言的调查主要是田野的实地调查，也包括适当范围的问卷调查、抽样调查和取证调查。语言的描写指的是对调查素材的整理、归类与分析。

历史比较法在迄今为止的传统语言学研究中占有极其重要的

地位。借助于这种方法，我们可以在纷繁复杂的语言事实中，比较同一种语言在不同的历史时期的面貌，在亲属语言之间寻找对应关系，归纳语言发展变化的规律，并进而构拟出其原始状态。本书在讨论澳门粤方言发展的各个阶段，澳门各方言之间的关系的时候，将主要应用这种方法。

统计分析法是借用经济学上基本的统计分析原理，应用于语言事实的统计和分析。这种方法在现代社会语言学的研究中已经得到广泛的应用。通过统计，提取资料，再对这些资料进行分析，许多意想不到的结论是在资料分析的过程中得到的。

叁　前人的相关研究

对澳门语言进行研究，时间跨度较大，外国（葡萄牙）学者参与得早，研究成果较多；中国籍学者参与得晚，研究成果较少。早期的研究成果较多的是辞书和教科书，或者是在其他类型的著作乃至政府档案中涉及语言现象，客观上提供了一些有关语言问题的资料。澳门本地学者自觉地运用现代语言学的理论和方法研究澳门语言问题迟自 20 世纪 90 年代才正式开始。纵观有关澳门语言的研究成果大体可分四方面，重要的著作有：

一　辞书和教科书

（意大利）罗明坚（Michel Ruggieri 1543—1606）、利玛窦（Matthaeus Ricci 1552—1610)1584《葡汉辞典》，商务印书馆

贡萨维斯（P. Joaquim Afonso Gonçalves1781—1841)《洋汉合字汇》（葡中字典）、《汉洋合字汇》（中葡字典）、《汉字文法》

这几部著作是为外国人学中文而编纂的，提供了许多当时澳

门汉语的语用资料。这类著作还有很多,包括不同程度的中文教科书等。

二　历史档案和著作

印光任、张汝霖原著　1745—1746,赵春晨校注　1992,《澳门记略校注》,澳门文化司署

这部著作记录了当时在澳门流行的葡语借词,是第一部用中文写的研究澳门语言交流的著作。

章文钦　1995　《澳门记略研究》,澳门基金会

刘芳辑、章文钦校　1999　《清代澳门中文档案汇编》(上、下册),葡萄牙东波塔档案馆藏,澳门基金会

这类著作主要属历史学、社会学性质,或者只是政府的公文档案,都不是语言学专著,但它们的字里行间透露出一些语文现象,是进行早期语言状况研究难得的资料。《澳门记略》尤其难得,因为该书最后附有一份当时汉葡对照的词表:汉语词用汉字记录,葡语词也用汉字记音。透过这些用作记音的汉字,可以考察当时葡汉对应的某些特点。

三　土生土语研究

鲍登(C. R. Bawden)　1954　十八世纪澳门葡语方言的汉语资料,《文化杂志》,澳门政府文化司署

若泽·多斯·桑托斯·费雷拉(José Dos Santos Ferreira)　1990　《甜美的澳门土语》,澳门政府文化司署

安娜·玛利亚·阿马罗(Ana Maria Amaro)　1988　大地之子——澳门土生葡人研究,《文化杂志》中文版第 20 期,澳门政府

文化司署

　　玛利亚·依沙贝·汤马斯(Maria Isabei Tomás)　1990　一种土语的生存和死亡,《文化杂志》中文版第 9 期,澳门政府文化司署

　　文德泉(Manuel Teixeira)　1994　澳门土生葡人的由来,《文化杂志》中文版第 20 期,澳门政府文化司署

　　文德泉(Manuel Teixeira)　1994　关于澳门土生人起源的传说,《文化杂志》中文版第 20 期,澳门政府文化司署

　　巴塔亚(Graciete Nogueira Batalha)　1994　澳门语——历史与现状,《文化杂志》中文版第 20 期,澳门政府文化司署

　　胡慧明　2000　《澳门记略》反映的澳门土生葡语面貌,澳门大学硕士论文,另载《文化杂志》中文版第 52 期,澳门特别行政区文化局,2004 秋季版

　　这一类型的资料是大量的,作者主要是葡萄牙学者和其他外国学者。这些著作的标题所称"土语"、"澳门语"、"土生葡语"等等含义相同,是一种克里奥尔语,是弥足珍贵的语言遗产。对于这份遗产的研究不应只立足于外语立场,指出其不同于规范葡语的地方,然后斥之为不规范的土语,甚至从行政上加以铲除(因此陷于濒危)。科学的态度应当视其为人类宝贵的文化遗产而加以抢救。本书举例性地列举土语的一些特点,指出这种克里奥尔语中的汉语成分,以便引起社会语言学界的重视和研究兴趣。因为不作专门研究,参考书目也就无须尽列。

四　澳门社会语言现象的研究

　　用现代语言学的观点和方法研究澳门的语言状况起步较晚,较大规模地进行研究大致始于 20 世纪 90 年代,至今只有短短 15

年历史,但涉及面较广,包括语言混杂现象的研究,公文用语研究,人名、街名等专名的研究,行业语特别是赌业用语的研究;也有语言政策和语言规划的研究。主要成果有:

(1)语言混杂现象研究

曹志耘　1989　方言学和社会语言学,《汉语研究论集》,中国矿业大学出版社

曹志耘　1997　谈谈方言与地域文化的研究,《语言教学与研究》第 3 期

陈耀南　1994　歪风卑格　中英夹杂——鸡尾文体的检讨,《语言风格论集》,南京大学出版社

程祥徽、刘羡冰　1991　澳门的三语流通与中文的健康发展,《中国语文》第 1 期,又《第三届国际汉语教学讨论会论文选》,北京语言学院出版社

程祥徽　2002　澳门社会的语言生活,《语文研究》第 1 期

黄　翊、龙裕琛、邵朝阳　1998　《澳门:语言博物馆》,香港和平图书·海峰出版社

侯精一　1992　普通话在未来澳门特别行政区的地位,《澳门语言论集》,澳门社会科学学会

罗世贤(Rui Manuel de Sousa Rocha)　1992　"一国两制,一区多语",《澳门语言论集》,澳门社会科学学会

刘羡冰　1994　澳门开埠前后的语言状况与中外沟通,《中国语文》第 1 期

唐作藩　1992　从汉语发展史看澳门过渡期应采取的一项语言措施,《澳门语言论集》,澳门社会科学学会

张卓夫　2001　澳门多语现象研究,澳门大学中文学院语言

学硕士论文,澳门写作学会

(2)公文用语研究

陈合宜、陈满祥 2000 澳门公文与内地公文的比较研究,《语体与文体》,澳门语言学会、澳门写作学会

程祥徽、林佐瀚主编 2000 《语体与文体》("语体与文体学术研讨会"论文集),澳门语言学会、澳门写作学会

李向玉主编 2001 《中文公文写作教程》,澳门理工学院和行政公职局联合出版

龙裕琛 2001 澳门中文行政公文的撰写准则建议,《澳门语言学刊》第14、15期,澳门语言学会

盛炎 2001 再谈中文公文中的语言问题,《行政》杂志第52期,澳门行政暨公职局

冼为铿 2004 《谈文字说古今》第三、四集,澳门成人教育学会

(3)街名及其他研究

此项研究有两方面成果,其一为具有考证街名出处性质的掌故性短文:

邓景滨 2000 《澳门莲系地名考》,澳门语言学会

濠江客 《澳门图说》,在《澳门日报》不定期长期连载

金丰居士 2002—2003 《澳门街巷来龙去脉》,《大众报》连载

李鹏翥 1986 《澳门古今》,澳门星光出版社、三联书店香港分店联合出版

唐思 1994 《澳门风志物》,中国友谊出版公司

王文达 1999 《澳门掌故》,《澳门教育》出版社

其二为数量不多的语言学论文：

费成康 2002 澳门的路名：澳门特色文化的组成部分，《澳门文化 汉文化 中华文化与21世纪》，澳门社会科学学会

傅玉兰 1996 澳门街道标帜及名称，《澳门研究》第五期

邵朝阳 2003 澳门博彩语研究，北京语言大学博士研究生论文

张振兴 从局外看澳门的语言生活，《双语双方言》（七）

祝秉耀 2002 澳门街道名称的文化内涵，《中外文化交流与澳门语言文化国际研讨会论文集》，澳门理工学院

(4) 语言政策和语言规划研究

程祥徽主编 1992 《澳门语言论集》（"澳门过渡期语言发展路向国际学术研讨会"论文集），澳门社会科学学会

1999—2000 "语言规划的理论与实践研讨会"论文连载，《澳门语言学刊》第8—11期

程祥徽 2000 《中文回归集》，香港和平图书·海峰出版社

程祥徽 2005 《中文变迁在澳门》，三联书店有限公司

陆世光 1992 澳门的双语制与汉语文的规范化，《澳门语言论集》，澳门社会科学学会

张振兴 语言规划和汉语方言研究（未刊）

周庆生主编 2001 《国外语言政策与语言规划进程》，语文出版社

周庆生主编 2003 《国家、民族与语言——语言政策国别研究》，语文出版社

周玉忠、王辉主编 2004 《语言规划与语言政策：理论与国别研究》，中国社会科学出版社

第一章　绪论

　　上述研究成果多数表现为论文形式,尤其是提交给相关研讨会的论文以及回归前后澳门大学中文学院语言学硕士生的论文。这些论文的优点是所举实例比较丰富,但较多属于发表感慨的文章,缺乏实实在在的理论分析和规律的归纳。例如大家都在说澳门是语言博物馆,但这座博物馆中究竟有多少语言和方言?这些语言和方言各有什么特点?这些语言和方言之间又怎样相互影响甚至交融?使用不同语言和方言的人数各有若干?人人喊打的"葡式中文"究竟有何表现形式?这些问题都有待进行切实的研究。至于只存在于澳门的一种克里奥尔语的奥秘,更是需要有心人和有志者去探索。

第二章　澳门早期的语言状况

考察澳门早期的语言状况有三点值得注意：

第一，所谓早期，是指 1553 年至 1849 年，即 16 世纪中叶至 19 世纪中叶。

葡萄牙人于 1553 年来到澳门，开始时服从中国明朝政府的统治；1849 年葡萄牙人免向清朝政府交税，标志葡萄牙人正式占领了澳门。《中华人民共和国澳门特别行政区基本法》开宗明义指出，葡萄牙人是以"逐步占领"的方式占领澳门的，同时也逐步把葡萄牙语带到澳门。1553 年葡萄牙人来到澳门之前，澳门是中国南部的一个荒村，隶属广东省香山县。当时人烟稀少，甚至有的历史学家称当时岛上无人居住。(李福麟 1995)长期以来，澳门的地位主要表现为它是一个渔船、商旅歇脚、避风的港湾。闽南商人和渔民也常往返途经这里，闽南话也早在这里落脚。英国人博克舍(C. R. Boxer)在《厦门的方言及其同系语》中认为，在葡萄牙、西班牙与中国交往的历史中，福建人起了突出的作用。16 世纪葡萄牙人、西班牙人心目中的汉语大多指闽方言。著名的百卷本《海国图志》的中译本有闽方言、官话和粤方言的成分。于是澳门在语种上除了原有的汉语，还逐渐有了葡萄牙语，在汉语方言内部逐渐呈现出以粤、闽两种方言为主的汉语方言杂陈的局面。葡萄牙语随着商船正式登陆澳门之后，日本、荷兰、英国、东南亚等地的商人以及

第二章 澳门早期的语言状况

各国的传教士,也陆续把自己的语言带到澳门来。1805年清代档案记述这样一个事件:"西洋天主教匪若亚敬越境传教被获",开始"饬令通事传觅内地民人李荣福翻绎(注:翻绎即翻译,下同),内多喂谙;据该通事禀请,饬令洋行商人传觅西洋夷人翻绎;又经饬洋行商人潘致祥等禀称:据在省各夷人均不能谙识;并据办理西洋事务夷人明诺声称:只识大西洋番字并咈囒哂国番字,此夷经系叹咧哒番字"。(《香山知县彭昭麟为翻译若亚敬所带经文事行理事官札》嘉庆十年闰六月初十日)说明当时在澳门一带已经存在葡萄牙语、法语和意大利语。

澳门的历史分期大致以1849年为界。1849年以前可称早期。在这一时期,由于葡萄牙语的进入,澳门社会改变了语言布局。葡萄牙语来到澳门首先以商务为动力,次为传教或文化的需求,最后是政治的需要。在葡萄牙语东进的历史进程中,传教士的作用特别显著,而学者、传教士们的语言著述更是研究澳门双语或多语现象的珍贵遗产。

第二,早期社会已有汉语和葡语的并存,两种语言在接触中彼此影响。

葡萄牙语和汉语分属不同语系,它们之间毫无共通的地方。葡汉两种语言如果不经翻译那就根本无法沟通。据史书记载,1517年葡萄牙的第一名大使托梅·佩莱斯(Tomé Pircs)带着5名译员来华,而葡萄牙商人更是输送葡萄牙语来澳门的第一批使者。博克舍在《16世纪中国南部纪行》中说:"葡萄牙人和中国的交往是由一些冒险商人实现的,他们从马六甲乘坐当地的船只驶抵中国南方的海洋,因而他们发现把香料运往中国,和运往葡萄牙一样可获大利。"马六甲是葡萄牙商船和葡萄牙语言东来的一个重要据点。早在来到澳门之前40年,即1511年,葡萄牙占领了马六甲;而在葡萄牙占领马六甲之前就已有中国人在那里展开经商活动。语言是生活的桥梁,在同一个地方生活着中国人和葡萄牙人,自然会有语言的接触和碰撞,出现同时通晓汉语和葡语的人,或称汉葡双语人。这些人扮演"舌人"、"通事"、"通译"的角色,使不同语言之间的交往变成现实。《明史·佛朗机传》记载,葡萄牙大使托梅·佩莱斯就曾通过通事火者亚三晋见明朝皇帝。"通事"就是译员,"火者亚三"是这位通事的名字,据称"火者"是穆斯林,"火者亚三"就是一个信仰"火者"(穆斯林)名叫"亚三"的中国人。葡萄牙人登陆澳门后,葡中之间的语言沟通更加频繁。翻译人员的作用越发显得重要。申良翰康熙《香山县志》卷十《外志·澳彝》记载:"凡文武官下澳,率坐议事亭上,彝目列坐进茶毕,有欲言则通事番译传语。通事率闽粤人,或偶不在侧,则上德无由宣,下情无由达。彝人违禁约,多由通事导之。或奉牌拘提,辄避匿。"乾隆三十二年九月初八(1767年10月30日)《香山县丞兴圣让为批准黎世宝兄弟承充到澳吕宋船买办事行理事官牌》载:中国人黎世宝"在澳贸易,历业年久,通晓夷语"。嘉庆二年闰六月十八日(1797年8月10日)《署香山知县尧茂德为再饬确查蕃梢亚喃即唵哆呢在洋被掳杀事下理事官谕》证明通晓葡汉双语、具有汉葡两种姓名的土生葡人族群在澳门早已形成:"查亚南果(按:果然是)夷人,名唵哆呢(按:António),在澳门蟾蜍石地方居住,现有亲兄、亲戚在澳。"这时"翻译"出现一个新名称:"番书"。《香山知县彭昭麟为所禀民人伪约占租查无实据立案不行事下理事官谕》嘉庆十年十一月十五日(1806年1月4日)称:"番书不过翻绎相通之人"。

葡萄牙语正式登陆澳门后,与汉语之间的相互影响在词汇上

第二章 澳门早期的语言状况

表现得最为明显,其次在语法上也留下一些痕迹。汉语渗入葡语的最典型的例证有"茶"、"丝"二词。"茶"在英、德、法语中读作舌尖中塞音[t-],是由福州、厦门出口的;"茶"在葡语中念作舌叶擦音[ʃ-],反映了 16 世纪初葡——中——日三地的贸易联系。(刘羡冰 1994)葡语对汉语的影响也很明显,例如澳门民间说的"荷包爊丁"(荷包里没钱了),"爊丁"是葡语的 não tem.(程祥徽、刘羡冰 1991)澳门街道名称中的"前地"(Largo)、"圆形地"(Rotunda)等也都是从葡文翻译过来的。外来者与本地人互相学习语言的盛况在文学作品中常有记载。例如:"番童久住谙华语,鹦母初来学鴂音"。(释迹删《寓普济禅院寄东林诸子》,鹦母即鹦鹉。)"西洋语虽侏离,然居中国久,华人与之习,多能言其言者,故可以华语释之。"((清)印光任、张汝霖原著 1745—1746,赵春晨校注 1992,《澳门记略校注》)

第三,中文是早期唯一的官方语言,葡语争取官方地位没有成功。

澳门的官方语言问题不是一早就出现的。鸦片战争之前,来到澳门的葡萄牙人还不能主宰澳门的事务,他们被规定在"寨内"自治。那个时期,中文是唯一的官方语言;葡萄牙人多次想把葡语列为官方语言,但是清廷坚决反对,认为天朝的定制不可改变,"一切夷禀务必率由旧章,专用唐字书写,毋许唐番併书"。1803 年 3 月 14 日《香山县杨时行为饬呈禀遵照旧章专用唐字下理事官谕》就是一个例证:

香山县正堂杨,谕夷目唩嗹哆知悉:

现据该夷目称:向来夷禀专用唐字书写,并无番字。

今亭上众议,嗣后所有呈词,俱用唐字番字合并书写,禀
恳恩准。等情。到县。

　　查文禀字体天朝向有定制,华夷尤当区别,夷禀向用
唐字,自应永远遵照办理,何得以亭上众议混请更张?除
不准行外,合谕驳饬,谕到该夷目,即便遵照,嗣后一切夷
禀务必率由旧章,专用唐字书写,毋许唐番併书,致滋朦
混。凛遵。特谕。

　　嘉庆十三年二月二十一日谕

　　鸦片战争后,葡萄牙乘清廷处于颓势,参与列强对中国的瓜
分,"逐步"走出寨外,并于1849年将葡国的司法权扩展至全澳,取
得了澳门的治权。随之而来的是葡萄牙语文自然成为澳门唯一的
官方语文。但出于统治的需要,葡国官员也要学习粤语以便与居
民对话,同时学习官话以便与中国朝廷沟通。

第一节　清代中文档案反映的澳门语言状况

　　1849年以前,澳门的主权和治权都属于中国,语言生活明显
是以汉语为主体。但是由于缺乏文字的记载,要了解当时的语言
状况却有较大的困难,我们只能从一些有关澳门生活的历史文献
和政府文件中找到当时语言的资料,例如葡萄牙东波塔档案馆藏
1509份清代的澳门中文档案。(刘芳辑、章文钦校 1999)这批档
案包含的年代从康熙三十一年(1692年)至光绪十二年(1886年)
共194年。"葡萄牙东波塔档案馆藏清代澳门中文档案,其主体

第二章 澳门早期的语言状况

是澳门同知、香山知县及县丞等地方官员在行使中国对澳门管治权的过程中,与理事官之间文书往来所形成的档案……这批档案蕴涵着丰富的历史文化内涵,具有高度的文献资料价值,堪称明清档案中的精品。主要运用这批档案所提供的资料,兼及其他文献资料和研究成果进行分析概括,已能基本上勾勒出清代澳门丰富多彩的历史画卷的梗概。"(章文钦、刘芳"一部关于清代澳门的珍贵历史记录——葡萄牙东波塔档案馆藏清代澳门中文档案述要",载《清代澳门中文档案汇编》下册,澳门基金会出版,1999年)同样地,这批档案也提供了17至19世纪澳门语言的面貌,更具体地说,从这批档案中可以看到17至19世纪澳门公文的词语特点和带有地区性质的市民生活用语的特点。现举三例说明。

(1)1776年8月19日《香山知县杨椿为查明营地街恃强欺压垄断之鱼贩姓名事下理事官谕》:

香山县正堂杨,谕澳门夷目唩嚟哆知悉:
现据夷目禀称:营地街摆卖鲜鱼之人欺压垄断。等情。前来。
查欺压卖鱼之人是何姓名,未据开明。合谕查开。谕到该夷目,立即查明恃强欺压之人,指名禀复本县,以凭拿究,勿得讳饰。速速。特谕。
乾隆四十一年七月初六日谕

(2)1818年6月5日(清嘉庆二十三年五月初二日)《理事官为恳请转呈两广总督饬令押拆关前等处占筑篷寮铺屋事呈粤海关

监督禀稿》首段：

> 西洋理事官唻嗦哆禀，为违例占建、望光泣呷事：
> 切哆等夷众，自昔前明，由西洋航海而来，沐天朝柔远之厚德，将壆门地方，恩给哆等居住。壆以内尽属夷业，壆以外不敢越居。四至图形，现存香山县内，历历可查。节年遵纳地税银五百余两，二百余年以来，安居无异。

(3)1812年10月3日《署香山县丞顾远承为蕃兵黑奴殴伤铺户吴亚表等事下理事官谕》(嘉庆十七年八月二十八日)中的一段口供：

> 随讯据吴亚表供：小的今年二十三岁，在澳三层楼开张文盛店卖果子、面包生理，已有四年，母亲、妻子同在店内居住。本日酉刻，有澳额嚧嗦洋船水手头么嚧鬼一名酒醉，手拿破玻璃樽半截、石头一块来到店内，向小的取食面包、果子，小的见其醉酒，不肯交他，他就将石块掷打小的，小的与他缠扭，推他出门，不想多少兵鬼、黑奴涌入店内，将小的团殴，偏右心坎等处受伤。并将邻铺郭宁远等寻殴重伤。又将小的及邻铺房屋铺面俱被打坏，各兵鬼俱不识得他名字，那水手么嚧鬼小的认识，他身高皮黑，有须，已奉夷目到来，骂他滋事，着黑奴带回去了，求验究。

第二章 澳门早期的语言状况

这三份档案材料运用了16个带有澳门地区色彩的公文词语和日常交际用语：理事官、夷目、唛嚟哆、西洋理事官（这个词组中"西洋"指葡萄牙）、由西洋航海而来（这个词组中"西洋"指大西洋或泛指西方）、夷业、地税银、塁内、塁外、嚧嗦洋船、水手头、嚟嚧鬼、玻璃樽（瓶，粤方言樽）、兵鬼、黑奴、有须（胡须之须）。档案文献以公文性质的词语为主，但也留下一些反映17至19世纪澳门民间语用特点的词语，这是由于公文内容牵涉民间事务，在叙述事件和录取口供中自然会出现相关词语。

从清代澳门中文档案中我们整理出385个用词，见表3。

表3 清代澳门中文档案的词语

序号	词语	解释/举例
1	岸民	岸民及蛋民
2	澳差	据澳差禀报
3	澳船	
4	澳邸	
5	澳地	澳地华人
6	澳渡	澳渡载运米石
7	澳额	澳额洋船
8	澳蕃	
9	澳房	澳房不能添设
10	澳港	该船既收澳港
11	澳关	澳门总口
12	澳海	不准人船驶入澳海

(续)

13	澳甲	转发澳甲收管
14	澳境	
15	澳镜	
16	澳客	拟托澳客采办又恐于例不符
17	澳口	
18	澳路	澳路止有三吧门及沙栏仔两路可以往来
19	澳门	
20	澳门口	
21	澳门墙外	
22	澳门厅	广州府澳门厅,指澳门同知
23	澳内	二解:①整个澳门,如官船一只,人栖澳内;②华人居住的范围
24	澳铺	自择澳铺
25	澳墙	
26	澳人	
27	澳商	
28	澳通事	
29	澳土	姑念该夷寄居澳土
30	澳外	二解:整个澳门之外,如碇泊墺外洋面;指定外夷居住的范围之外
31	澳务	澳门事务,例如"职理澳务"
32	澳夷	
33	澳夷人	
34	澳中	无论澳中澳外,均干例禁
35	澳租	澳租必贩纳

第二章　澳门早期的语言状况

(续)

36	八芝兰	咖思嘛
37	吧咃哩	葡语 Padre,意为神父,如板樟庙吧咃哩有屋一间
38	白眼大仔	〈方〉番人
39	白夷	
40	唪哝吼	Paiva 的官话音译
41	板樟庙	即圣多明我堂
42	办馆	集和办馆
43	兵鬼	不想多少兵鬼、黑奴拥入店内
44	兵头	澳门总督、西洋总兵官
45	兵总	
46	咘喥叽	博都亚、伯尔哆哑、波尔都雅都是指称葡萄牙
47	补水	〈方〉以番银易换每两须补水五六分不等
48	草堆	即草堆街,商业繁盛之区,官民重要的聚散地,如"今查得草堆有官地一段"
49	差馆	
50	蟾蜍石	虾蟆石,Praia do Manduco,澳门三大奇石之一
51	出粮	〈方〉在伊大人花园做工,尚且一月出粮
52	出洋	
53	出祖公	又称出公祖,澳门天主教会在复活节奉圣像出游。例:在凤顺庙门首看夷人出祖公争闹
54	船钞	出口货物止征货税,仍免船钞
55	船仔	有吕宋船仔一只直驶入澳
56	大班	各国大班
57	大礮台	礮又写作炮,澳门的主要炮台
58	大鬼	向与红窗门处大鬼对门无店名之鸦片铺杨初之子杨亚生往来

(续)

59	大马头	即大码头,马头不是马的头,如同马蹄(荸荠)不是马的蹄
60	大庙	大堂,主教座堂
61	大三巴寺	圣保禄学院
62	蛋妇	有一种多事澳夷勾引河下蛋妇
63	蛋户	被蛋户船艇湾泊
64	蛋民	蛋民充当水手
65	蛋艇	白眼氹蛋艇窝娼
66	地满	帝汶
67	地毡	〈方〉地毡
68	地租银	葡萄牙向清朝政府缴纳的租银
69	哆	哆等、唛嚟哆自称,这种称法完全仿照中文,"吔"等与此性质相同
70	额船	查验额船有无夹带鸦片
71	二班	大班、二班
72	发疯寺	疯寺、麻风庙,Lgreja de S. Lázaro
73	番	亦作蕃
74	番差	判事官、蕃使、钦使、西洋国使
75	番服	
76	番帽	
77	番民	
78	番奴	
79	番女	
80	番钱	
81	番僧	

第二章 澳门早期的语言状况

(续)

82	番商	或写作蕃商,例如"访闻该处夷人聚集番商开标"
83	番使大人	恭请番使大人万福金安
84	番书	又称夷书,为夷官翻译文禀之人
85	番通事	
86	番信	番信一封
87	番衣	入教穿番衣
88	番役	
89	番音	
90	番银	疑即番面钱、番面银钱,又称花银洋平、花钱洋平、洋平,与纹银相对
91	番语	小的不晓番语
92	番纸	指借条,如"现有大鬼番纸交执存照"
93	番字	二解:①立番字二纸;②只识大西洋国番字并咈囒哂番字
94	蕃舶	
95	蕃人	
96	藩司	必有藩司执照,方准售卖
97	翻绎	翻译、番译、譒译、譒绎,有欲言则通事番译传语。翻绎是动词,番书是名词"番书不过譒绎之人"
98	风飓	遭风飓打烂
99	疯蕃	
100	疯疢	
101	疯夷	
102	夫头	挑夫之头,"查杨申西系充澳门夫头"
103	港脚	嘆咭唎港脚欲往吕宋贸易
104	公馆	即在澳内备办公馆一所

(续)

105	公事楼	至公事楼献茶
106	公司	
107	公司馆	
108	公司行	又称红毛公司馆
109	贡使	贡使几员,系何名字
110	关兵	
111	关差	
112	关界	夷人潜入关界之地
113	关吏	关吏严查
114	关门	关门谨闭
115	关前	
116	关书	书吏
117	关宪	禀恳关宪暨前山营游宪
118	关闸	Porta de Cerco 特指拱北关,不许至关闸游玩
119	鬼兵	派拨鬼兵伺接
120	鬼楼	如有到澳藏匿鬼楼,立即妥为送出
121	鬼子	船上水手将鬼子三板阻住
122	鬼子行	
123	过路湾	Coloane,路环
124	过桥拆板	官话:过河拆桥
125	汉奸	汉奸从中勾串蒙蔽
126	汉夷相安	
127	蚝蚬	腌制蚝蚬

(续)

128	濠镜	
129	濠镜澳	
130	合澳/阖澳	阖澳生灵
131	荷兰	贺嘞夷人
132	黑大班	刘亚狗是否藏匿黑大班鬼楼房内
133	黑鬼	
134	黑鬼奴	见有黑鬼奴一名独自行走
135	黑鬼子	换柴黑鬼子是何姓名
136	黑妹	那谭建伦亦将黑妹杀死
137	黑奴	
138	黑夷	
139	黑夷妇	毋得任由黑夷妇盘踞滋事
140	黑夷人	内有黑夷人一名
141	黑子	黑子姓名,无凭稽查
142	红毛	英国人
143	红毛兵	
144	红毛兵头	
145	红毛大班	
146	红毛公司	即英国东印度公司在澳门的商馆,又名南环公司行、红毛公司馆
147	红毛公司洋船	
148	红毛鬼子兵船	
149	红毛国	安纳系生于红毛国人氏
150	红毛国商船	

(续)

151	红毛嘿嘿略地方	Malaca 音译为骂呼格、吗辣或吗辣咖,通译为马六甲,曾被荷兰、英国占领
152	红毛水手	
153	红毛逃夷	
154	红夷	
155	花银洋平	或称花钱洋平,简称洋平,与部颁法码对举,如"遵用部颁法码弹兑足数,毋得仍用花钱洋平兑收"
156	花拈	粤方言叫番石榴
157	华蛋	
158	华工	
159	华民	
160	华情	不谙华情
161	华人	华人与夷人租赁盖屋
162	华商	
163	华夷	
164	华政事务	1886 年出现,始有华务一词
165	咑呤嗯唎啵	Francisco 的粤语音译
166	火烛	失火,系粤方言词
167	鸡司栏	伽思栏庙
168	吉仔围尾	〈方〉有澳门特色的街名
169	嗦嗯嚹炮台	伽思嚹炮台,葡文 Fortaleza de S. Francisco.
170	甲必丹	船长,Capitão
171	桨船	桨船兵弁
172	匠头	〈方〉悉与坭水匠头并行长议定工价
173	狡夷瘦鬼	

第二章 澳门早期的语言状况

（续）

174	金花红	又叫金花土、红皮土,土耳其产鸦片
175	镜澳	即澳门、濠镜、濠镜澳
176	开埋	〈方〉三板开埋,商夷止落
177	开声	〈方〉不容开声
178	枯桶鬼	〈方〉箍桶鬼
179	辣	葡语 lata 音译,意为铁筒或铁盒,例:鼻烟预留四百余辣
180	栏尾	〈方〉租在永隆杉铺栏尾
181	烂匪	不法烂匪三五成群,藉交易为名,任意入澳滋事
182	烂崽	烂仔、流氓、二流子,"西洋总戎官委员带来烂崽一名"
183	老番	
184	理事官	管库、库官、唻嚟哆,葡文 Vereador 或 Procurador,议事会委员,两哨营员(关闸汛、望厦汛的把总)
185	唎叮婆	名叫 Rita 的蕃妇
186	领粮	〈方〉二十九日回澳领粮
187	吕宋	西班牙
188	卖药鬼	另处有卖药夷人
189	盲清	〈方〉盲清为双目失明的谢清高
190	孖嚟礮台	娘妈阁礮台,葡文 Fortaleza de Barra
191	孖毡	马占、马砖,英文 merchant 的音译,晓习夷语之土人,是中西贸易中的说合者,即经纪一类人物
192	嚤嚧鬼	嚤嚧又作摩卢、嚤啰,葡文 Mouro,英文 Moor,即摩尔人,在澳门也指来自印度等地的棕色人种
193	嚤叭咘礮台	南湾礮台或烧灰炉礮台,Fortaleza de N. S. Bomparto
194	面包鬼	
195	闽澳	
196	民番	又有民夷,如"民夷相安"

(续)

197	哪	Anna 哑哪的自称或简称,如据夷妇哑哪投称:哪家欠到悦茂店货银十六员,哪将燕窝十三斤秤过
198	难番鬼	
199	内地口	澳内,有内地男妇潜进天主教礼拜传习
200	内商	内商出洋
201	尼姑寺	呢咕寺、尼姑庙、贞女院,即圣嘉辣堂女修道院
202	娘妈阁关	
203	女夷奴	
204	判事官	即番差,专管夷人事务
205	铺尾	〈方〉铺尾亦搭有篷厂一座
206	企立不安	〈方〉站立不安
207	桥仔头	
208	戎厅	移催戎厅刻日查明办理
209	入关	
210	若瑟山多	官话翻译,José Santos,又译为做这山度
211	三巴	又写作三吧、三吧神楼
212	三巴门	
213	三板	又写作三板船,木划,在三板内起获鸦片烟泥
214	三角帽夷人	
215	三街会馆	三街指关前街、草堆街、营地街,三街会馆为三街铺户商家所建,为澳门最早的商人会馆
216	沙环仔	
217	沙栏仔	有铺一间,在澳门土名沙栏仔地方
218	上省下澳	澳夷上省下澳置货,由洋行代禀
219	生理	即生意,开张剃头铺生理

第二章　澳门早期的语言状况

(续)

220	生夷	垂念生夷日众姑容赁地建屋居住
221	时辰镖	即钟表。粤方言镖表同声调
222	守关	
223	书办	关系、员带同书办、通事到眉署内面说
224	书差	书差征收澳租银两前来
225	书吏	严禁书吏毋得藉端需索
226	书役	
227	数尾	〈方〉陆续欠过数尾银两
228	水坑尾门	Gate of St. Lazar
229	水色	纹银水色
230	水兴尾	〈方〉方音转换，即水坑尾
231	税关	
232	税馆	
233	税口	倘该夷目业已报明而该口不行转禀者，罪归税口
234	司打	司达、哃吵、哃哒，葡文 Senado，议事会
235	四歪	sepoy 的音译，又译为施拜、叙跛、四歪兵又称嚛啰兵，即由印度土著充当的英葡等国的雇佣兵
236	四夷	四夷裕国通商
237	锁匙	〈方〉即钥匙，"锁匙每条价银九分半"
238	贪夷	
239	潭仔	潭仔，今氹仔
240	劏狗环	〈方〉地名
241	唐番	唐番杂处
242	唐人	

(续)

243	唐山	三年为满回唐山
244	唐商	
245	唐书	
246	唐字	立有唐字番字一纸
247	唐字禀	唐字禀帖
248	逃关	
249	条	〈方〉量词,例如"一条锁匙"
250	通澳	
251	通事	陈大满向充澳夷通事
252	通夷	剔除奸匪,俾免通夷滋弊
253	土生鬼子	土生鬼子叭颠吔
254	吐唎唎唎嘟嘞嘞唎吃㖡咘噭哆吐喱喊嚩	1809年葡萄牙国王名,最长的音译人名,用偏旁口组字排除字义干扰
255	外来烂仔	
256	外楼	
257	外洋行	
258	外洋行商	即广东十三行商
259	外洋夷商	外洋夷商与澳夷不同
260	外夷	外夷与澳夷俱得买运白铅
261	唩嚟哆	西洋理事官、库官
262	味吮哋	Vicente 的官话音译
263	纹银	又称足色纹银,亦即部颁法码,与番银相对,例如"查本年纹银价值高昂"
264	乌鬼	黑奴

第二章　澳门早期的语言状况

(续)

265	西满	Simão Vicente 的粤语音译,番商
266	西洋	
267	西洋籍	
268	西洋人	西洋人及外国人
269	西洋番差	
270	西洋番船	葡萄牙船只
271	西洋夷人	
272	西洋理事官	
273	先翁	葡语 senhor,先生,又译作先嚤、仙翁
274	呧	即咁,钱币"角",例如"东望洋取青砖约七万,每万价银伍大元零叁个呧"
275	香饼	即鸦片
276	小番	经手收租之干哕喱及新写字小番于何年月日何人接收银若干
277	小吕宋	菲律宾
278	小三巴寺	圣若瑟神学院
279	小西洋	葡萄牙,但有大西洋人回国,均可由小西洋船搭往
280	些	Peres 罷嚟些自称或简称,如"些有姨娘曾在该铺邻屋居住;借去些母番银一百员"
281	写字	名词,政务厅写字列地经理
282	行企	〈方〉我等长日行企
283	凶夷	又称凶蕃
284	汛兵	
285	墟市贸易	
286	墟亭	集市,例如"复建墟亭"
287	鸦片	即鸦片烟、烟圾、烟圾土、香饼

(续)

288	亚南即唵哆呢	亚南,中文名;唵哆呢,António,葡文名
289	烟坭	又称烟坭土,即鸦片
290	洋鼻烟	洋烟
291	洋布	
292	洋船	
293	洋盗	不卖与洋盗
294	洋碟	
295	洋匪	洋匪充斥,欲图劫抢者甚多
296	洋鬼奴	
297	洋行	
298	洋壶	
299	洋货	洋货生理
300	洋剑	
301	洋酒	
302	洋米	
303	洋面	
304	洋鸟枪	
305	洋砂	
306	洋商	
307	洋铁	
308	洋务	弟等承办洋务
309	洋锡	
310	洋硝	

第二章　澳门早期的语言状况　　　　　　　　　　45

(续)

311	洋信	
312	伊	他,"伊屡行劝阻,不准掩盖"
313	引水	名词,"竟有匪徒冒充引水"
314	窑口	鸦片馆,"澳内现有华商接贩,开张铺户成十余间,混名窑口"
315	亚婆尾	地名
316	亚黑仔刘亚海同落划艇	⟨方⟩亚黑仔,粤人;落艇,上船
317	野仔庙	⟨方⟩育婴堂,即仁慈堂,又称支粮庙,俗称弃婴为野仔,葡文 Santa Casa da Misericórdia
318	夷	夷有住屋一所;夷当即答复;夷见此情形
319	夷伴	
320	夷兵	
321	夷船	
322	夷贮	澳门夷贮咸砂
323	夷等	
324	夷地	
325	夷犯	
326	夷妇	
327	夷官	
328	夷关	应报夷关投税
329	夷馆	司打夷税馆
330	夷官师船	
331	夷国	
332	夷孩	
333	夷行	槟榔等货系在夷行贮顿

(续)

334	夷话	学得几句夷话
335	夷货	
336	夷家	
337	夷教	各务正业,勿进夷教
338	夷居	
339	夷来	夷来咸砂价高
340	夷例	阖澳查照夷例
341	夷楼	
342	夷民	据夷民多明我投称
343	夷目	
344	夷奶	有红毛夷人雇有夷奶,平日与该夷通奸,后因夷妇另往别家作奶妈,又与新工主红毛夷人奸好
345	营地墟亭	官方管理的集市
346	暎咭唎	英吉利
347	暎夷	
348	夷奴	
349	夷女	
350	夷欠	令洋商早清夷欠
351	夷情	依据夷情,转移制宪
352	夷人	
353	夷三板	
354	夷僧	葡语 Padre,音译吧咃喱,意为神父,如鸡司栏庙夷僧
355	夷砂	
356	夷使	

第二章 澳门早期的语言状况

(续)

357	夷事	
358	议事亭	
359	议事亭前	
360	译书	查该译书近日所译各禀,非惟句语文气均少顺通,且字画潦草,又多舛错遗漏,应严行训饬
361	夷税衙	属司打所辖
362	夷艇	
363	夷屋	
364	夷务	
365	夷巡船	
366	夷业	
367	夷役	
368	夷医	
369	夷语	颇晓夷语
370	夷园	有三人在琴铺直落夷园
371	夷众	不足以服夷众
372	夷字	
373	夷字禀	夷字禀帖
374	远夷	
375	渔蛋船户	在洋面将鸦片零星卖给往来渔蛋船户
376	阅澳	清廷官员视察澳门
377	渔户	
378	鱼栏	〈方〉
379	鱼艇	
380	贞女庙	租赁澳门水坑尾夷人贞女庙房屋一间居住
381	贞女院	即贞女庙

(续)

382	坐澳	座澳,例有官亲坐澳,哆等悦服诚敬
383	嚤嚟哆吡	José Lopes 的粤语音译
384	札	〈方〉量词,即捆,"沙籐四千五百札"
385	张	〈方〉量词,"大牌刀一张"、"大牌刀一口"在同一文件内,"布帐十张"、"十张地毯"

这些词从不同的方面反映出澳门社会的特点:

第一,夷、番、澳、洋、鬼、关、红、黑、西、唐、华、蛋等语素与澳门的社会生活关系密切,因而用它们构成的词语多,使用频率高。在词表中这些词有258个,占总数的67.0%。其中含"夷"语素的词72个,占总词表18.7%;含"番"语素的词55个,占总词表14%;含"澳"语素的词44个,占10.6%;含"洋"语素的词33个,占8.6%;含"鬼"语素的词17个,占4.7%;含"关"语素的词15个,占4.0%;含"红"语素的词14个,占3.6%;含"黑"语素的词11个,占3.0%;含"西"语素的词9个,占2.4%;含"唐"语素的词7个,占1.8%;含"华"语素的词6个,占1.6%;含"蛋"语素的词6个,占1.6%。见表4。

表4 清代档案中构词能力较强语素举例

分类	数量	比例(%)	例
含"夷"语素	72	18.7	夷人、夷目、夷物、夷孩
含"番"语素	55	14.0	番奴、番差、番服、番帽
含"澳"语素	41	10.6	澳内、澳外、澳番、澳夷
含"洋"语素	33	8.6	洋布、洋灯、洋酒、洋鼻烟
含"鬼"语素	17	4.7	鬼兵、鬼楼、乌鬼、洋鬼奴
含"关"语素	15	4.0	关兵、关前、关差、关吏
含"红"语素	14	3.6	红毛、红毛国、红毛水手
含"黑"语素	11	3.0	黑妹、黑鬼奴、黑大班

第二章 澳门早期的语言状况

(续)

含"西"语素	9	2.4	西洋、小西洋、西洋夷人
含"唐"语素	7	1.8	唐人、唐书、唐商、唐字
含"华"语素	6	1.6	华妇、华民、华商、华情
含"蛋"语素	6	1.6	蛋户、蛋艇、蛋妇、华蛋

第二,档案中的方言词语和其他词语也不少。档案属于政府文件,具备公文性质,选用标准语的词汇是理所当然的,清代有关澳门的中文档案也不例外,但还出现了一些方言词语和其他词语。在上列词表的 385 个词语中,129 个词语全民皆懂,占词语总数 33.5%。112 个词语也是全民词语,但附加着某些特定的词义,其中有些只有澳门汉语社团的成员才能真切了解它的含义,例如关前、澳墙等等,这类词语是档案词语的主体,占词语总数 29%。档案中地方性词语(粤语方言词)110 个,约占总词表的 28.6%,政府档案中大量方言词的运用,是澳门清代中文档案语言运用的重要特色。此外音译词和外来词共 34 个,占 8.9%。谈澳门问题,处理澳门事务,音译词和外来词不会缺少。见表 5。

表 5 清代档案中常见词语类型举例

分类	数量	比例(%)	例
一般书面语词语	129	33.5	
词面相通但略具特定含义的书面词语	112	29	澳内、澳外、澳墙、关门、鬼楼、红毛、卖药鬼、上生鬼了
地方性词语	110	28.6	出粮、补水、蛋民、野仔庙
音译词和外来词	34	8.9	地满、先翁、甲必丹、理事官
总计	385	100	

表 3、表 4、表 5 资料反映出清代澳门社会的语言特点:

壹　葡汉词语并存

17至19世纪澳门有汉语和葡萄牙语以及其他语言。清代档案提供大量资料,显示出澳门当时已经形成"夷众与华人杂居"的局面,华夷之间的交往已经深入到社会生活的各个层面,下至民间交往、民事纠纷,上至地方官员之间的公文往复,汉语和葡语都已经成为必不可少的交际工具,例如外来匪徒"冒充引水"(1809年),这外来者的母语应为葡语,而"冒充引水"必定要懂得对方语言;有些人则"自恃谙晓夷语,假冒衙门名色,招摇撞骗,借事生端"(1824年),这些"谙晓夷语"的人必定还有他的母语;还有"不肖唐人,离去本宗,皈入天主教;更有无耻华妇,潜入夷家,以图饮食银钱,名为哺乳,无所不至"(1776年),这些人直接与异族接触,语言的通同是必要的条件。

澳门生活着一些海外来人,体现在语言材料上,用"夷"、"番(蕃)"、"澳"、"洋"、"鬼"、"关"、"唐"、"华"等为语素组成的词语特别多。这是因为,"夷"、"番"、"鬼"充当双语交际的一方,而"唐"、"华"充当交际的另一方,双方在"澳"这个地方展开活动。"夷"、"番"、"鬼"与"唐"、"华"共处澳门社会,彼此交往,相互贸易,出现矛盾,产生纠纷,"唐"、"华"要维护主权地位,"夷"、"番"、"鬼"要争取从"唐"、"华"手上攫取更大利益,于是交往不断、斗争连绵。再者,由于澳门在英国人占领香港之前是西方国家进入南中国的唯一通道,"洋货"、"洋观念"也跟着进入了澳门,出现了以"洋"字为语素的大量词语;中国想要控制洋事物进口,于是以"关"为语素的词语大量产生。

"澳"字的地位在葡人逐步占领澳门的历史进程中最为突

第二章 澳门早期的语言状况

出。葡萄牙人不是一下子占领整个澳门的。起初,中国政府只许葡萄牙人在划定的范围内活动,"澳外"、"澳内"这两个名词由此而来;隔开"澳外"与"澳内"的是"澳墙";在澳门居住的外国人叫"澳蕃"或"澳夷";在澳门置屋叫"澳房",澳房是不许任意添设的;想要进入中国必须经过"澳关";货物进入澳门则要通过"澳口"……于是在澳门汉语词汇中出现了许多以"澳"字为语素组成的词语。词表列出的以"澳"字为语素组成的词语有41个,占全部词表的10.6%。

"夷"、"番"、"鬼"这一组语素构词能力很强,由这三个语素组成的词语共129个。这三个语素的含义在指称"外国"、"外国人"这一点上有共同性的一面,但在指称得的是哪些具体的外国人上又有明显的区别。

"夷"字主要指葡萄牙人,例如"夷人"、"夷目"、"夷务"等等。"夷"字指称葡萄牙以外的外国人时前面往往加上其他成分以示区别,如"白夷"统指白种人,"红夷"专指荷兰和英国人,"荷兰夷人"指荷兰人,"西洋夷人"多指西班牙等地的人,"黑夷"、"黑夷妇"指的是非洲黑人。夷人来了,随之带来许多相关的事物,产生许多相应的词语,例如"夷语"、"夷医"、"夷教"、"夷货"等。用"夷"组成的词语比重最大,反映17至19世纪大量的事务都有葡萄牙人和其他外国人参与。

"番"字多数指葡萄牙以外的外国人,也指葡萄牙人,要看具体的语言环境而定。例如"只识大西洋国番字并哗嘣唦番字"中的"番"字,指的是西班牙和法兰西。

"鬼"字的贬义色彩比较明显,用来指称非洲黑人居多,如"黑鬼"、"黑鬼妇"等等。澳门人赋予"夷"、"番"、"鬼"的感情色彩都不是十分正面的,"蛮夷"、"生番"等词都含有开化程度不高的附加意义,至于"鬼子"一词,蔑视的程度更高,至今澳门人还用"西洋鬼"、"鬼妹"、"鬼婆"称呼葡萄牙人,但不含贬斥成分。

"唐"、"华"在澳门汉语中是能产性很强的语素。自从葡萄牙人来到澳门以后,澳门就有了华唐与夷番之分,华唐与夷番之分不仅是肤色、语言、种族之分,而且有权利与生存条件的区别。1849年之前,华人或唐人与葡萄牙人的社会地位相等,以杀人偿命为例:"我天朝德威远播,中外一体。杀人者,律应抵命。尔夷人致毙华人,必须正法,亦犹我华人致毙夷人,应置典刑也。"(《香山知县许敦元为汤亚珍被蕃人戳伤身死事再下理事官谕》乾隆五十七年十一月十五日,1792年12月28日)1849年之后,华人或唐人降为被统治的地位。1886年档案中出现的"华政事务"是一个具有历史意义的词语。所谓"华政事务",是澳门当局把中国作为外国对待,中国事务已经变化为外国事务了。这个具有殖民主义色彩的词语一直沿用到20世纪90年代,当时的澳葡政府设有"华务司",处理"对华事务",90年代中葡两国政府展开澳门主权问题谈判,才取消了"华务司"这个带有殖民色彩的政治用语,另外成立"过渡期办公室"这个处理过渡期事务的机构。

有"洋"字的词语大量产生,这是因为伴随葡萄牙人登临澳门,中国人开始接触许多洋事物、洋观念,例如洋鼻烟(洋烟)、洋布、洋船、洋行、洋货、洋剑、洋酒、洋商、洋铁、洋务、洋锡、洋硝等等。词表中用"洋"字组成的词语有33个。

此外还有"关"、"外"、"西"等等语素,都在新词语的组合中显得十分活跃。"关"在澳门的地理环境、经济生活和主权归属中占有十分重要的地位。澳门至今还保留着1840年建起的"关闸",当

第二章　澳门早期的语言状况

年把守"关门"的有"关兵"，严查过关人等有"关吏"。

"外"、"西"也是能产语素。这种现象都与澳门的近代历史相关。澳门岛上来了外国人和外来货，"外"字就会用来组成词语加以反映。当时的中国人对西方世界了解不深，地理观念不是很强，只是模糊地知道那些外国人来自西边，于是笼统地称他们为"西洋人"、"西洋国"。在清代档案中，"西洋"分大小，"小西洋"指葡萄牙，"大西洋"或笼统指西方世界，或特指西班牙。档案说"但有大西洋人回国，均可由小西洋船搭往"，意思是西班牙人回国须乘坐葡萄牙的船只。档案中说"西洋夷人殴杀红毛夷人"，意思是葡萄牙人杀死荷兰人或英国人。

贰　粤方言普遍通行

17至19世纪澳门汉语是汉语的粤方言。中国古代文牍在语言和格式上要求都是十分严格的，必须采用高雅的书面语体。清代澳门中文档案保留中国古代公文运用文言文的特色，但也无可避免地出现粤方言成分，说明当时粤方言对澳门汉语的影响已经深入到公文写作之中。例如档案涉及的人名、地名、社会机构名称等等，都是运用粤方言命名的。大量的名称以"亚（读如阿）"为前缀，以"仔"、"尾"字为后缀，例如："谭仔"（潭仔，即氹仔）、"沙栏仔"、"枯仔围"、"劏狗环"、"亚婆尾"、"水坑尾"、"野仔庙"（粤方言称私生子为"野仔"，野仔庙是收容孤儿的"育婴堂"的俗称）等等。1848年一份"粘单"（即清单）开列41人姓名，其中32人的名字都带"亚"字，占总人数的93%。不仅名字前加"亚"，整个姓名前也可以加"阿"，例如"领出阿罗武本番面银肆千大圆"（《升汉立承办广州府军工厂领罗武本银按库凭单》道光十六年十月十三日），罗武是人名,阿字加在罗武前面。相当土俗的词语也进了政府公文,如:"补水"(找回零头)、"开声"(开口)、"鱼栏"(鱼市场)、"领粮"(领薪俸)、"烂崽"(地痞流氓)、"差馆"(警察部门)、"行企(行走和站立)"。档案中还有地方性的成语、量词等等。例如粤方言有"过桥抽板",档案出现"过桥拆板",官话则是"过河拆桥"。粤方言量词与官话量词差别较大,档案出现很多方言量词,如:短衫三泉、厕凳仔二张、大牌刀一张、酒一埕等等。统计数据表明:清代澳门公文运用的书面词语材料有62.5%,方言词、音译词(主要是大量的外国人名、地名、国家名)和外来词占37.5%。其中音译词与外来词加在一起没有方言词多。

此外还可以从文字运用上看到方言分歧现象与语音对应关系,例如把"水坑尾"误写成"水兴尾",那是粤语"兴"、"坑"发音相近的缘故。

叁 语言相互影响

17至19世纪澳门的汉语和葡语已有相互吸收语言成分的迹象,尤其是音译的官职名称、人名、国名、船名、外来物品等。意译的如"夷僧(神父)"、"洋鼻烟"等等。音译官职名称如"唛嚟哆"在全部档案中共出现1165次;人名的音译由最短的2个汉字"马要"到最长的17个汉字"吐唎唡哋唷嚛唎吃喋唒嚹哆吐喱喊嚈"(1809年葡萄牙国王)。国名有哫咭唎、咪唎唑、啡嚹哂、嚓嚹等等,葡萄牙的其他译名有咘哆叽、博都亚、伯尔哆哑、波尔都雅等。音译外来名称所用的汉字绝大多数都加"口"字旁,如唛嚟哆等等。用现有汉字加口字旁的办法音译外来名称值得称道,因为这样做排除了汉字表意的干扰。例如在"按到先

第二章 澳门早期的语言状况

翁央做这处当出银叁千叁佰大员"(《宁号立收蕃官央做这公货按银凭帖》嘉庆十三年闰五月十三日)句中,不知"先翁央做这"所云为何,另一处给这几个字加上口字旁,写作"呒嗡呧嗽哒",意思就很清楚了:呒嗡是"先生",呧嗽哒是这位先生的名字。外国人名或地名并不赋有汉字所表达的意义,它们只是一串纯表音的符号。港澳回归前香港总督的名字被译作"彭定康"、澳门总督的名字被译作"韦奇立",但运用加口字旁的办法要避免与原有汉字的重复,避免发生一字多音的现象。例如"唦嗦哂",哂字本有其字,普通话读作 shěn,有"哂纳"、"哂笑"等词,"唦嗦哂"中的哂字是念 xi 还是念 shěn? 再如"讹"字,本来读作 é,有"讹诈"、"讹传"等词,在清代中文档案中 Francisco 译作"呋呤嗯唥啵",显然是把"讹"字当作以化字为声符的字来用的。"化"字在官话里声母读作 h,在粤方言读作 f。

清代档案中的外来词,有部分在澳门流传至今,例如:

"司打":葡文 Senado,议事会,又译作司达、哃呞、哃哒,至今澳门有街名"司打口"。

"甲必丹":葡语 Capitāo,船长。

"先翁":葡语 senhor,先生,又译作先嗡、仙翁。

"嚤嚧":葡文 Mouro,英文 Moor,即摩尔人(指现住在非洲西北部南至塞内加尔河,及曾经住在西班牙的阿拉伯人),又作摩卢、嚤啰,现在澳门民间还把印度一带的棕色人种叫作嚤啰差。

"辣":1776 年 6 月 30 日《香山知县杨椿为采买鼻烟备供事下理事官谕》:"照得驻澳夷人商船已陆续回澳,所有带回鼻烟,该夷目即传知夷商,预留四百余辣,听候本县差役到取给价,不得临时多方推诿,有误贡典,致干未便。特谕。"四百余辣是四百余罐。"辣"是葡语的 lata,意为马口铁或锌片,可制作容器。今天的澳门老居民和土生葡人还流行一个口语常用词:latapan。pan 来自英语,意为平底锅。lata 和 pan 组成一个词儿"马口铁或锌片的容器"。澳门有"花篮 pan"(铁皮水桶)、"饭 pan"(加盖的、可提的饭盒)等中英合璧的词,latapan 则是在澳门流通的葡英合璧的词。(程祥徽、刘羡冰 1991)

此外,档案中一些用词还反映出当时社会的某些特点。例如中国的商业机构称"店"、"栈"、"堂",只有外国来的商业机构称"公司"、"公司行"。1509 份公文并非出自一时,也非出自一人之手,文中陈现出来的语言现象多种多样,例如同样是翻译人名地名,Vicente 译作"味咃咃"是用官话翻译的,因为"味"字粤方言读 mei,官话的读音与 vi 相近;Francisco 译作"叱呤嗯咑啵"则是用粤方言翻译的,因为"讹"的声符在粤方言里读 f。从这些地方可以看出澳门在 17 至 19 世纪已经是多语言、多方言杂处的地方。

第二节 《澳门记略》反映的澳门语言状况

清代澳门中文档案主要从公文方面反映 17 至 19 世纪的语言现象和特征,《澳门记略》反映的词汇面貌则在公文用语之外提供了丰富的语言资料。这两组资料的汇合,可让后人对清代澳门语言状况得到较全面的了解。

《澳门记略》的作者是印光任、张汝霖二人。印光任字敱昌,

第二章 澳门早期的语言状况

号炳岩,清江南宝山(今上海市宝山县)人,生卒年不详。雍正年间开始为官。乾隆八年(1743年),清政府将五品的广东肇庆府同知改为广东海防同知,移驻前山寨,属广州府管辖,印光任当时任东莞县令,乾隆九年(1744年)被委派为第一任海防同知。海防同知的辖区包括首邑番禺、支邑东莞、顺德和香山。有关澳门的事务都由海防同知处理,特别要用心处理各项涉外事端。印光任上任后尽忠职守,任上曾制订管理蕃舶及寄居澳门夷人的七条规约,"公任海疆久,于诸夷种类支派、某弱某强、某狡某愚、某地之山川形势,靡不部居别白于胸中,以故先事预谋,当机立断。终公之任,海面肃然。"(袁枚《广西太平府知府印公传》)印光任离任后,张汝霖接任。张汝霖,字芸墅,清安徽宣城人。生于康熙四十八年(1709年)。卒于乾隆三十四年(1769年)。曾先后任职广东河源、香山、阳春等县,乾隆十一年(1746年)权澳门同知,两年后实授。上任后一年半,发生澳门葡萄牙士兵杀毙中国居民李廷富、简亚二,葡方兵头不肯交出凶犯,并把凶犯"擅遣永成地满(即帝汶)";张汝霖受到朝廷申斥,降职去任。《澳门记略》就是印、张二人合作完成的著作。乾隆十年(1745年),印光任在澳门同知任内写成草稿,离任时将草稿交继任张汝霖"期共成之",后又托付徐鸿泉加工润色,不料徐病故而遗失原稿。乾隆十六年(1751年)印、张二人在潮州偶遇,决定"搜觅遗纸","大加增损",最终完成书稿。

《澳门记略》是一部认识18世纪中叶澳门社会状况的珍贵文献。内容分别描写了澳门的社会结构、天文地理、风土人情、中外风俗、政令官职、兵士武器、禽兽花鸟、商业法律、医药饮食……它在语言学上的地位没有其他著作可以取代。该书最后部分以"澳译"为标题谈及语言问题,并且收集 395 个流行在澳门的常用词,用汉字直音的方法注出葡语发音,见表 6。

表 6 《澳门记略》词表

排序	汉语词语	葡语注音
天地类		
1	天	消吾
2	日	梭炉
3	月	龙呀
4	星	意事爹利喇
5	风	挽度
6	云	奴皮
7	雨	租华
8	晴	帮颠布
9	旱	赊图
10	午	妙的亚
11	夜	亚内的
12	半夜	猫亚内的
13	冷	非了
14	热的	坚的
15	东	爹时离
16	南	苏卢
17	西	贺核时
18	北	诺的
19	发飓风	度方
20	无风	脓叮挽度
21	有风	叮挽度
22	风大	挽度架阑地
23	细雨	庇记呢奴租华
24	大雨	租华架钢地

第二章 澳门早期的语言状况

（续）

25	正月	燕爹炉
26	二月	非比列卢
27	三月	孖炉嗦
28	四月	亚比列卢
29	五月	孖炉
30	六月	欲欲
31	七月	欲炉
32	八月	亚歌数
33	九月	雪添补炉
34	十月	爱都补炉
35	十一月	糯占补炉
36	十二月	利占补炉
37	去年	晏奴罢沙圃
38	今年	依时晏炉
39	今月	依时羊士
40	今日	依时里亚
41	今时	依时可喇
42	一年	惧晏奴
43	一时	惧可喇
44	一月	惧尾时
45	天阴	川土果力些
46	地	争
47	山	孖度
48	海	孖喇
49	澳	叮占完度
50	岛	以里丫
51	石	毕打喇
52	水	了古
53	路	监尾芦
54	墙	霸利地

(续)

55	井	汲酥
56	屋	家自
57	铺	布的架
58	街	芦呀
59	楼	所已拉度
60	库房	哥肥里
61	开门	亚悲哩波打
62	闩门	非渣波打
63	城门	波打氏打的
64	关闸	波打赊芦古
65	税馆	芊浦
66	前山寨	家自罢令古
67	青洲	伊立湾列地
68	乡村	亚喇的呀
69	远	呛千
70	近	必度
71	海边	罢礒呀
72	上山	数毕孖度
73	落水	歪哪了古
74	行路	晏打
75	水长	孖哩燕占地
76	水退	孖哩化赞地
77	波浪	吗利时
78	澳门	马交
79	议事亭	事打啲
80	吕宋	万尼立
81	大西洋	嚷奴
82	小西洋	我呀
83	噶啰巴	灭打比
	人物类	

第二章 澳门早期的语言状况

(续)

84	皇帝	燕罢喇多卢
85	老爷	蛮哟哩
86	相公	雍
87	亚婆	疏打古
88	书办	意士记利横
89	亚公	摆亚波
90	亚婆	自茶
91	父	摆
92	母	买
93	子	非卢
94	女	非喇
95	孙	列嗖
96	兄	意利孟架兰的
97	弟	意利孟庇记呢奴
98	姊	万那
99	妹	意利孟
100	叔伯	即是挑
101	嫂	冠也打
102	妻	共办惹卢
103	媳妇	懦喇
104	外父	古卢
105	外母	架喇
106	舅	冠也嗖
107	表兄	备金吭
108	人	因的
109	男人	可微
110	女人	务惹卢
111	兵头	个患多虑
112	四头人	事达丁
113	管库	备喇故路多卢

(续)

114	和尚	巴的梨
115	尼姑	非利也立
116	通事	做路巴沙
117	保长	架比沙奴牙
118	唐人	之那
119	挑夫	姑利
120	火头	故知也立
121	水手	骂利也路
122	引水	英米央地
123	蕃人	记利生
124	贼	喇打令
125	富贵	利古
126	贫	波的梨
127	木匠	架变爹卢
128	坭水匠	必的哩卢
129	银匠	芊哩比
130	铁匠	非列卢
131	裁缝	亚利非呀的
132	铜匠	个卑哩卢
133	锡匠	闸卑哩卢
134	老人	因的威卢
135	后生人	万赊补
136	孩子	拉巴氏
137	奴	么嗦
138	婢	么沙
139	恶人	罢喇补
140	好人	捧因的
141	头	架比沙
142	发	架威卢
143	眼	呵卢

第二章　澳门早期的语言状况

（续）

144	肩	甚未赊剌
145	鼻	那哩时
146	口	波家
147	牙	颠的
148	舌	连古
149	须	巴喇罢
150	耳	芉非㗎
151	唇	卑嗦
152	乳	孖麻
153	手	孟
154	心	个啰生
155	肚	马哩家
156	肠	地利把
157	肝	非古㗎
158	肺	波肥
159	脚	比
160	指	爹度
161	指甲	官呀
162	气	巴符
163	脉	甫卢嗦
164	筋	爹剌把
165	骨	可嗦
166	皮	卑梨
167	颈	未氏哥做
168	龙	写利边也
169	虎	的忌利
170	狮	灵
171	象	晏离蕃地
172	鹿	伟也度
173	牛	瓦假

(续)

174	羊	甲必列度
175	兔	灰芦
176	狗	革佐路
177	猫	迄度
178	猪	波卢古
179	小猪	离当
180	鹦哥	架架都呀
181	斑鸠	罗立
182	鹅	八打
183	白鸽	付罢
184	雀鸟	巴苏路
185	鸡	架连呀
186	鱼	卑时
187	虾	监巴朗
188	蛤	蛮都古
189	螺	时砵
190	木	包
191	竹	麻无
192	橙	喇兰茶
193	苏木	沙朋
194	栗	架沙呀
195	胡椒	备免打
196	柿	非古加其
197	枣	马生
198	桃	卑时古
199	波罗蜜	呀架
200	柚	任无也
201	石榴	路盲
202	丁香	谏拿立
203	木香	教打

第二章 澳门早期的语言状况

（续）

204	万寿果	霸拜也
205	葡萄	任无朗
206	柠檬	利盲
207	葱	沙波喇
208	蒜	了卢
209	黄瓜	备度边
210	茄	呀喇
211	芝麻	战之哩
212	蕃瓜	么把喇见尔
213	西瓜	罢爹架
214	苦瓜	麻立哥胙
215	姜	燕知波离
216	白菜	无刷打巴朗古
217	瓮菜	径公
218	苋	麻养
219	芥	无刷打
220	芹	拉巴沙
221	芥兰	哥皮
222	蕉子	非古
223	蔗	奸那
224	番薯	蔑打打
225	芋	岩眉
226	藤	聿打
227	琥珀	蓝比利牙
228	珊瑚	过喇卢
229	珍珠	亚佐肥离
230	金	阿嚧
231	象牙	麻立分
232	牛角	般打地无化立
233	铅	针步

(续)

234	锡	架领
235	硫磺	燕仙苏
236	硝	要列地利
237	红花	富利布路羊路
238	沉香	也打
239	檀香	山度路
240	乳香	燕先嗦
241	松香	鼻了
242	药材	未知呀
243	桐油	亚一地包
244	白矾	必都路眉
	衣食类	
245	帽	札包
246	衣裳	架歪若
247	靴	砵的
248	鞋	八度
249	袜	麻牙
250	屐	知猎步
251	裤	架喇生
252	带	非
253	裙	斑奴
254	被	哥而揸
255	帐	架了
256	褥	哥而争
257	席	哥而爹拉
258	枕	租马沙
259	裤带	弗打
260	绸	西也
261	缎	悲沙
262	布	耕架

第二章　澳门早期的语言状况

（续）

263	线	里惹
264	绒	些打
265	丝	些大机拿
266	棉花	亚里古当
267	哔叽	彼被都了拿
268	大呢	巴奴
269	小呢	西而非拿
270	羽缎	家羊罗以
271	羽纱	家羊浪
272	食	故未
273	饮	比卑
274	米	亚罗时
275	食饭	故未亚罗时
276	粥	闲治
277	早饭	亚路无沙
278	午饭	数
279	麦	也里古
280	牛乳	几胙
281	盐	沙芦
282	油	阿热地
283	酱	未疎
284	醋	而那已梨
285	糖	亚家喇
286	酒	尾虐
287	烟	大孖古
288	鼻烟	布辉路卢
289	鸦片	亚荣
290	茶叶	渣些古
291	槟榔	亚力家
292	饼	么芦

(续)

293	菜	比列度
294	燕窝	连奴巴素芦
295	海参	未胙孖立
296	鱼翅	鹅渣地庇时
	气数类	
297	桌	务弗的
298	椅	架爹喇
299	床	监麻
300	柜	亚喇孖度
301	盒	务赊打
302	秤	大争
303	斗	雁打
304	升	租罢
305	尺	哥步度
306	笔	变些立
307	纸	变悲立
308	墨	颠打
309	箸	亚知己
310	碗	布素兰奴
311	灶	富耕
312	镬	达租
313	(伞)	岑悲利路
314	鼓	担摩卢
315	钟	仙奴
316	炮	崩巴而大
317	枪	租沙
318	刀	化加
319	眼镜	恶古路
320	千里镜	谏尼渣
321	自鸣钟	列罗西吾

(续)

322	时辰表	列那西丫
323	沙漏	英波列达
324	船	英巴家生
325	一	吾牙
326	二	罗苏
327	三	地里时
328	四	瓜嗳
329	五	星姑
330	六	些时
331	七	膝地
332	八	哀度
333	九	那度
334	十	利时
335	一百	吾山度
336	一千	吾味炉
337	一万	利时味炉
338	两	达耶儿
339	钱	孖土
340	分	公地锁
341	厘	加以沙
342	丈	瓦拉
343	尺	哥无度
344	寸	崩度
	通用类
345	尔	窝些
346	去	歪
347	买	公巴喇
348	卖	湾爹
349	来	要永

(续)

350	坐	散打
351	企	宴悲
352	有	丁
353	无	哝丁
354	哭	做剌
355	笑	哩
356	走开	西的亚里
357	书信	吉打
358	看见	也可剌
359	无看见	哝可剌
360	回家	歪加乍
361	请	亚了苏
362	多谢	了苏吧忌
363	告状	化知别地立
364	贸易	干打剌度
365	良善	马素
366	黑	必列度
367	白	霸郎古
368	忠厚	共仙时
369	辛苦	径沙度
370	有力	丁火沙
371	病	奴嘘
372	痛	堆
373	马钱	腻故当
374	耍	霸些也
375	外	科立
376	内	连度卢
377	讲	法剌

第二章 澳门早期的语言状况

(续)

378	讨账	立架打里巴打
379	欢喜	贡颠地
380	教	燕线那因地
381	学	庇连爹
382	忘记	意氏记西
383	恭喜	没度扫煨打地
384	干	锡故
385	湿	无剌度
386	懒	庇哩机苏素
387	熟	故知度
388	就	亚哥立这加
389	利钱	干欲
390	生	伟步
391	死	磨利
392	丑	猫
393	如今	亚哥立
394	肥	噶度
395	瘦	孖古度

编纂这张词表的本意是描写社会上流通的葡语词汇面貌，既属民俗的描写，又起介绍日用葡语的作用。但是这张词表的功能却远远超出了制表人的初衷。它的功能有三：

(1) 它是一张澳门汉语常用词汇表；

(2) 同时又是澳门葡语常用词汇表；

(3) 还是一份澳门汉葡词汇对照表。

从这张表上还可以发现许多与语言翻译、语音对应、词语构成等方面的问题。

学者们研究这份词表，多数着眼于它的社会意义和历史意义；

即使看到它的语言学价值,也是把重点放在土生葡语(土生葡语的性质详后)和葡萄牙本土葡语(即所谓规范葡语)的对比上。近年来澳门年轻一代的学者看到这份词表在汉语研究上的价值,开始进行卓有成效的研究,并且取得可喜的成果。胡慧明在澳门大学完成的硕士论文《〈澳门记略〉反映的澳门土生葡语面貌》用"汉语 — 土生葡语 — 规范葡语"的模式分析词表,得出一些外国学者没有得到的新结论。

《澳门记略》用"澳译"这个名称来指称这 395 个词语。在"澳译"前面有这么一段话:

> 西洋语虽侏离,然居中国久,华人与之习,多有能言其言者,故可以华语释之,不必怀铅握椠,如杨子远访计吏之勤也。定州薛俊著《日本寄语》,谓西北曰译,东南曰寄,然《传》云重九译,统九为言,虽东南亦称译,从古邦畿在西北,不言寄,尊王畿也。名曰澳译,殿于篇。

这段话的意思是:华人跟西洋人交往多了,很多能够说他们的话,能够用华语来解释说明西洋话。这就是说,"澳译"的着眼点是一个"译"字,即列举的 395 个词语全部具有"汉葡互译"的性质,这 395 个词语构成一部最早的"汉葡双语词典"。

壹　词汇特征

归纳这份词汇表首先可以得出一张《澳门记略》词语类别表,见表 7。

表 7 《澳门记略》词语类别

分 类	数 量	比 例(%)
基本词	225	57
一般通用词	110	28
地区词(方言词)	60	15
总计	395	100

表 7 列举的基本词占全部词汇的 57%,例如"天地类"的自然现象的名称、"人物类"的亲属称谓、"衣食类"的服装衣着和日常饮食的种类、"气数类"的生活用具和数量表达等等,大多属于基本词的范围,说明澳门的汉语和其他地区的汉语具有相同的基本词汇。基本词汇是语言的基础,具有普遍性、稳固性、能产性等特征。普遍性指基本词汇的流行范围,它流通于社会的各个方面,包括这种语言的所有方言。稳固性指基本词汇的生存时间,它长时期地存在许多世纪,不会流行一阵就无影无踪。基本词汇的稳固性是由基本词汇所反映的事物的稳固性决定的,例如天地日月。能产性指基本词汇的生命力特别强,它可以独立成词,可以以语素身份构成新词,满足社会发展出现的新事物、新观念。

地区性词汇是应特定地区的交际需要而产生的。不同地区有不同的生存条件、经济生活、风土人情,反映这些特征的词语也就应运而生。人们来到这个地区需要运用这些词语,离开特定的地区后,交际中不再需要它们。《澳门记略》词表中的 15% 的词语是澳门通用的地区词或方言词,例见表 8。

表 8 《澳门记略》地区词或方言词举例

汉语词语	用汉字注葡语音	葡语原词	普通话（或释义）
发风飓	度方	Tufão	刮台风
风大	挽度架阑地	Vento grande	大风
今月	依时羊士	Este mês	这个月
铺	布的架	Botica	铺子、商店
关闸	波打赊芦古	Porta do Cerco	特指澳门关口
税馆	芋浦	Hu-pu (Alfândega)	税务局
落水	歪哪了古	Vai na água	下水
行路	晏打	Andar	走路
水长	孖哩燕占地	Maré enchente	涨潮
水退	孖哩化赞地	Maré Vazante	退潮
大西洋	嗹奴	Renino(Portugal)	今天的大西洋、欧洲、葡萄牙
小西洋	我呀	Goa	果阿
噶啰巴	灭打比	Java	雅加达
亚公	摆亚波	Avô	公公
亚婆	自茶	Xá-xá(avó)	老太婆
外父	古卢	Sogro	岳父
外母	架喇	Sogra	岳母
兵头	个患多虑	Governador	澳门总督
四头人	事达丁	Cidadão	职衔
管库	备喇故路多卢	Procurador	职衔
通事	做路巴沙	Jurbassa(intérprete)	翻译
食饭	故未亚罗时	Comer o arroz	吃饭

第二章　澳门早期的语言状况

（续）

唐人	之那	China	中国人
火头	故知也立	Cozinheira	厨师
引水	英米央地	Encaminhante?（piloto）	引路、向导
蕃人	记利生	Cristão(estrangeiro)	外国人
后生人	万赊补	Mancebo	年轻人
眼	呵卢	Olho	眼睛
颈	未氏哥做	Pescoço	脖子
栗	架沙呀	Castanhan	栗子
鹦哥	架架都呀	Cacatua	鹦鹉、八哥
橙	喇兰茶	Laranja	橘子
蕃瓜	么把喇见尔	Abóbara	南瓜
苋	麻养	Baião（amaranthus Olerocens）	苋菜
蕉子	非古	Figo(banana)	无花果
蔗	奸那	Cana de açúcar	甘蔗
番薯	蔑打打	Batata	土豆
芋	岩眉	Inhame	山药
大呢	巴奴	Pano（tecido grosseio）	粗毛织品
小呢	西而非拿	? Fino	细毛织品
被	哥而揸	-	被子
食	故未	Comer	吃
饮	比卑	Beber	喝
食饭	故未亚罗时	Comer o arroz	吃饭
箸	亚知己	Faichi	筷子

(续)

镬	达租	Tacho	锅
千里镜	谏尼渣	Canóculo	望远镜
时辰表	列那西丫	?(Relógio que dá horas)	钟表
企	宴悲	Estar de pé	站
无看见	哝可剌	Não olhou	没看见
耍	霸些也	Passear	玩
就到	亚哥立这加	Chegou agora	快到了
肥	噶度	Gordo	胖

《澳门记略》词表本来只有第一、第二栏，此表第三栏"葡语原词"是英国人鲍登(C. R. Bawden)后来加上的，据说尽量还原到18世纪的葡语面貌。

应当说明，不少粤方言词是古代汉语的继承，其他方言区的人虽然明白它们的含义，但在自己的方言口语中并不使用，例如"须"字，在粤方言中是个口语词，发音是[sœy[55]]，组成"剃须"（刮胡子）、"须刨"（剃胡子刀）等词语。其他方言区的人虽然都懂得"须"的意思，但口语中很少运用。又如"无风"、"无看见"，从书面语上看所有方言区的人都看得懂，甚至还会在一些词组中出现（如"无风三尺浪"中的"无风"），但在口语上许多方言都不这样说，而在粤方言，"无风"、"无看见"却是口语表述的方式。这样的词语属于方言词语。据此，表中的"今月"、"食"、"饮"、"橙"（橘子）、"被"（被子）等等都可列为方言词语。

贰 语音特征

《澳门记略》所附的词表是一份汉葡对照的"词表"，而不是

第二章 澳门早期的语言状况

记录语音现象的"音表",但因注音用的是汉字,而汉字是一种超方言的文字,可以用粤方言去读,也可以用其他方言去读,这就给我们提供了透过汉字探求语音特点和语音对应的可能。例如音译葡语的边音 l,所用汉字一会儿是边音 l,一会儿是舌尖中鼻音或俗称前鼻音 n,这就说明当时澳门汉语已存在"l、n 不分"的现象。不过需要说明,词表反映的语音特点只是个别的、零散的现象。词表中的汉译用字反映出的语音特征至少有以下八类,见表 9。

表 9 《澳门记略》词语的语音特征

分　类	数　量	比　例(%)
n/l 不分	7	2
r/l 不分	85	22
送气/不送气不分	80	20
清/浊不分	57	14
v/w 混用	30	8
h 取代 k	8	2
b/m 转换	24	6
其他	104	26
总计	395	100

上述语音现象可举例如下:

(1)关于[n/l]的分混。n/l 基本分开,但已开始混淆,主要是以 l 代 n,见表 10。

表 10 前鼻音字与 n 对应

汉语词语	用汉字注葡语音	葡语原词	比较
夜	亚内的	a noite	内—noi
北	诺的	norte	诺—nor
裙	班奴	pano	奴—no
九	那度	noto	那—no

边音字与 l 的对应,见表 11。

表 11 边音字与 l 对应

汉语词语	用汉字注葡语音	葡语原词	比较
舌	连古	língua	连—lín
狮	灵	leão	灵—leão
柠檬	利盲	limão	利—li
皮	卑梨	pele	梨—le

有时在一个词语中 n/l 分别得很清楚,见表 12。

表 12 在一个词语中 n/l 分别得很清楚

汉语词语	用汉字注葡语音	葡语原词	比较
吕宋	万尼立	manila	尼—ni, 立—la

然而这个时期澳门汉语已经出现 n/l 不分或 n/l 相混的现象,主要是由 l 取代了 n,见表 13。

表 13 n/l 相混

汉语词语	用汉字注葡语音	葡语原词	比较
孙	列度	neto	列—ne
一时	惧晏喇	um ano	喇—no
今年	依时晏炉	este ano	炉—no
燕窝	连奴巴素	ninho de pássaros	连—nin

第二章 澳门早期的语言状况

澳门汉语没有 r,翻译葡语的 r 用 l,见表 14。

表 14 l 取代 r

汉语词语	用汉字注葡语音	葡语原词	比较
海	孖喇	mar	喇—r
街	芦呀	rua	芦—ru
墙	霸利地	parede	利—re
食饭	故未亚罗时	comero arroz	罗—ro
四月	亚比列卢	abril	列—ri

(2)关于唇音字的读音。b、p 对应轻唇 f、v;v 与 w 也常常对换。见表 15—18。

表 15 保留 b、p

汉语词语	用汉字注葡语音	葡语原词	比较
饮	比卑	beber	比—be,卑—ber
船	英巴家生	embarcação	巴—bar
肺	波肥	bofe	波—bo
葱	沙皮喇	cebola	皮—bo
皮	卑梨	pele	卑—pe

表 16 保留 f、v

汉语词语	用汉字注葡语音	葡语原词	比较
子	费卢	filho	费—fi
肝	非古哝	figado	非—fi
讲	法剌	falar	法—fa
耳	芋非哝	ouvido	非—vi
牛	瓦假	vaca	瓦—va
老人	因的威卢	gente velha	威—ve

表17　m、w代b、p

汉语词语	用汉字注葡语音	葡语原词	比较
发	架威卢	cabelo	威—be
肚	马哩家	bariga	马—ba
苋	麻养	baião	麻—ba
竹	麻无	bambu	麻—ba,无—bu
柚	任无也	jamboa	无—bo
饼	么芦	bolo	么—bo
桌	务弗的	bufete	务—bu
海参	未胙孖立	bichi-de-mar	未—bi
颈	未氏哥做	pescoço	未—pe

表18　b、p代f、v

汉语词语	用汉字注葡语音	葡语原词	比较
芥兰	哥皮	couve	皮—ve
恶人	罢喇补	bravo?	补—vo
亚公	摆亚波	avô	波—vô
和尚	巴的梨	freire	巴—f
生	伟步	vivo	步—vo

(3)入声合并为一类。声母的清浊之分已不明显，声调的舒声（与入声相对的平上去）和入声之分也不清晰。例如同一个"打"字可以译浊音的da，也可以译清音的ta；同一个"度"字可以译浊音的do，也可以译清音的to。

第二章　澳门早期的语言状况

表19　声母的清浊不分

汉语词语	用汉字注葡语音	葡语原词	比较
芥	无刷打	mostarda	打—da
行路	晏打	andar	打—dar
藤	聿打	rota	打—ta
番薯	蔑打打	batata	打打—tata
肥	噶度	gordo	度—do
辛苦	径沙度	cansadu	度—do
寸	崩度	ponto	度—to
羊	甲必列度	cabrito	度—to

其他还有"巴"字译 b、p;"颠"字译 d、t;等等。

词表注音不大讲究入声的运用,有时同一个葡语词,用舒声字注音或用入声字注音都可以,说明入声已不那么清晰。例如九月、十月、十一月、十二月在词表中的注音用字与在正文(《澳门记略·澳蕃篇》)中的注音用字不同,不同之处恰巧是舒声与入声的差别。

表20　声调的舒声和入声不分

九月	雪添补炉	斯等伯禄	setembro
十月	爱都补炉	呵多伯禄	outubro
十一月	糯占补炉	诺文伯禄	novembro
十二月	利占补炉	特生伯禄	dezembro

注:"补炉"是舒声,"伯禄"是入声。

此外,《澳门记略》词表可能不全是这部著作的两位作者注音的。当时的澳门已有多种语言、多种方言,从事翻译工作的人来自各地:"其通事多漳、泉、宁、绍及东莞、新会人为之。"(《澳门记略·官守篇》)《澳门记略》的词表很可能就是这些人的作品,至少他们参加了记音工作。他们难免把自己方言的成分和特点带入注音中,在词表中留下方言痕迹,见表 21 和表 22。

表 21　粤方言翻译

汉语词语	用汉字注葡语音	葡语原词	比较
男人	可微	homem	可—ho,微—mem
鸡	架连呀	galinha	架—ga,连—lin
姊	万那	mana	万—man,那—na
吕宋	万尼立	manila	万—man,尼—ni,立—la
手	孟	mão	孟—mão
床	监麻	cama	监—cam,麻—ma
刀	化加	faca	化—fa,加—ca
外	科立	fora	科—fo,立—ra
夜	亚内的	a noite	亚—a,内—noi

表 22　官话或其他方言翻译

汉语词语	用汉字注葡语音	葡语原词	比较
炮	崩巴而大	bombarda	而—r
讲	法剌	falar	法—fa,剌—lar
牛	瓦假	vaca	瓦—va,假—ca
肺	波肥	bofe	波—bo,肥—fe
天	消吾	cêu	消吾—cêu
丝	些大机拿	seda china	些—se,大—da,机—chi,拿—na
午	妙的亚	meio-dia	妙—meio,的—di,亚—ia
油	阿热地	Azeite	热—zei
小西洋	我呀	goa	我—goa(厦门音)
斗	雁打	ganta	雁—gan(厦门音)

第三章 澳门语言的种类

在葡萄牙人来到澳门之前,澳门是单一的汉语社会。葡萄牙人登陆澳门以后,把它当作渔船避风或晾晒渔获的港湾,葡萄牙语也跟着到了澳门。澳门早在 16 世纪有了汉葡两种语言。鸦片战争前夕,澳门开始来了英国人。根据林则徐《会奏巡阅澳门情形折》,清道光十九年(1839 年)澳门有"英咭唎国夷人 57 户",超过当时人口的 2%。这就是说,19 世纪中叶英语已经在澳门出现了。澳门除了英咭唎人之外,还有不少菲律宾人、泰国人。这就是说,至晚到 19 世纪中叶,澳门已经有了包括英语在内的多种语言。到了现代,"澳门有来自五大洲,六十几个国家的华侨、华人及侨居国原居民,其中以亚洲为主,有缅甸、印度尼西亚、柬埔寨、越南等。其次是非洲的马达加斯加及南北美洲的华侨等"(林清风 2004),语言多姿多彩。

汉语内部多方言的局面在澳门形成更早。澳门位于珠江的出口处。来自中国福建、广东沿海地区的渔船把它当作短暂停留的港口,因此,澳门的港口地位的确立吸引更多的内地渔船和商旅来到澳门,带来福建、广东沿海地区的汉语方言,主要是包括潮州话在内的闽方言。鸦片战争后,香港崛起,澳门成为以赌为主的消费性城市。20 世纪 20 年代,广州发生商团叛乱,澳门作为避风港吸纳大量居民,人口突增。40 年代澳门未受战火波及,又有大量广东居民逃难而来,人口猛增。20世纪50年代以后,澳门经济停滞,人口缓慢下降。60年代东南亚政局动荡,印度尼西亚掀起排华浪潮,大批华侨被迫进入澳门,带来澳门人口的增长。70年代后期澳门经济起飞,就业机会大增,人口也迅速增长。澳门人口数字的起伏与澳门在不同时期所处的环境和所扮演的角色密切相关。伴随人口数字的变化,不同方言的比例和在交际中所发挥的作用也在不断调整,但始终是以粤方言作为民间的最重要的交际工具,粤方言成为澳门的最重要的汉语方言,并被认为是澳门华人的身份象征。

本书根据语言使用的情况着重研究澳门的汉语、葡语和英语;在汉语内部,着重分析粤方言。粤方言之外还有普通话和其他方言,主要是闽方言、客家方言和吴方言。研究中采取两种相互联系的方法:其一是统计法,其二是描写法。统计法偏重于葡语、英语等语言的研究,目的是取得充足的数据,然后进行比较,归纳出结论。例如回归前后葡语、英语在澳门各种语言中所占的比例,说明一种语言在一个社会中的存在与该社会的政治经济环境紧密相关:葡语在葡萄牙统治澳门时大行其道,澳门回归后葡语使用率大幅下降。描写法主要用于澳门汉语(或中文)的研究,例如澳门土生葡人的粤方言与澳门华人的粤方言有别,本书通过具体的描写从中找出不同之所在。统计法和描写法可以结合运用,例如研究澳门粤方言的特点时既要用数据说话,又要把它放在各种"粤方言"(带有其他方言色彩和语言色彩的粤方言)的比较中去考察。前者运用统计法,后者运用描写法。

澳门的语言统计与人口统计关系十分密切,其中人口出生与语言使用的关系尤为紧密。但语言统计与人口统计毕竟是不同的两件事,不能相互取代。例如 1981 年澳门总人口 241 729 人,其中澳门出生的华人 96 117 人,内地出生的 118 177 人,香港出生的 13 118 人,葡萄牙出生的 1 037 人,其他地方出生的 13 280 人。面对这份资料,可以分析出来的结论只有澳门出生的和香港出生的人说粤方言。内地出生的有说粤方言的,有说闽方言的,有说吴方言和其他方言的。而葡萄牙出生的可以认为他们说的都是葡萄牙语,但澳门说葡萄牙语的人数绝不限于这 1 037 人,因为在澳门出生的许多土生葡人都具备说葡萄牙语的能力。按土生葡人人数约占澳门人口的 1%—2% 计算,估计说葡萄牙语的人数至少为 3 400 人左右。至于其他地方出生的 13 280 人,那就很难断定他们的语言归属了。这些人中可能有英国人、缅甸人、泰国人、菲律宾人等等,而在缅甸出生的人来到澳门并不一定说缅甸话,根据我们接触的缅甸归侨,他们说的是不纯正的普通话。一位缅甸归侨领袖称,华侨在缅甸多数进当地华文学校,所以华语比缅甸话说得好。

澳门历来比较重视人口统计。每五年一次人口普查已成惯例。在历次的人口统计中,出生地、性别、岁数、学级、职业、经济活动状况、婚姻状况等的资料相当详尽,语言资料虽然也有一些,但因设计问卷时缺乏语言学理论指导,立项不够精准。因此运用人口调查资料分析出澳门的语言状况时,我们要抱科学审慎的态度。

第一节 汉语

汉语是澳门主要的交际工具。开埠时的澳门居民来自中国内地香山县(今广东中山)和福建沿海一带,说的是汉语。汉语一直

是澳门主要的语言。下列数据表明,除个别时期外,澳门的华籍人数比例都在 90% 以上:

表 23　澳门华籍人数(1563—2001 年)

年份	总人口(人)	华籍人数(人)	占人口总数比例(%)
1563	5 000	约 4 000 以上	80 以上
1743	5 500	2 000	36.4
1839	13 000	7 033	54.1
1860	85 471	80 000	93.5
1871	81 403	75 940	93.2
1878	68 086	63 532	93.3
1896	78 627	74 568	94.8
1910	74 866	71 021	94.9
1920	83 984	79 807	95.0
1927	157 175	152 738	97.2
1939	245 194	239 803	97.8
1950	188 896	184 229	97.5
1960	169 299	160 764	95.0
1970	248 636	240 008	96.5
1981	241 729	177 691	73.5
1991 (1991)	355 693 (355 693)	240 496 (325 530)	67.6 (96.5)
1996	414 128	284 423	68.7
2001	435 235	411 482	97.0

1991 年澳门的华人统计数字有两组,根据澳门基金会出版《澳门人口》第 64 页表 6-1"1910—1991 年澳门人口国籍统计",当时的华人为 240 496 人,占当时总人口 67.6%;根据澳门统计暨普查司《澳门及其人口演变五百年(一五零零年至二零零零年)人口、社会及经济探讨附表》第 31 页表 A1-18 "按日常语言,国籍及性别统计之三岁及以上之居住人口,1991 年",当时的华人为 325 530 人,占人口总数的 96.5%。

为什么中国籍人口比例在1981年、1991年、1996年三次统计中有大幅度下降的记录呢？因为当时葡萄牙当局制定了新的国籍准则，"将葡萄牙国籍授予来自葡萄牙及前葡萄牙殖民地之国民。在一些澳门进行的普查中，按照这一个准则将居民视为葡萄牙人，而其他之居民则被视为外国人"。[①] 实际上，"在1991年以及在1996年之统计报表上，没有显示任何之中国籍人士说葡萄牙语。在中国籍居民中，大约99.6％使用中文作为常用语言(86.8％说广东话，1.7％说普通话，11.1％说其他中国方言)"。[②] 1999年澳门回归中国之后，澳门人的国籍问题(特别是双重国籍问题)得到解决，语言能力的统计恢复原来的标准。

壹 粤方言

澳门的汉语主要是粤方言。以广播传媒来说，电台、电视台所采用的语言主要是粤方言；对外交通方面，陆路、海路、航空服务采用的也是粤方言；学校语言的情况是，从小学到中学几乎是清一色的粤语学校，中学英语量逐渐增加，大学加入一些用英语讲授的科目，官立学校讲授葡语或以葡语为教学语言，但葡文学校少得完全不能与中文学校抗衡，因此学校语言的主体也是粤方言。在整个社会层面，粤方言通行无阻，其次是闽方言、吴方言、客家话以及带有各地方言色彩的普通话。它们的人数和比例可从澳门政府统计暨普查局提供的1991年、1996年、2001年三次针对有语言能力的

[①] 澳门统计暨普查司《澳门及其人口演变五百年(一五零零至二零零零年)人口、社会及经济探讨》第128页。

[②] 澳门统计暨普查司《澳门及其人口演变五百年(一五零零至二零零零年)人口、社会及经济探讨》第133页。

3岁以上的人口调查数据看到。见表24。

表24 汉语方言人数(1991年、1996年、2001年)

	1991年 人数	1991年 占总人口%	1996年 人数	1996年 占总人口%	2001年 人数	2001年 占总人口%
中国籍人总数	325 530	96.52	381 885	96.0	411 482	97.0
粤方言人数	289 297	85.77	346 082	87.2	372 696	87.86
普通话人数	4 016	1.19	4 955	1.25	6 660	1.57
其他方言人数	32 217	9.56	30 848	7.76	32 125	7.57

资料来自澳门统计暨普查司《第十三次人口普查暨第三次住屋普查'91澳门人口普查》第71页、《96中期人口统计总体结果》第114页以及澳门特别行政区政府统计暨普查局《2001人口普查》第153页。

在澳门使用粤方言人数占人口比例最大。1991年占总人口85.77%;1996年占总人口87.2%;2001年占总人口87.86%。

粤方言一向以来以广州话为典型。

澳门粤方言与广州粤方言有很大的一致性,只有一些细微的差异。主要表现在以下几个方面:

语音方面

(1)[n]与[l]的分混,以[l]代[n]。广州粤方言是分别[n]与[l]的,但这一现象近年来出现了以[l]代[n]的趋势,在澳门粤方言中,这种相混的趋势已相当普遍。例如"奶奶"念[lai^{33} lai^{55}],"男男女女"念[lam^{33} lam^{33} lœy^{35} lœy^{35}]。在一次歌咏比赛的电视节目中,一位名叫吕方的歌星代表男方出赛,[n][l]不分的节目司仪宣布"吕方(一歌星名)代表男方"[lœy^{35} fɤŋ^{55} tɤi^{22} piu^{35} lam^{33} fɤŋ^{55}],[n][l]不分的港澳观众哄堂大笑,质疑"女方"怎可代表"男方"。

(2) 声母[ŋ]的读法。一部分读声母[ŋ]的字,广州粤方言中近年出现了变读为零声母的趋势,这种现象在澳门粤方言中已相当普遍。例如"我"读[wɔ^{35}]、"牛"读[ɑu^{21}]、"爱"读[ɔi^{33}]等等。"吴"原读[ŋ^{21}]、"五"原读[ŋ^{35}],现在读为自成音节的[m^{21}]和[m^{35}]。

(3) 由于音译外来词的需要,澳门粤方言增加了一些临时性的韵母和临时性的音节拼合形式,如澳门粤方言有音译词[tʻɔp^{55}](英文 top,顶级),其韵母[ɔp]是临时出现的。又如音译词[pʻə^{22} ʃen^{55}](英文 percent,百分之,新加坡华语"巴仙"),[pʻə]的拼法是临时性的。再如[ou^{55} və^{22}]或[ou^{55} vɚ^{22}]、[ou^{55} fə^{22}]、[ou^{55} fɚ^{22}](英文 over,中文没有固定的翻译),其韵母[ɚ]是临时出现的,音节 [və][vɚ][fə][fɚ]都是临时组成的。

(4) 粤方言的阴平有高平[55]和高降[53]两个自由变体。澳门粤方言读高降[53]调的没有广州粤方言那么多。例如"诗歌"在澳门话里只念高平,不念高降。

词汇方面

(1) 有一批表现澳门生活的特有词语。如"牛"借指葡国人,因葡国盛行斗牛的缘故。牛字构词能力很强,如牛叔(土生对葡国本土来的葡人的称呼)、牛婆、牛仔、牛妹等等。特有的街道通名如"前地"、"圆形地",特有的建筑物概念如"综合体"等等。

(2) 文言词语和中外夹杂现象都比广州粤方言多。澳门现今还在使用的文言词语如:文案、异尸、妇孺、式微、官印局等等。中外夹杂现象如:啱 kʻi(正合适)、落 order(预定、下订单)、食 lunch(吃午饭)、miss 咗 bus 就 call 我(错过了公共汽车就打电话给我),等等。音译外来词在广州粤方言中逐渐增多,但数量远不及澳门粤方言多。如：fans（[fan⁵⁵ si³⁵]歌迷、拥趸）、happy（高兴）、view（风景）、send（寄）等等。

（3）澳门粤方言对外来人名地名专名的翻译跟广州粤方言不一致：希治阁（Hitchcock 希区柯克）、碧咸（Beckham 贝克汉姆）、屈臣氏（Watsons）、郎拿度（Renaldo 罗纳尔多）、马拉当拿（Armando Maradona 马拉多纳）、布殊（Bush 布什、布斯）、马卓安（John Major 梅杰）、坦塔尼（Titanic 泰坦尼克）、雪梨（Sydney 悉尼）、纽西兰（New Zealand 新西兰）等等。应当指出，普通话没有爆破音[-p/-t/-k]和鼻音[-m]收尾的音节，遇到这类音节，音译时总是将这些收音"音节化"，即用独立的音节翻译。于是 Beckham 被译作贝克汉姆。粤方言因有入声和[-m]收尾的音节，音译外来词就比较能保留原词的音值，例如 Hichcock 译作希治阁[xei⁵⁵ tʃi³³ kɔk²]，把英文的 hi 和 cock 相当准确地音译出来了；Beckham 译作碧咸[pik⁵ xam²²]，接近英语的原音。又如 Watsons，澳门译作"屈臣氏"，音译十分准确，这三个字的粤音是[watsəns]，与原音几乎没有差别。

语法方面

语法方面的差异很小，比较明显的特征是澳门粤方言有一个用作动词后缀的"躺"。"躺"、"咗"同义，都相当于虚词"了"。"食躺"等于"食咗"，还可以说成"食躺咗"。澳门土生葡人用"躺"字用得很多，几乎成了澳门土生葡人说的粤方言的标志；但一部分澳门华人也会使用。

澳门粤方言与隔海相望的香港粤方言也有差异。

在语音方面，主要表现在阳平调的变调上，例如花园、买楼、澳门、温哥华等的后一个音节澳门人念作本调[11]：[fa⁵⁵ yn¹¹]、

［mai³⁵ lau¹¹］、［ɔu³³ mun³¹］、［wan⁵⁵ kɔ⁵⁵ wa¹¹］；香港人念作变调［35］：［fa⁵⁵ yn³⁵］、［mai³⁵ lau³⁵］、［ɔu³³ mun³⁵］、［wan⁵⁵ kɔ⁵⁵ wa³⁵］。人们戏称，说［ɔu³³ mun¹¹ jan¹¹］者是真正的澳门人，说［ɔu³³ mun³⁵ jan¹¹］者是假冒的澳门人。不过这种差别正在缩小。

在词汇上，香港主要是向英语和日语借词，澳门除了全盘把香港的借词再借过来之外，还有一批向葡语的借词或根据葡语构词特点构成的词语。例如：科假（folga，休假）、思沙（sisa 物业转移税）、行人情（休假期间）、过班纸（成绩单）、沙纸（证明文件、毕业文凭）、综合体（complexor 复合的建筑物，如：体育综合体）等等。

粤方言是澳门人的语言标志。外来的华人立足澳门社会的第一考虑就是学会粤方言。与各地人学习普通话带有地方色彩的情况相似，外来人的粤方言也各具特色。社会上普遍存在的有"上海粤方言"、"普通话粤方言"和"福建粤方言"。来澳门的上海人、北方人多在自己的生活圈子里运用自己的方言，离开自己的圈子就说"自以为是"的粤方言。福建人的语言诉求稍有不同，他们在与同乡人交往时当然是用家乡话，换了交际对象时也说粤方言，但是说普通话的机会相当普遍，特别是从东南亚诸国归来的华人华侨。究其原因，福建人占澳门人数将近一半，闽方言使用面广，2004年10月22日（农历重阳节）"澳门妈祖文化旅游节"举行开幕典礼，会场上数千群众一片普通话声音，平时说粤方言的人也要改变习惯，人们仿佛到了粤方言以外的地区。

贰　普通话

普通话的状况分成两类：一类是以普通话为母语的，这类人很少，起初可说是凤毛麟角；现在逐年增长。另一类是后天学来的,这类人增长得很快。普通话在澳门是一种"高语",多半用于社交场合及一些官式场合。本来澳门以粤方言为交际语言,粤方言还是澳门人身份的象征,由内地或外地来到澳门的人是否融入了这个社会,掌握粤方言是一个不成文的标准。十年前有些中小学招聘教师还以粤方言为条件之一。因此外来谋生者来到澳门的第一天就努力学习粤方言,在掌握粤方言之前不得已才以普通话作过渡,一旦掌握了粤方言,他们就将普通话束之高阁。只有来自内地的官员可以十年八年不理会澳门的粤方言,因为人们都在迁就他们而说普通话。表22列出1991年、1996年、2001年的汉语方言人数及比例的统计数据可以看到1991年说普通话人数有4 016人,占总人口1.19%;1996年多了将近1 000人,有4 955人,占总人口1.25%;而2001年说普通话的人数增长到6 660人,占人口总数1.57%,比1996年大幅增长将近0.4%。

澳门普通话的另一种形态是"归侨华语"。"归侨华语"主要指由东南亚归来的华侨带来的附着内地方言色彩的汉语,相当于内地的"地方普通话",但是归侨华语不宜用"地方普通话"这个名称,因为归侨原居国不属于中国的"地方"。东南亚归侨大多祖籍福建、广东,而在侨居国的唐人社区,通行的也是闽方言或粤方言。归侨如果祖籍广东,来到澳门后当然使用他原来的母语。归侨如果祖籍福建,绝大多数说的是带闽方言特点的普通话,缅甸归侨就属于这种情形。据澳门缅华互助会秘书长,福建省武夷山华侨农场侨联名誉主席林清风接受调查时解释:华人、华侨在外,通常具有"乡音无改"的情意结,他们或者送子女就读华语学校,或者有了经济实力开办华语学堂;华语学堂所用语文是普通话和白话文,许多归侨来到澳门也就继续使用原来在侨居国学习过的语文。

第三章 澳门语言的种类

归侨是澳门人口的重要组成部分。20世纪80年代澳门归侨有50 000人,其中缅甸归侨30 000人,印度尼西亚归侨8 000人,柬埔寨归侨3 000人;以马达加斯加为主的非洲归侨1 000人,北美和南美洲归侨数百人。

20世纪90年代归侨人数可根据澳门人口年均增长率推算出来。澳门人口年均增长率1981年至1991年为3.94%,1992年至1997年为2.75%,1998年至2001年为0.86%。按照这个比例,至2001年底,澳门归侨侨眷人数估计约74 700人,占澳门总人口17%。

在整个归侨人口中,缅甸归侨人数最多。截至2001年底,缅甸归侨侨眷估计约46 000人,约占澳门总人口的10%。缅甸华侨向来以祖籍福建为多,他们来到澳门后与同乡讲家乡话,与广东人讲广东话,在许多社交场合他们使用带闽方言特点的普通话。

回归后,普通话的地位逐步上升,特首就任时向国家领导人宣誓就职或向中央述职,说的是普通话;澳门高官与内地官员往来沟通,也用普通话;社会各界与大陆、台湾开展商贸活动或文化交流也都要用普通话。刊登在报纸上的招聘广告每日可见许多行业都提出需要掌握普通话的条件,普通话迅速发展的趋势是不可避免的。如2005年2月23日《澳门日报》B11版金域酒店的招聘广告和2月17日A4版澳门电讯有限公司的招聘广告。金域酒店招聘的六个职位除夜更司机和西厨师外,其余四个职位均要求普通话达到"流利"的程度;澳门电讯有限公司招聘客户服务代表和收银员也都要具备操流利普通话的能力。见表25、表26。

表 25　金域酒店招聘广告

金域酒店
KINGSWAY HOTEL
诚聘

行政部（Executive Office）
行政秘书（Executive Secretary）
——大学毕业或以上程度，能讲写流利英语及普通话，熟识电脑文书处理，五年或以上相关工作经验，具自发性并能独立工作

秘书（Secretary）
——大学毕业，操流利英语及普通话，熟识电脑文书处理，能书写流畅中、英文信件，两年或以上相关工作经验

客务部（Front Office Dept.）
接待处主任（Reception Supervisor）
——中学毕业或以上程度，操流利英语及普通话，两年或以上相关工作经验，工作态度积极主动及有责任心，轮班工作

前台文员（Front Desk Clerk）
——中学毕业，操流利英语及普通话，工作积极主动及有责任心，轮班工作

夜更司机（Night Driver）
——初中程度，持有大巴驾驶牌照，三年或以上相关工作经验，具酒店服务经验者优先

餐饮部（Food & Beverage Dept.）
高级西厨师（Commis 1）
——初中程度，五年或以上相关工作经验，需轮班及独立工作

资料来自 2005 年 2 月 23 日《澳门日报》B11 版。

第三章 澳门语言的种类

表26 澳门电讯有限公司招聘广告

为配合澳门电讯有限公司新零售店落成及扩展业务，现大量增聘以下职位：
销售店客户服务代表——全职或兼职
入职要求： -高中毕业 -态度热诚，主动了解客人要求 -懂微软视窗基本操作及中文输入法 -具基本电讯产品知识为佳 -能操流利中、英语，懂普通话为佳
收银员
入职要求： -初中程度或以上 -能操流利中、英文，懂普通话为佳 -具收银工作经验 -良好沟通技巧

资料来自2005年2月17日《澳门日报》A4版。

2005年3月7日美国资金的金沙娱乐场在《澳门日报》A8全版刊登招聘广告，把具备普通话能力列为入选机场贵宾室经理、餐饮服务员等多个职位的优先条件。

叁 闽方言

早在澳门开埠之时，福建人驾驶的船只就以澳门为避风或转运的港口，澳门已有福建人出没；在澳门逐渐发展成东西方贸易枢纽的进程中，福建人越来越多地与澳门结下因缘。作为澳门标志性建筑的妈阁庙和享誉亚洲的妈祖石雕，都是福建人或与福建人有关的杰作。遗憾的是在上世纪历次人口普查中缺乏单独调查福建人的确切数据,"福建话"的调查资料同样不足。尤其是"福建话"这个词不是语言学的专业用语,严重影响研究者对调查资料的使用。澳门统计暨普查司《澳门及其人口演变五百年(一五零零年至二零零零年)人口、社会及经济探讨》"第二章澳门人口 9 主要语言"列出的语言(方言)种类有(按调查资料的格式排列):

- 1991 年,在 307 000 名 3 岁以上人口中,只有 1.8%讲葡语,约 1.6%使用英语或其他语言作日常语言,相比之下,有近 96.5%的人使用中文作其常用语言(广东话占 85.8%,普通话占 1.2%及其他之中国方言占 9.6%)
- 接近 99.4%之中国籍人口视中文为日常语言(广东话占 84.1%,普通话占 1.6%及其他中国方言占 13.7%)
- ……
- ……在 1991 年以及在 1998 年之统计报表上,没有显示任何之中国籍人士说葡萄牙语。在中国籍居民中,大约 99.6%使用中文作为常用语言(86.8%说广东话,1.7%说普通话及 11.1%说其他中国方言)。

"使用其他中国方言"的人数在实际比例上都远远超过讲葡语的、讲英语的和讲普通话的,甚至大大超过讲这三种语言的人数的总和。很明显,福建话被包含在"其他中国方言"里面,但是却未为福建话单独立项调查,我们只能从政府 1996 年公布的人口数字中评估语言使用的数字。

第三章 澳门语言的种类

表 27 按出生地统计居住人口(1996年)

人口总数	出生地				
	澳门	中国			
		小计	广东	福建	其他省
384 995	171 126	180 505	142 889	25 151	12 465
男 183 602	88 317	79 038	63 492	9 883	5 663
女 201 393	82 809	101 467	79 397	15 268	6 802

资料来自澳门统计暨普查司《九六中期人口统计总体结果》第86页"统计表I—在澳人口"之表1.2"按出生地、岁组及性别统计之在澳居住人口数目"。

数据显示1996年澳门福建人数为25 151人,如再加归侨中讲闽方言者,澳门至少有25 000—30 000人说的是闽方言。2002年7月澳门特区政府统计暨普查局公布的家庭使用福建话的人数是18 868人。

2001年家中使用的语言数据(以3岁以上424 203人计算)见表28。

表 28 家庭使用语言(2001年)

语种		人数(人)	所占比例(%)
汉语		411 482	97.0
	广东话	372 697	88.0
	普通话	6 660	2.0
	福建话	18 868	4.4
	其他方言	13 257	3.1
葡语		2 813	0.7
英语		2 792	0.7
菲律宾语		3 450	0.8
其他		3 666	0.8

资料来自澳门特别行政区政府统计暨普查局《2001人口普查》第153页。

数据显示,说福建话的人数比说普通话的人数多近三倍,比说其他方言的人数总和还要多。必须再次说明,由于表中"广东话"、"福建话"的概念模糊,结论的可靠性也是不够准确的。在方言的归属上,潮汕话归在"福建话"里;在地理区划上,潮汕属广东管辖,人口调查人员未必能加以鉴别和区分。按常理分析,表中的"广东话"里面一定有一些说"福建话"的人,而"福建话"里面很少有说"广东话"的人。

肆 其他方言

政府人口调查表格上所称"其他方言"(表22)主要是指福建话,其次是苏浙话、客家话。此外,内地许多省市都有人来澳门定居。在澳门的苏浙沪人约4万。[1] 福建人和苏浙人分别具备说福建话和苏浙话的能力,但不一定在交际场合中实际运用福建话和苏浙话;客家人和客家话的情况也是如此。澳门的客家人约有10万[2],但在澳门说客家话的人没有10万那么多。这就是说,"使用人数"和"方言种类"必须分开。广东话、福建话、苏浙话和客家话以及下文出现的"双语"、"语种"等词语都只取它们的通俗意义,无法作严格意义的界定。

---

[1] 据澳门苏浙同乡会负责人殷立民先生提供。
[2] 客家风华,载《岭南文库》第715页,广东人民出版社,1997年9月。

第二节 外语

壹 葡萄牙语

葡萄牙语是澳门的官方语言。其使用率在澳门语言种类中仅次于汉语。1553年葡萄牙人来到澳门,葡萄牙语也就同时来到澳门,至今已有450年历史。在这450年之中,葡萄牙语在澳门的地位一路攀升,在距今100多年前成为唯一的官方语言。直至1992年,才有中文加入到官方语言的行列,形成双官方语言的局面。1993年3月31日公布的《中华人民共和国澳门特别行政区基本法》第九条规定:"澳门特别行政区的行政机关、立法机关和司法机关除使用中文外,还可使用葡文,葡文也是正式语文。"①

450年来,使用葡萄牙语的人数总体上比使用汉语的人数少,个别时期比使用汉语的人数多。

明嘉靖四十二年(1563年),葡萄牙人来到澳门仅仅10年,澳门有5 000人口,其中中国人占80%以上,葡国人900,不到人口总数的20%。(何大章等1993,第55页)

清乾隆八年(1743年),澳门人口5 500人,其中中国人只有2 000,占36.4%,葡萄牙人却有3 500,占澳门人口总数63.6%;

---

① 澳门特别行政区法务局编印《中华人民共和国澳门特别行政区基本法》第3页。

几乎没有其他外国人。(《香山县志》)在历史文献中,这是澳门唯一一次葡萄牙人口多于中国人口的记载。

清道光十九年(1839年),即鸦片战争爆发前夕,澳门人口13 000,其中华民1 772户,7 033人,占54.1%;西洋夷人(葡萄牙人)720户,5 612人,占43.2%,其余为其他外国人,主要是英咭唎人。(据《林则徐会奏巡阅澳门情形折》)

1860年,澳门人口85 471人,中国人80 000,占93.5%,葡萄牙人4 611,占3.9%,其余为其他外国人。(《O Post de Macau》)

1878年,澳门人口59 959人,其中中国人55 450,占92.5%,葡萄牙人4 431,占7.39%,其余为其他外国人。

20世纪最后20年,葡语在澳门的使用人数占有较高的比例。主要原因是,当时的政府是澳葡政府,政府总督和高级官员由葡国政府任命,公务员的高层来自葡国;中层官员主要由澳门土生担任,因为他们既与来自葡萄牙本土的殖民者有着血缘关系,又同时熟练掌握了葡萄牙口语和汉语粤方言,是政府高层与下层华籍公务员以及华人市民之间最好的沟通桥梁。1910年至1991年多次人口调查数据显示,葡籍人数总体而言呈上升趋势。由1910年的3 601人升至101 245人。尤其是1981年和1991年两次人口普查的数据为例,可以清楚地看到澳门葡籍人数增长的比例。具体数字见表29。

第三章 澳门语言的种类　　　　　　　101

表29　澳门葡籍人数(1910—1991年)

年份	葡裔人数(人)	占总人口比例(%)
1910	3 601	4.8
1920	3 816	4.5
1927	3 846	2.4
1939	4 624	1.9
1950	4 066	2.2
1960	7 974	4.7
1970	7 456	3.0
1981	49 007	20.3
1991	101 245	28.5
1996	112 706	27.2
2001	8 793	2.02

资料来自澳门统计暨普查司《澳门及其人口演变五百年(一五零零至二零零零年)人口、社会及经济探讨》第130页和澳门特别行政区政府统计暨普查局《2001人口普查》第50页。

据澳门特别行政区政府统计暨普查局做的2001人口普查记录显示,1991年在总人口325 530中,日常使用葡语人数有6 132人,占总人口1.82%;1996年也是1.82%;2001年总人口411 482中,日常使用葡语人数降至2 813人,占总人口0.66%。直至回归以后,葡萄牙人和土生葡人的去留尘埃落定,葡语在澳门的使用量渐趋稳定。

1992年以前,葡语文是澳门唯一的官方语文,因此葡语的使用集中在行政、立法、司法事务和公务员队伍中。据《过渡期之澳门行政当局和官方语言》(澳门行政暨公职司,1999)提供的回归前澳门葡籍行政人员的人数列表 30。

表 30　葡籍行政人员人数(1985—1998 年)

年份	总人数(人)	葡籍(人)	所占比例(%)
1985	8 433	2 479	29.4
1986	9 027	2 399	26.6
1987	10 064	2 863	28.4
1988	11 499	3 201	27.8
1989	13 125	3 434	26.0
1990	14 664	3 911	23.0
1991	15 371	3 780	24.6
1992	15 111	3 653	24.0
1993	15 679	3 574	22.8
1994	16 415	4 037	24.6
1995	16 574	4 062	24.5
1996	16 992	3 777	22.0
1997	17 589	3 619	20.6
1998	17 772	3 485	19.6

在澳门的行政人员队伍中，领导及主管人员使用葡语文的最多，地位低下的保安人员、工人及助理人员使用葡语文很少。如按高层人员和低层人员的分布看，葡籍人士所占比例却走两个极端，说明葡语主要在高层行政人员中流行。具体统计资料见表 31 和图 1。

第三章 澳门语言的种类

表31 高、低层行政人员葡籍人数(1985—1998年)

年份	高层行政人员葡籍人数及比例			低层行政人员葡籍人数及比例		
	领导及主管	葡籍	所占比例%	工人及助理	葡籍	所占比例%
1985	195	179	91.8	2 883	194	0.7
1986	254	224	88.0	3 538	460	13.0
1987	302	273	90.0	2 940	144	0.5
1988	367	337	91.8	2 878	366	12.7
1989	390	349	89.5	4 603	175	0.4
1990	495	429	86.6	5 168	198	0.4
1991	613	511	83.4	5 229	201	0.4
1992	621	507	82.0	4 440	188	0.4
1993	611	476	78.0	4 439	180	0.4
1994	629	466	74.0	4 490	235	0.5
1995	660	461	69.8	4 411	254	0.6
1996	649	397	61.0	4 309	233	0.5
1997	662	332	50.0	4 500	232	0.5
1998	648	303	46.8	4 481	201	0.5

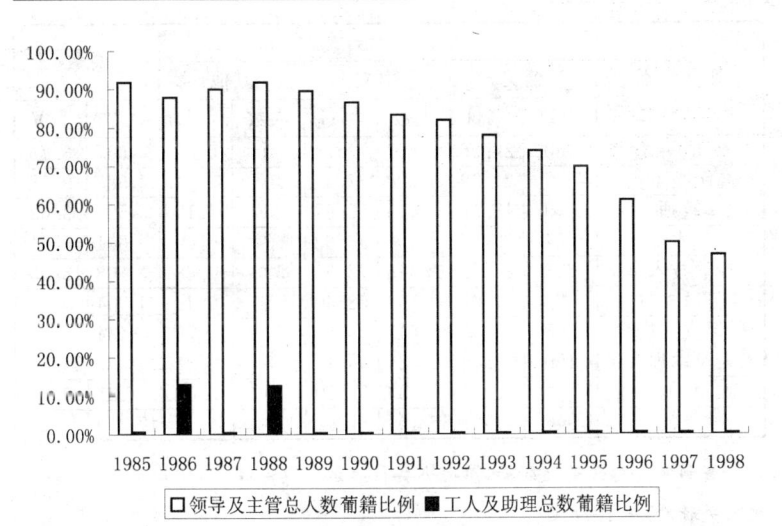

图1 高、低层行政人员葡籍比例(1985—1998年)

1999年12月20日澳门回归。回归时的语言状况具有历史意义。澳门行政暨公职局《澳门公共行政之人力资源99·1999年12月19日之有关资料》本地化指标"母语及语言的认识"报告载：

"一九九九年十二月十九日现职人员在母语方面的情况如下：

中文·····························15 105—87.62%
葡文·····························1 946—11.29%
其他(母语以英文为主)·········188— 1.09%"

数字的具体分布见表32。

表32 回归前公职人员母语状况(1999年)

职业组别	母语 葡文 人数	%H	中文 人数	%H	其他 人数	%H	总数 人数	%V
领导/主管	180	28.26	457	71.74	0	0.00	637	3.70
高级技术员	345	21.79	1 228	77.57	10	0.64	1 583	9.18
教师	69	13.32	445	85.58	6	1.15	520	3.02
技术员	64	12.77	434	86.63	3	0.60	501	2.91
专业技术员	613	19.72	2 443	78.60	52	1.68	3 108	18.03
行政人员	420	41.02	599	58.50	5	0.48	1 204	5.94
保安人员	95	1.75	5 242	96.47	97	1.78	5 434	31.52
工人及助理人员	156	3.55	4 224	96.11	15	0.34	4 395	25.49
其他	4	10.81	33	89.19	0	0.00	37	0.21
总数	1 946	11.29	15 105	87.62	188	1.09	17 239	100

资料来自行政暨公职局《澳门公共行政之人力资源99·1999年12月19日之有关资料》第II-28页。

第三章　澳门语言的种类

数据显示,回归前的公务员队伍中的保安人员、工人及助理人员和从事专业工作的多数说中文;行政人员和领导层主管用的语言从比例上看多数是葡文,例如以葡文为母语的行政人员 420 人,以中文为母语的行政人员是 599 人,从绝对数字看中文比葡文多 179 人,但在澳门,说葡语的人数只占 2%,使用中文的人数却占 98%。如果按这个比例计算,那么中文 599 人,葡文应当只需 12 人。说明回归前的澳门以葡文为主要行政语文。

回归以后中葡两种语文的比例发生了明显的变化。根据澳门行政暨公职局《澳门公共行政之人力资源 99·1999 年 12 月 19 日之有关资料》、《2000 年澳门特别行政区公共行政人力资源报告》、《2001 年澳门特别行政区公共行政人力资源报告》、《2002 年澳门特别行政区公共行政人力资源报告》、《2003 年澳门特别行政区公共行政人力资源报告》列举的数据,可以看出以葡语为母语的现职公务员人数逐年递减,以中文为母语的公务员人数逐年增加。回归后公职人员母语状况见表 33,比例见图 2。

表33　回归后公职人员母语状况(1999—2003 年)

年份	母语					
	葡　文		中　文		其他(母语以英文为主)	
	人数	% H	人数	% H	人数	% H
1999	1 946	11.29	15 105	87.62	188	1.09
2000	1 786	10.26	15 440	88.67	186	1.07
2001	1 712	9.76	15 639	89.20	182	1.04
2002	1 572	9.10	15 630	90.00	166	0.90
2003	1 538	8.80	15 796	90.30	162	0.90

资料来自澳门行政暨公职局《澳门公共行政之人力资源 99·1999 年 12 月 19 日之有关资料》第 I-20 页、《2000 年澳门特别行政区公共行政人力资源

报告》第 II-69—73 页、《2001 年澳门特别行政区公共行政人力资源报告》第 II-69—73 页、《2002 年澳门特别行政区公共行政人力资源报告》第 139 页以及《2003 年澳门特别行政区公共行政人力资源报告》第 151 页。

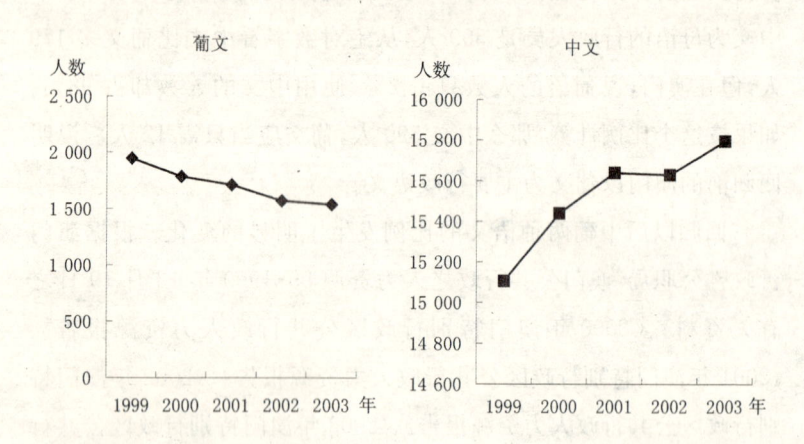

根据澳门行政暨公职局《澳门公共行政之人力资源 99·1999 年 12 月 19 日之有关资料》第 I-20 页、《2000 年澳门特别行政区公共行政人力资源报告》第 II-69—73 页、《2001 年澳门特别行政区公共行政人力资源报告》第 II-69—73 页、《2002 年澳门特别行政区公共行政人力资源报告》第 139 页以及《2003 年澳门特别行政区公共行政人力资源报告》第 151 页列举的数据绘制。

图 2　回归前后公职人员母语状况比例(1999—2003 年)

表 33 可见澳门公务员中以葡语为母语的公务员由回归时的 11.29% 逐年下降到 8.8%,以中文为母语的人数由回归时的 87.62% 逐年上升到 2003 年的 90.3%。

直到今天葡萄牙语在澳门仍然是一种重要的语言。从绝对数字看,现在公务员中以葡语为母语的人数比以中文为母语的人数少;但是从人口比例看,葡语的数目还是很大。回归前那种以中文为母语的华人身居低职、以葡语为母语的葡籍人士身居高职的现象依然存在,例如澳门特别行政区行政暨公职局发表的《2003年澳门特别行政区公共行政人力资源报告》公布2003年113名局长、副局长中,母语为葡语的22名,所占比例为将近20%,而"在工人及助理员组别中,99.5%懂广州话,65.1%懂普通话,及99.3%懂写中文;懂讲及写葡文的分别为20.1%及18.7%。"①此外,回归后的葡语使用量在立法部门依然居于高位,大多数法律文件仍然是用葡文起草的。有立法议员披露:"如公共行政方面起草的通知、通告乃至表格等,由于没有规范使用中文,使人看不懂或难以理解。唐志坚指出,这些问题的原因是由于主管部门采用了先用葡文起草及修订法律文件,然后再翻译成中文所导致。"②

贰 英语

在澳门,以英语为日常用语的人包括:一、英籍人士中的95.8%;二、菲律宾人中接近39%的人士③;三、以及其他国籍人士。

统计语言的使用人数必须明确澳门进行人口统计时使用的术语。其中有三个常用术语译作中文较难分辨:居住人口、在澳居住人口、常住居民。葡文的区别比较明显:"居住人口"是POPULAÇÃO RESIDENTE,"在澳居住人口"是POPULAÇÃO PRESENTE E RESIDENTE,"常住居民"是POPULAÇÃO PRESENTE HABITUAL。用惯中文的人可以作这样理解:只要是在

---

① 澳门特别行政区行政暨公职局《2003年澳门特别行政区公共行政人力资源报告》第89页。
② "葡式中文令人难明 唐志坚盼速作改善",《新华澳报》2003年8月25日。
③ 澳门统计暨普查司《澳门及其人口演变五百年(一五零零年至二零零零年)人口、社会及经济探讨》第133页。

澳门居住的就是"居住人口",此刻住在澳门的人属于"在澳居住人口",惯常住在澳门的人是"常住居民"。"居住人口"的外延最大,"在澳居住人口"的外延最小。

在澳门的英籍人士有多少?据《林则徐会奏巡阅澳门情形折》、《澳门及其人口演变五百年(一五零零年至二零零零年)人口、社会及经济探讨》(澳门统计暨普查司)提供的资料列表 34。

表 34　澳门英籍人数(1839—1996 年)

年份	英籍人数(人)	占总人口比例(%)
1839	57(户)	
1878	12	0
1896	79	0.1
1910	56	0.1
1920	51	0.1
1927	0	0
1939	0	0
1950	75	0
1960	41	0
1970	0	0
1981	2 290	0.9
1991	6 308	1.8
1996	6 467	1.6

资料来自《林则徐会奏巡阅澳门情形折》及澳门统计暨普查司《澳门及其人口演变五百年(一五零零年至二零零零年)人口、社会及经济探讨》第 130 页。

39%的菲律宾人以英语为日常用语,是因为英语是菲律宾的通用语和官方语言中的一种,菲律宾人在来到澳门之前就已经具

第三章 澳门语言的种类

备英语能力;不说英语的菲律宾人说他们自己的家乡语言,也有说粤方言的。调查显示1991年澳门人口普查时,在澳门的菲律宾人为2 170人,以英语为日常用语的人数有846人;1996年菲律宾人为5 411人,以英语为日常用语的人数有2 110人;2001年菲律宾人为5 166人,以英语为日常用语的人数有2 014人。说明在澳门39%的菲律宾人是以英语为日常用语的。见表35。

表35 以英语为日常用语的菲律宾人数(1991年、1996年、2001年)

年份	菲律宾籍人数	说英语人数
1991	2 170	846
1996	5 411	2 110
2001	5 166	2 014

资料来自澳门统计暨普查司《第十三次人口普查暨第三次住屋普查'91澳门人口普查》第57页,《96中期人口统计总体结果》第93页以及澳门特别行政区政府统计暨普查局《2001人口普查》第193页。

按95.8%的英籍人士说英语的比例,20世纪90年代在澳门的英籍人士有6 100—6 200人以英语为日常语言。2001年人口普查根据情况的变化加入"美国籍/加拿大籍"栏目,调查结果表明,在澳门有1 217名"美国籍/加拿大籍"人,这些人的日常语言是英语。因此,澳门英语使用者的数目要添加1 217人。即说英语的人数是7 400左右。再包括以英语为日常用语的39%的菲律宾人,计算起来,澳门说英语的人数总共是9 500人左右。

在澳门,英语不是官方语言,而是金融、商业、高等教育、高科技等领域通行的语言。英语在澳门的社会生活中发展迅猛。葡萄牙教育家龚水桑·阿尔芙斯·斌多说:"在澳门,英文教学的重要性值得考虑,在一个以中文为主要语言,葡国行政管理的地区,英语却占有特殊的地位,这是不可忽视的事实。与葡文学校相比,英文学校无论哪一个程度的人数总是领先,而且学生人数随着年级的升高而增加。"[1]澳门21世纪的语言状况证实20年前这位教育家的忧虑并非多余。2001年人口普查数据列表36。

表36　家庭使用语言(1991年、1996年、2001年)

年份 语种	1991年	1996年	2001年
广东话	85.8%	87.1%	87.8%
普通话	1.2%	1.2%	1.6%
其他中国方言(包括福建话)	9.6%	7.8%	7.6%
葡语	1.8%	1.8%	0.7%
英语	0.5%	0.8%	0.7%
其他	1.1%	1.3%	1.7%

资料来自澳门特别行政区政府统计暨普查局《2001人口普查》第35页。

1991年澳门家庭使用英语的人数占澳门总人口数的0.5%;1996年占澳门总人口数的0.8%;2001年占澳门总人口数的0.7%。2001年"3岁以上的居住人口中,87.9%在家中使用的日常用语为广东话,而福建话、普通话及其他中国方言分别占4.4%、1.6%、及3.1%;以葡语为家中日常用语的居住人口占总体的0.7%"。(2001年人口普查)剩下的2.3%人口中首先是英国人,以他们占2.3%中的1/3计算,说英语的人估计占总人口的

---

[1] 转引自《澳门教育——对教育制度的探索》,王伟译,澳门政府版权。

第三章 澳门语言的种类

0.7%—0.8%,大约与说葡语的人数相当。

家庭使用葡语的走势向下,三个百分比是:1991年占1.8%、1996年占1.8%、2001年占0.7%;英语的走势向上,三个百分比是:1991年占0.5%、1996年占0.8%、2001年占0.7%。也就是说,走到2001年,葡语英语的比例相一致了。2001年普查结果表明,2001年使用葡语的人数是2 813,使用英语的人数是2 792,使用葡语的人数只比使用英语的人数多20人,在澳门使用语言的比例都是0.7%。

英语通常与其他语言构成双语。与英语组成双语的主要是汉语和葡语以及菲律宾等语言。在澳门的菲律宾人,大多数都会说英语。英语在澳门的使用情况,留待下面讨论双语问题时再述。

叁 其他语言

据澳门政府统计暨普查司《1981年第十二次人口普查,研究报告Ⅲ,部分结果》列举的数据,1976年8月住在澳门的越南人99人、非洲204人、欧洲88人、其他地区2 086人。这些国家和地区的语言当然也会带进澳门,但是没有形成言语社团。这些语言中泰语人数较固定。

泰国籍人是澳门人口中的一个比较固定的族群,一直有2 000名左右的泰籍人在澳门生活,约占澳门人口的0.54%。1991年人口普查时泰国籍人口726人,只占总人口0.2%。澳门人口普查的传统分类法分"按国籍"、"按出生地"、"按前居地"以及"按是否拥有葡籍认别证或澳门居民身份证"等不同角度进行统计。726人是"按国籍"得出的数字。如"按出生地"统计,出生在泰国的人口为1 998人;"按前居地"统计,前居地为泰国的有2 051人。(郑天祥等 1994)在澳门的泰国籍人士有略多于 2/3 使用广东话为常用语言。(《澳门及其人口演变五百年(一五零零年至二零零零年)人口、社会及经济探讨》)泰国人学话能力很强,他们在澳门只需几年时间就能熟练运用粤方言。例如已经起了中文名字的阿宝,原名 Walaporn Yawilat,女,30 余岁,美容院老板,来澳门 14 年,接受粤方言调查时在整段对话中只把"我"字念作[wo^{35}](粤方言标准音[ŋo^{35}])、"普通"的"普"字念作不送气的[pou^{35}](粤方言标准音是送气音[p'ou^{35}])其余字音和用词均无可挑剔。另一位被访者泰国人 Ketty,女,30 余岁,家庭主妇。在语言调查时她说自己"住澳门都 17 年了,先生是澳门本地人。刚认识时要用广东话和泰文两种语言沟通,后来慢慢、慢慢就不用泰文了,再往后全部都用广东话了"。现在有 3 个子女,大儿子 11 岁,第二个女儿 9 岁,小女儿 7 岁。有时她的粤方言说得不标准,子女会帮她纠正。(录音记录参见第四章第三节带有其他语言色彩的粤方言)

  泰语之外还有菲律宾语。菲律宾人在与自己的同胞交往时用菲律宾语,在工作环境中或与外族人交往使用英语。他们的英语有浓重的母语影响,相当不规范,但无碍于日常交际的进行。许多一般收入的华籍家庭雇菲律宾女佣的目的之一是让子女向她们学习简单的英语口语,雇佣者明知她们的英语并不规范,但只求口语上取得沟通。有钱人家害怕孩子学坏了英语,雇用菲律宾女工没有教孩子说英语的目的。

第三节　澳门的克里奥尔语

壹　土生葡人和土语

"不明白澳门社会种族群体划分状况的人,对这些称谓(按:土生葡人)极其量只会理解为'在澳门土生土长的本地人'。正如本人经验所得,在与澳门以外的人谈及澳门土生葡人时,经常遇到需要先行解释何谓'土生'的情况。"(胡慧明 2000)土生葡人是在中葡两国人民共处澳门的长期岁月中形成的一个中葡交融的族群,他们既可归入"葡籍",也可归入"华籍"。他们的诗人 Leonel Alves(李安乐)写道:

> 我父亲来自葡国后山省,
> 我母亲中国道家的后人;
> 我在这儿出生,欧亚混血,
> 百分之百的澳门土生!
>
> 我的血有葡国
> 猛牛的勇敢,
> 又融合了中国
> 南方的柔和。
>
> 我的胸膛是葡国的也是中国的,

我的智慧来自中国也来自葡国。
拥有这一切骄傲，
行为却谦和真诚。

我继承了些许贾梅士的优秀，
以及一个平常葡国人的瑕疵，
但在某些场合，
却又满脑的儒家孔子。

喜欢来自祖家的
白酒和红酒，
对米酿的烧酒，
也从不客气。

的确，我一发脾气，
就像个十足的葡国人，
但也懂得抑制
以中国人的平和。

长着西方的鼻子，
生着东方的胡须。
如上教堂礼拜，
也进庙宇上香。

既向圣母祈祷，

也念阿弥陀佛。
总梦想有朝能成为
一个优秀的中葡诗人。

我的餐桌上永不少
咖喱、米饭和面包。
我的妻子是中国人,
却有着巴基斯坦血统。

因此,我的后代
拥有国际血统,
他们将在美丽的土地上,
到处播下种子。

我的果园里景色迷人;
每年都有好的收成
枝头满挂里斯本的果实。

我之所以是我,要感谢
中国和葡国;
因我孕育了新的种族,
为世界明天的进步。

("知道我是谁?"载汪春、谭美玲编《澳门土生文学作品选》第15—16页,澳门大学出版中心,2001年)

澳门土生葡人,也可称澳门土生,或简单地称土生,葡语称Macanese,主要是指在澳门生活的葡萄牙人与中国人的混血儿,也有从文化上看具备葡萄牙文化特征而没有这种血缘关系的人。葡萄牙里斯本大学人类学教授贾渊和里斯本诺华大学社会学教授陆凌梭认为:"在当今澳门'土生葡人'乃种族身份的主要类别之一",然而"我们无法知道多少澳门居民认为自己是土生葡人","因为土生葡人是一个处于华人大多数和少数葡萄牙行政人士之间的群体,这个特色在定义方面允许一定程度的模糊,而社会成员好自然地利用这种模糊来改善自己的处境"。(贾渊、陆凌梭 1991)评估澳门土生的人数应当看到土生的血缘特征和语言特征。血统上土生多数有中葡两国血统,有些可能是葡萄牙人与其他民族的混血儿,还有一些只是在文化上与葡萄牙有牵连而无血缘关系。葡国人认为:"如果一个纯正的中国人受过洗礼,起了个葡国人的名字,上我们的学校,学习我们的语言,接受我们的文化,那么他就自动被澳门土生葡人认为是他们中的一员。"(巴塔亚 1994)

澳门土生葡人的人数向来没有确切的数目,有说四五千人的,有说"约有八九千左右"的(据《澳门日报》1986 年 8 月 22 日)。在澳门人的一般印象中,土生葡人的人数大约占澳门总人口的 2%左右。澳门特别行政区政府统计暨普查局《2001 人口普查》"表61"披露一份人口调查资料,在"按血统、岁组及性别统计之常住居民数目"栏下列出当时人口总数 414 047,其中"中国及葡国"有4 038 人;"中国、葡国及其他"有 312 人;"中国及其他"1 687 人;"葡国及其他"有 373 人。我们姑且把这些项目中出现的数目全部算作"土生葡人",总数是 6 410 人,占 2001 年人口普查总数的1.55%。又据澳门特别行政区政府新闻局 2004 年 6 月最新通报:

"目前在澳门定居的土生葡人约有 8 000 人,占澳门总人口的 2%。另外移民外地的土生葡人和他们的子女还有 20 000 人,主要居住在香港、加利福尼亚、加拿大、巴西、澳大利亚和葡萄牙。"(《澳门杂志》总第 40 期)20 世纪 90 年代中期以后,由于澳门回归的日期逼近,来自葡萄牙本土的葡萄牙人多数作出返回葡萄牙老家的准备。"根在澳门"(一个土生葡人社团)的土生葡人前途茫茫,受到去留澳门的困扰,1996 年葡籍人数 112 706,占总人口比例 27.2%,较 1991 年的 28.5%略有下降,2001 年降至 8 793 人,占总人口 2%,葡籍人口明显减少。"回归对土生葡人而言,确曾掀起一阵冲击。回归初期,居澳的土生葡人数量大减。澳门特区成立快七年,居澳土生葡人在生活上可自由地保留本身的语言和宗教信仰,其教育、文化和传统习俗继续保留,不受任何干预。眼前澳门社会稳定,经济持续向好,令不少土生葡人重拾信心。时至今日,回流人数升至一万人以上。"(新闻小语"发挥土生族群优势共建澳门",《澳门日报》2006 年 12 月 17 日)

"土生葡人具备三大优势,一是人才优势,二是联系广泛的优势,三是文化独特的优势。"("昨会见土生葡人团体 刘延东吁发挥三大优势建澳",《澳门日报》2006 年 12 月 17 日)土生葡人在语言上的特征是通晓葡汉两种口语,不少是严格意义上的双语人,即同时以葡语和汉语粤方言为母语。但澳门土生葡人大多认葡语是他们的母语,这有两个原因:一是土生家庭(尤其是早期的土生家庭)多是葡萄牙男性娶中国籍女性为妻。土生葡人的文学作品大多描写葡萄牙男士如何爱上清纯可爱的中国籍女佣,然后冲破传统观念结为夫妻,例如飞历奇的小说《爱情小脚趾》、《大辫子的诱惑》等等。因此土生人士几乎全都以葡萄牙民族为正统,正式的社交场合运用葡萄牙语,汉语是家庭主妇带入土生家庭的语言。二是葡萄牙人是澳门的统治者,身份高于被统治的华人,土生在身份的选择上偏向葡萄牙。虽然事实上土生具有葡汉两种语言能力,但报称母语状况时多称母语是葡萄牙语。

作为一个族群,澳门土生除了通晓葡语和汉语粤方言,还有一部分人会说一种以葡语为基础的克里奥尔语。这种克里奥尔语叫做"土语"。用作语言学术语的"土语"不是一般意义的方言土语的土语,也不是土生说的语言都是土语。由于有些学者(例如胡慧明)称这种土语为"土生葡语",因此造成术语的不统一。我们将"土语"指称一种以葡语为基础的克里奥尔语,"土生葡语"则用来指称土生人士说的葡萄牙语,即"与宗主国的葡萄牙大同小异"、"十分接近宗主国所说的葡语"。(Languige chang in Portuguese in the Portuguese of Macau,转引自胡慧明 2000)此外土生人士说的粤方言和澳门本地华人说的粤方言也不尽相同,我们称之为"土生粤方言"。这就是说,土生具有三种语言能力:土语、土生说的葡语和土生说的粤方言。土语的研究曾经引起一些语言学家的浓厚兴趣;土生葡语的研究比较薄弱,在研究者的眼中,土生葡语不过是与葡萄牙本土的葡语有区别的葡语,亦即不规范的葡语;土生粤方言更加少人研究。土生葡语的研究应当由葡语研究者去承担;土生粤方言的研究对中国的社会语言学者说来则是责无旁贷的。

葡萄牙语言学家苏阿雷兹介绍美国研究有关澳门土生葡人的情况时说:"澳门存在三种葡语的形式:我们所称的土语(按即胡慧明所说的'土生葡语',下同);一种说法虽然因人而异,但却十分接近宗主国所说的葡语;而最后一种则是中国人所说的葡语。另一种普遍的情况是,研究者只有兴趣研究土语。对于第二种葡语,人

第三章　澳门语言的种类

们认为与宗主国的葡萄牙语大同小异,所以仍未有人研究。而中国人的葡语,据我所知,亦仍没有人研究,因为它只被视为与葡萄牙人沟通的初级工具。"(Languige chang in Portuguese in the Portuguese of Macau,转引自胡慧明 2000)这段文字中的第二种葡语(澳门土生葡人说的葡语)和第三种葡语(澳门的中国人说的葡语)都"没有人研究",因为特点不显著;"研究者只有兴趣研究土语",因为土语是一种以葡语为基础的克里奥尔语,其特征是:通俗甚至粗俗,调侃甚至具讽刺功能。

土语有10个以上不同的名称:"patois(帕萄亚语)、patuá(帕萄亚语)、patoá(帕萄亚语)、papêa(话语)、papiá(话语)、nhom、língu cristám(基督徒的语言)、lingual de Macau(澳门语)、dialecto macaease(澳门的方言)、macaísta(澳门土生葡语)、crioulo de Macau(澳门的克里奥尔语)以及língu maquista(澳门土生葡语)。"(胡慧明 2000)其中 lingual de Macau、dialecto macaease、macaísta、crioulo de Macau 是比较正规的名称。我们留意到这十一个名称没有一个含有"Portuguese",葡萄牙人不承认这种语言是葡萄牙语,甚至连"葡萄牙语方言"的身份也不具备。术语的不统一给研究带来极大的困扰。在运用和翻译上述十一个用语时,胡慧明和《澳门日报》的报道以及一些翻译文章用的是"土生葡语",江春和一些翻译文章用的是"澳门语";澳门民间特别是土生葡人社团常用"土语"。我们用"土生葡语"指称"土生葡人说的葡语",用"土语"指称这种克里奥尔语。

回归前澳葡政府推行"斯文"的葡语,强行消灭土语,尤其是从 1977 年开始,澳葡政府决心"铲除"这种非正统的葡语以来,土语便日趋衰亡,到现在,香港、澳门两地只剩下几十人还会这种语言。

据88岁的Dona Aida回忆,她的Patuá是从母亲那里学来的,她虽然会说,但平时交际并不使用,因为没人听得懂。她说:"而家冇人讲Patuá,后生仔唔讲,剩得我们这些'老蚊婆'讲。"①(郑淑贤"Dona Aida和她的土生菜食堂",载《澳门杂志》总第40期,澳门特别行政区政府新闻局,2004年6月)葡国学者巴塔亚也有这样的描述:"有些我们访问的八九十岁的老妪告诉我们,她们的祖母才会说土生葡语(土语),她们已经不懂说了。可是这些老妪的说话方式与她们子女说的也不一样,也即是说,与四五十岁的一辈说的不同。事实上,这些老妪说的话,从葡萄牙来的人完全会听不懂,而中年的一辈虽然开始时要用心一点,但初次接触亦能明白"。("澳门土生葡语现状",载《葡萄牙语言杂志》,转引自胡慧明2000,第57页)胡慧明的田野调查也得出相同的结论:"笔者曾经询问过多名土生葡人,他们都异口同声表示,帕萄亚语就是'从前的'澳门土生葡人所说的葡萄牙语,到了他们这一代,已没有多少人会说,也没有多少人听得懂了。""对于他们来说,土语等于古老的帕萄亚语,也就是从前的土生葡人所说的'乡下话',他们认为,他们现在所说的葡语,即使与规范的葡萄牙语仍有差别,但已不是上几代的祖先所说的'澳门乡下话'了。""现在,即使在葡萄牙,要是向人提起帕萄亚语,他们都会立即明白,所指的就是古老的澳门土语。""今日澳门土生葡人所说的葡语仍可称为澳门语、澳门的方言、澳门土语,但已经不能再称之为帕萄亚语了。"

目前这种语言在澳门主要保留在一群以它作为表演语言的土

---

① 用普通话转换,意思是:现在没有人讲土生土语了,年轻人都不讲,只剩下我们这些老婆子说了。

第三章 澳门语言的种类

生土语话剧爱好者中。澳门的土生葡人组成的剧团名曰"土生土语剧团",意思是"土生葡人用土语演出的剧团",其重要的使命是要延续土生土语的生命。(郑淑贤"土生土语话剧团以艺术延续土语生命",载《澳门杂志》总第 40 期,澳门特别行政区政府新闻局,2004 年 6 月)"他们开始以文学语言的方式使帕萄亚语可以在某种特殊的背景下借助于社会互动而活跃起来。"(胡慧明 2000) 2005 年 3 月 19 日《澳门日报》以"艺术节献演两本土剧"为题报道:"澳门土生土语话剧团上演诙谐趣剧《美人鱼俱乐部》,由本澳著名土生土语研究专家飞文基编导,特为葡籍观众'度身订造'。……因应剧中既有使用土生土语的演员,亦不乏使用广东话者,体现了澳葡时代两种不同语言为生活带来的各种冲击,剧情妙趣横生,使观众看个不亦乐乎。"语言学家把澳门土语列为"濒危语言",呼吁赶快抢救。据葡文《澳门论坛日报》报道,澳门土生教育协进会与其他六个葡人社团签订合作协议,其中一项宗旨是向联合国教科文组织申请土生葡人土语列为非实物的文化遗产。(《澳门日报》2006 年 11 月 28 日)

土语因为具有调侃、轻松、低俗等特点,所以经常出现在喜剧作品中。例如用澳门土生葡人演出的话剧《外父驾到》中有这样的对白:

FUNG LAN (*radiante, cheia de curiosidade*): Que idade ele tem? O que é que ele faz?

凤兰(欢欣,并充满好奇): 他多大年纪?他做什么工作?

SOK MAN:
Tem a minha idade... e trabalha na firma
do pai... Mãe... ele vem daqui pouco... ele quer conhecer vos...

淑敏：
跟我同岁……在父亲的公司工作……
妈……他待会儿来这儿,他希望认识你们。

FUNG LAN:
Ah sim? Que bom... o pai já sabe?

凤兰：
是吗？多好……父亲是否知道了？

SOK MAN:
Não... não sabe...
Mãe... quero dizer-te uma coisa...

淑敏：
不……不知道……
妈……我想告诉你一件事……

FUNG LAN (*de repente fica atónita*):
Não me venhas dizer que ele...

凤兰(突然间很惊讶)：
你不是来说他……

SOK MAN:
Não... ele é respeitador... não é isso...
Ele... não é da nossa gente

淑敏：
不……他是受敬重的人……不是这样……
他……不是我们这类人

第三章　澳门语言的种类　　　　　　123

FUNG LAN：
Que queres dizer com isto?

凤兰：
你这是什么意思？

SOK MAN：
Ele... não é chinês... (tentando dar Uma melhor explicação) bom ele tem Sangue chinês... quer dizer ele é português... que tem uma cara chinesa ... que... é de uma familia portuguesa com uma avó chinesa ... ai é difícil...

淑敏：
他……不是中国人……（正尝试给一个更好的解释）他有中国人的血……意思是他是葡国人……有中国面孔……他的祖母是中国人，他来自葡萄牙家庭……这比较难解释……

FUNG LAN：
É macaense!
(Sok Man diz sim com a cabeça)

凤兰：
是土生！
（淑敏点头回应是）

SOK MAN：
Ó mãe, digas mais nada está bcm? rogo tc. Elc vitá c vais gostar tanto dele.

淑敏：
妈，不要再多说啦，求您啦。他很有活力，您会很喜欢他。

　　这段土语基本上是葡萄牙语，只有个别地方与规范的葡萄牙语不同。不同处是：
　　"他多大年纪？"规范葡语是"Que idade tem ele?"土语是

"Que idade ele tem?"语序颠倒,以"主谓式"取代"谓主式"。

"妈……我想告诉你一件事……"规范葡语是"Mãe... quero te dizer uma coisa …"土语是"Mãe... quero dizer-te uma coisa…"也是语序颠倒,以"动宾式"取代"宾动式"。

"不要再多说啦,求您啦。"规范葡语是"não digas mais nada está bom?"土语是"não digas mais nada está bem?"bom、bem 词性混淆。

从这段对话中我们可以把土语理解为葡萄牙语的变异。

土语现在偶尔在一些气氛轻松的场合出现,例如 2004 年 8 月 23 日《澳门日报》刊载的一则题为《铧哥出席晚宴难得轻松学讲土语引起轰动》的特写:"在晚宴上,澳门的葡人社群安排了一连串表演,除了澳门人乐队的演出,更有澳门土语'栋笃笑'①,由致力发展土生话剧的大律师飞文基担纲演出。飞文基在演出时向特首建议将土语列作官方语言,澳门便会有多些人认识土语,有利沟通和普及。之后有人建议何厚铧学两句土语,以利沟通。何厚铧笑说:'我要学两句土语,一句可以公开讲,另一句只可以收埋讲!'飞文基笑说:'我教你两句,都可以大声公开讲,就教你讲明年个个都好,皆大欢喜!'飞文基教何厚铧说:'Ano seguinte,Todo gente,Tem aumento',登时惹得满堂大笑,不要以为铧哥说得不好,他说得字正腔圆,咬字清晰,只是这几句葡文的意思系'明年大家都可以加薪!'当即有人问:'在座有几多人系公务员?'"这段特写中引

---

① 栋笃:一个人站着,粤方言有"栋笃企"。栋笃笑:一个人站着讲笑话。作为一种表演形式,源于香港有一个演员表演节目时不设任何道具,一个人自说自话,内容有讽刺时事、娱乐圈百态、政治笑话等。

第三章 澳门语言的种类

用的土语用中文逐字注释如下：
Ano seguinte, Todo gente, Tem aumento.
（年）（下一个）（所有的人）（增加，名词，此处可解加薪）
规范的葡语表述应该是：
No ano seguinte, Todo a gente, Tem aumento.
土语不合规范的地方在于：
(1)缺少介词"在……"；
(2)todo 阳性形容词，gente 阴性名词。形容词的性与名词的性搭配不当。

澳门的土语与葡语关系十分密切，与汉语（粤方言）也有紧密的关系。例如下列一首土语诗歌：

土语	规范葡语	中文译文
Nhonha na jinela	Senhora à janela,	窗边的女郎，
Co fula mogarim	Com flor de jasmim	手拿一朵茉莉花，
Sua mae tancarera	Sua mae tancareira	她的母亲是中国蛋家妹，
Seu pai canarim	Seu pai canarim.	她的父亲是葡裔印度人。

这首诗中显示土语有如下特点：
(1)nhonha 可能是 senhora 的缩写或非洲葡萄牙语 nhom 的讹用，意指年轻的女性。这个词的来源说法不一，有说来自马来语的 nyonya 或 nonya（已婚中国女子），有说来自爪哇语的 nona（欧洲或中国的独身女儿）。（巴塔亚《澳门土语词汇》）
(2)省略鼻尾音：com 被省去 m 成 co。

（3）掺杂南亚一带语言的词语，例如不用规范葡语的 flor 而用印度语言的 fula。单音节的 flor 变作双音节的 fula，还可以理解为土语的音节化倾向。汉语是一种辅音不单独出现和复辅音很不丰富的语言，对译西方语言时通常以带有元音的音节取代不成音节的辅音。flor 变 fu—la 体现了这个语音对应的特点。

（4）在一个词的结构中既有向粤方言的借音，又有葡语的构词成分，例如诗中的 tancarera 和 tancareira。tancar 或 tancá 是粤方言"蛋家"的音译。蛋家的意思是"鸡蛋形状的家"，因船的形状好像隧道形的遮篷而得名。船是船民的家，借此指称船上的船民。eira 是葡语阴性名词词尾，土语往往将 eira 写成 era，tancarera 就是"蛋家女"。

贰　土语的语言特征

土语在语音、词汇、语法方面有自己的特征。

语音简介

据葡萄牙专家巴塔亚（Graciete Nogueira Batalha）在《澳门语——历史与现状》中介绍，土语在语音方面某些词尾发生双元音化现象，例如 mês 读作 mâis，vez 读作 vâis，talvez 读作 talvâis，pos 读作 pôis，rapaz 读作 rapaiz。土语的语音特点有：

　　a. 词形与规范葡语词形十分接近，是派生自规范葡语的葡语方言词，其中有字音脱落的现象。如土语 margoso（苦瓜）是规范葡语 amargoso 前缀音的脱落；lingu（舌）是 lingua 字尾音的脱落；ome（男人）是 homem 前缀音和字尾音同时脱落。

　　b. 规范葡语的不定式动词词尾 r 在土语中脱落。

　　c. 规范葡语的双颤音 rr 在土语中转换成单颤音 r。

第三章　澳门语言的种类　　　　　127

  d. 二合鼻元音 ão 转换为强元音 ā 和 m 的组合，即变为 ám。例如土语 chám（地）来自 chāo。（按：～表示鼻音，强元音即重元音）

  e. 土语 ā、āo 不分。

  f. 土语 ch 不发[ʃ]，而发[tʃ]。

  g. 词尾元音双元音化。

  h. 土语 i 取代规范葡语的 e。

  i. 规范葡语的 ei 简化为 i。

  j. 规范葡语的 r 变成 l。

  k. 规范葡语的 lh 变成 l。

  l. 土语写法不固定，例如"水"有 agu / ago 两写；"税馆"也有 hupu / hoppo 两写。

词汇简介

  土语在词汇方面的特征最为突出。它广泛地吸收了不同语言的许多词语，词汇量很丰富。例如来自马来语的词语有：passo（饭碗）、sapeca（硬币）、sanco（痰盂）、pulu（糯米）、parā（菜刀）、saraças（用 sarom 和 bajus 布做的头巾）、baju（一种室内穿的齐腰短衫）；来自印度语言的词语有：fula（花）、lacassa（意大利细面条）、aluá（um doce 一种甜品）、chale（beco 死胡同）、daia（parteira 助产师）、jambo 和 jambolão（frutos 水果）；原始土语向汉语借词很少，到了现代才明显增加，例如 amui（阿妹）、laissi（利是，红包）；现代来自英语的借词也不少，例如 adap（拮据）、afet（肥胖）。

  西方语言学家论证土语时没有充分注意土语中的粤方言词，其实粤方言词在土语中分量不轻。如：minpao（面包）、iamcha（饮茶)、putou(钵头)、malau-con(马骝干,粤方言形容人瘦)、faichi(筷子)等等。

胡慧明归纳土语的词汇特点有：

a. 土语保留古葡语单词。

b. 土语有各地的借词,其中以马来语和汉语的词最多。

c. 外语借词＋葡语词＝复合词。

d. 两个葡语词组合成土语词。

e. 在义域和义项上与规范葡语有关联的土语词。

f. 在规范葡语中不存在、从汉语意译而成的词和词组。例如:ninho de pássaro（窝的鸟,燕窝)、asa de pésse（翅膀的鱼,鱼翅)。

g. 从汉语音译来的词。

h. 广东方言词。

语法简介

重叠法用得较多。名词重叠表示复数或所有,例如 casa-casa（房子)、china-china（中国人)、tudo lugar lugar（处处)、tudo loja loja（间间铺头)、tudo laia laia（样样);形容词重叠表示程度加强,例如 cedo-cedo（非常早)、azinha azinha（快快地)、perto perto（近近地)、quenti quenti（热热地)。

形态标志混淆。名词"性"、"格"的分别混乱,例如用第三人称的阳性代词 ele 指称女性。"一位小学生,其母亲是中国人,一天向我讲述他在家庭生活中的一件难事,他多次重复说 ele...ele...ele,而我一直没听明白他指的是谁。'Ele quem?'我问。'Meu mãe!'他大声答道,对我的疑问感到非常惊讶。"（巴塔亚

1994)又如土语第一人称代词已没有主格、宾格之分：iou falo（我说。我是主格）与 busca iou（找我。我是宾格），"我"都用 iou,规范葡语是 eu acho 和 procura-me。动词变位形式缩减至只有几种,很多时用动词原形或现在式或过去式表示所有的人称和时态。例如"我摔倒了",规范的葡语是 eu caí,土语是 eu caiu（主语第一人称,谓语第三人称）；"他们拽我",规范的葡语是 eles puxaram-me,土语是 eles puchou-me（主语复数第一人称,谓语单数第三人称）；"我叫喊起来",规范的葡语是 eu berrei,土语是 eu berei-me。（不应用反身动词）

混合不同语言的构词法构词,是土语构词的特点,常常可以看到不同语言的构词成分出现在一个词的身上,例如粤方言套上葡语的词缀,或者葡语的词套上粤方言的词缀。例如 avo-gong：avo 是葡语的"祖父/外祖父",gong 是粤方言的"公",可以当作构词的后缀,作后缀用的"公"字如寿星公、伯爷公。土语除了有 avo-gong,还有 avo-po,po 是粤方言的"婆"。avo-po 是从 avo-gong 拈连而成的。再如 Mari-chai（粤方言"玛丽仔"）。粤方言的"仔"字功能较多,功能之一可作表示人的名词的后缀,例如辉仔、光头仔、后生仔、衰仔、乖仔、肥仔。仔在这些结构中只表男性,不表女性。土语 Mari-chai（玛丽仔）的"仔"字却表女性。（汪春"从 Avo-gong 说起——对澳门语话剧中澳门语的透视",载《濠江论集》,澳门大学出版中心,2001 年 10 月）

土语的句法格式受到汉语粤方言的影响,使用肯定与否定轮番提问的句式。葡语的"是"和"不是"的问式只有"是吗"（é?）与"不是吗"（não é?）两种类型,问"是"还是"不是"视说话人的评估或意向而定：当估计答案的肯定成分居多就先肯定了,再问"不是吗",当预料答案的否定成分居多则叙述部分用否定再问"是吗"。也就是说,葡语的肯定问式与否定问式只有"É, não é?"与"Não é, é?"两种句型。这与英语的反意问句(disjunctive questions)相当。(It is..., isn't it? 与 It isn't..., is it?)土语有"是不是呢"的问式,说成"é não é?"(程祥徽、刘羡冰 1991)用双重提问取代规范葡语的单项疑问形成一种句型,再如:

句意	土语	粤方言	规范葡语
知道不知道	sabe-nunca?	知唔知?	sabe?
来不来	vem nunca?	来唔来?	vem?

土语直译粤方言表否定的句式"唔好＋动词"中的"好"字,形成"洋泾浜"式的独特句式:

句意	土语	粤方言	规范葡语
不要买	ne-bom compa	唔好买	não-compre
不要逃走	ne-bom fugi	唔好走	não fuga
不要啰唆	ne-bom bafo comprido	唔好咁长气	não prolixo

土语的"动词＋来＋动词＋去"的句式,明显来自汉语:

汉语	土语	规范葡语
走来走去	anda vem anda vai	vai e vem

土语正在步向历史的尽头。20世纪以来的土生葡人倒是更趋向成为葡语、粤方言的双语人。今天的澳门土生葡人的葡语不是纯正的葡语,即"与宗主国的葡萄牙语大同小异"的葡语;今天的

澳门土生葡人的粤方言也不是纯正的粤方言。

第四节 双语和三语

根据2002年7月澳门特别行政区政府统计暨普查局公布2001年澳门人口普查结果分析,其中关于双语、三语、多语人数的资料见表37。

表37 双语、三语、多语人数(2001年)

语言能力		总人数	男	女
可同时说一种其他语言或方言		129 793	60 621	69 172
	广东话	12 755	5 524	7 231
	普通话	58 625	29 023	29 602
	福建话	5 771	2 557	3 214
	其他方言	19 446	8 140	11 306
	葡语	3 418	1 947	1 471
	英语	25 390	11 549	13 841
	其他	4 388	1 881	2 507
可同时说两种其他语言或方言		50 017	24 366	25 651
	普通话及英语	16 926	8 030	8 896
	广东话及普通话	10 436	5 191	5 245
	普通话及其他	7 691	3 817	4 144
	普通话及福建话	4 025	1 841	2 184
	葡语及英语	2 793	1 500	1 293
	其他两种语言或方言	7 876	3 987	3 889

(续)

可同时说三种其他语言或方言		7 577	1 068	1 052
	普通话、葡语及英语	2 120	8 030	8 896
	普通话、英语及其他语言	1 100	603	497
	其他三种语言或方言	4 357	2 506	1 851
不会说其他语言或方言		236 816	114 010	122 806

引自程祥徽"新世纪的澳门语言策略",载《语言文字应用》2003年第1期。

表中所指"可说一种其他语言"的人即俗称的"双语人"、"双方言人"或"高低语人",例如澳门土生是"双语人",从外省来到澳门学会了粤方言的人是"双方言人",学会了另一种专业外语的人是"高低语人"。为了称说简便,"双语"有时兼指"双方言"、"高低语"。2001年统计数据显示澳门的双语人数有129 793。"可同时说两种其他语言"和"可同时说三种其他语言"的人依此类推为"三语人"、"四语人"或"多语人"。三语人数有50 017人,四语人或多语人数有7 577人。"不会说其他语言"的人即所谓单语人,单语人有236 816人,超过澳门人口总数的一半。

关于"双语"问题,澳门长期以来存在理论上的分歧并因此影响语言政策的制订和推行。双语有"个人双语"和"社会双语"之分。个人双语指具有两种语文能力的一个个具体的人,这类具备两种语文能力的人称为双语人(bilingual),双语人是个人双语的体现者。双语人的两种语文能力是有差别的,"如果学外语学得跟本地人一样,同时又没忘掉本族语,这就产生了双语现象,即同时掌握两种语言,熟练程度和本地人一样",这是高标准的双语人。(布龙菲尔德1997)在大多数情况下,所谓双语人是指学过另一种

第三章 澳门语言的种类

语文而且可以用它进行交际的人,实际上这种人是"高低语人"(diglossia)。"高语"是学来的语言,用于正式场合或工作环境;"低语"是习得的语言,用于非正式场合或平时的交际环境。澳门土生葡人是典型的葡中双语人,他们对两种语文的熟练程度(√表示熟练,空白表示不熟练)可分四种类型,具体状况见表 38。

表 38　土生葡人掌握双语文的四种类型

类		A	B	C	D
葡	语	√	√		√
	文	√	√	√	
中	语	√	√	√	√
	文	√	√		

引自程祥徽《中文变迁在澳门》第 63 页,香港三联书店 2005 年 12 月。

社会双语是一个社会存在两种语言,并不是这个社会的所有个人都具备说两种语言的能力,例如加拿大存在英语和法语两种语言,但并不是每个加拿大人都会说英语和法语。回归前澳葡政府推行的双语政策是动用大量的政府公帑送公务员到北京学普通话,同时对等地送公务员赴里斯本学葡萄牙语。澳葡政府将"双语"政策的概念偷换为"双语人"政策,规定加入公务员队伍的资格是必须具备葡中两种语言能力。推行这一政策的结果,在政府部门和公众机构造就了不少既能说几句葡语、又会来几句汉语普通话的所谓"双语人"。前澳葡政府推行的双语政策把市民的视线和精力引向学习和掌握两种语言上面,拖慢了中文官方地位的真正实现,以致到回归 5 年后仍很少有法律文本是用中文起草的,拖延了法律本地化的进程。

第四章 澳门的通用口语

澳门居民在交际中使用的口语是粤方言。人口调查资料表明,汉语在澳门的使用比例是各种语言总数的90%左右,而粤方言又占汉语的90%以上。因此粤方言是澳门社会最重要的交际工具。澳门社会上通用的粤方言有本地人习得的标准粤方言,还有大量后天学得的带有其他方言色彩或其他语言色彩的粤方言。在现代社会,一些大城市都有这种地道的本地话与向本地话靠拢的语言(或方言)共存的现象。例如北京,标准语是规范的普通话,与之共存的是大量的带有各种方言(或语言)特色的普通话(地方普通话);在上海,也是本地上海话与带有其他方言特色的上海话(例如宁波上海话、扬州上海话等等)并存。在澳门说粤方言的人很多来自粤闽沿海城乡和其他地区。为了融入澳门社会而不得已说粤方言,不同色彩的粤方言在社会上占很大比重。交际中人们对此"见怪不怪",只以听懂为满足;然而这却是社会语言学应当面对的课题,本章将对这些类型的粤方言进行实际语料的描述。

第一节 带有其他方言色彩的粤方言

澳门是多方言的社会。除了粤方言外,还有吴方言、官话、闽方言等其他方言。说其他方言的居民进入澳门以后,为了融入澳门社会,很自然地需要改说粤方言(起码在社会公共场合是如此)。可是"乡音难改",他们所说的粤方言是不纯正的,仍然带有或多或少的原有方言色彩。

壹　带有吴方言色彩的粤方言

本节首先讨论吴方言色彩的粤方言,材料取自调查录音。被调查的发音人:董金谷,男,50多岁,上海人,印刷厂老板,来澳门21年。他说的粤方言带有上海吴方言的色彩,为了突出语料中的吴方言成分,记录时只记具有特征的语音,其余部分只出现汉字而无注音。

董金谷自言自语:

我赶[kan^{24}]住去医院睇感冒[kɔn^{24} mau^{33}]。"[kɔn^{24} mau^{33}]"定系"[kan^{24} mau^{33}]"? 系唔系咁[kan^{24}]讲? 我赶紧走。

(按:①粤方言有[an/am]之分和[ɔn/ɔm]之别,"赶"念[kɔn],"感"念[kam],"咁"念[kam]。发音人只有[an]和[ɔn],没有[am]和[ɔm],而且[an]和[ɔn]的分布和归属全部搅混。②粤方言和吴方言都有「au/ou]之分,但分布的情况不一样,"冒"粤语念[mou],吴方言念[mau]。③粤方言"紧"、"住"是表不同形态的语法成分。"赶紧"是"正在赶","赶住"是"赶着",此处发音人误以"紧"字代"住"字。)

(插)：唔喺，系赶住走。

哦，赶住走。

(插)：坐你隔离嗰个老板系乜人？

我隔离[kaʔ⁵liʔ³]嗰个老板系上海[siaŋ⁵³xai²⁴]广东人[zən²¹]。

(按：①粤方言"隔离"念[kaʔ³ləi²¹]，发音人常把入声字念作调值5的上入声。②粤方言"上海"念[ʃæŋ²¹xɔi³⁵]，发音人念作[siaŋ⁵³xai²⁴]，缺乏圆唇的半低元音。③粤方言"人"念[jɐn²¹]，发音人坚持自己方言的浊辅音声母[z]。)

(插)：你公司隔离嗰个楼盘点样啦？

哦，格力[kaʔ⁵liʔ³]集团[tɕaʔ³t'yn³]嗰吩楼盘[lou³³p'un³³]，嗰个经理走咗，嗰个地盘[ti³³p'un³³]停咗[tiŋ³³tso⁵⁵]好耐[xɑu²⁴nɔi³³]喎，停咗[tiŋ³³tso⁵⁵]有四年到五年。依家啱啱开[xɔi⁵⁵]番，好多人俾咗钱。

(按：①格力[kaʔ⁵liʔ³]集团[tɕaʔ³t'yn³]："格、力"在粤方言都是上入声字，调值相同。但发音人两字不同调，与"隔离"同音。②楼盘[lou²¹p'un³³]，"楼"粤方言念[lau²¹]音，上海人常念[lou²¹]，与前面"冒"字转换情况同；"盘"应读变调35，发音人变调不到位。③地盘[ti³³p'un³³]，"地"应读[tei]，发音人[əi][i]不分。④停咗[tiŋ³³tso⁵⁵]应为[tieŋ²¹tso³⁵]，发音人[ieŋ][iŋ]不分，"咗"调值不对。)

第四章 澳门的通用口语

（插）：听讲你换咗车？系唔系红色嘅？

我嘅架车唔系红色[xoŋ⁴² sə?⁵]嘅，依家系绿色[lo?³ sə?⁵]嘅，又唔系蓝色[lan⁴² sə?⁵]嘅。以前送货[fo⁵¹]？送火[fo²⁴]？应该系送货[fo⁵¹]。广东话"火车"、"货车"好难讲。我去上海搭火车，唔系搭货车，系吗？搭货车？系唔系咁样[kan³⁵ jaŋ⁵³]讲？

（按：①粤方言"色"、"绿"收塞音尾[-k]，发音人按上海话习惯念成[-?]尾。②粤方言"蓝"收[-m]，发音人读为[-n]尾。③"火车"、"货车"在不同方言都有声调的差别，发音人在调值的转换中缺乏信心。④发"样"[jaŋ⁵³]字时发音人以[aŋ]代[æŋ]，与"上"字转换情况同。）

（插）：依家架车有乜特点？

依家有冷气，可以送老板。一日出[ts'ə?⁵]入两[liaŋ³⁵]次。海[xai³⁵]关都问，点[tin²⁴]解一日入两次？我话唔通只俾我入一次？

（按：①粤方言"出"念[ts'æt⁵]，发音人以上海话习惯念成[ts'ə?⁵]。②粤方言"两"念[lœŋ³⁵]，发音人念[liaŋ³⁵]，也是上海话的习惯。③粤方言"点"收[-m]尾，发音人念成[-n]尾。）

（插）：你以前当老师上堂讲乜语言？

上堂[t'aŋ³⁵]？讲国语[ko?⁵ y?²⁴]啰。仲要讲唔酰唔淡嘅广东话。嗰阵时[ko⁵ tsən⁴² ɕi²²]好彩电脑编写

[p'in⁵⁵ɕi²⁴],唔系编写[pin⁵⁵ɕi²⁴],我哋讲编写[pien⁵⁵ɕi²⁴],唔得,应该讲编写[p'ien⁵⁵ɕi²⁴]程序[tsʻən²² səʔ⁵],嗰个"式"[səʔ⁵]字好难讲。程"式"[səʔ⁵]定系程"式"[sɿʔ⁵]? 数学方程"式"[sɿʔ⁵]? 一元一次方程"式"[sɿʔ⁵]、方程式[saʔ⁵]? 广东话我都唔知点[tin²⁴]讲。普通话是一元一次方程"式"[sɿʔ⁵]。达式常[taʔ³ səʔ⁵ tsʻɑŋ²²]的"式"[səʔ⁵],以前文化大革命时达式常[taʔ³ səʔ⁵ tsʻɑŋ²²]做春苗[tsʻən⁵⁵ miau³⁵]啊……我记得。其他我唔知佢做过乜戏。

(按:①发音人在送气音[tsʻ]和不送气音[ts]之间彷徨。②发音人能发入声字,但拿不准实际的音值和调值,多数念作短促的高调,韵尾都是[-ʔ]。)

(插):你几多年冇睇过电影?

十八[saʔ³ paʔ⁵]年。十七、八[saʔ³ tsʻaʔ⁵ paʔ⁵]年冇睇过电影。我来到澳门都冇乜去睇过电影。一共睇过三[san⁵⁵]次,平时有机会[ki⁵⁵ wəi⁵¹],其中一次系"孙中山"。

(按:①粤方言入声韵尾分[-p](十)、[-t](七、八)、[-k](六),发音人不分,都读为[-ʔ]。②粤方言鼻韵尾分[-m -n -ŋ],发音人没有[-m]尾,都读为[-n]尾,所以粤方言"三"[sam⁵⁵],读为[san⁵⁵]。)

(插):睇唔睇侦探小说?

第四章 澳门的通用口语

侦探[tsən⁵⁵ t'an⁴²]小说[ɕiau²⁴ suoʔ⁵])唔系点[tin²⁴]睇。

(插):玩唔玩录像机、HiFi？

亦都唔玩。乜录像机[kai⁵⁵]、白切鸡[ki⁵⁵]、飞机[ki⁵⁵]。

(按:粤方言"机"为[ki⁵⁵]、"鸡"为[kai⁵⁵],发音人[i]、[ai]混淆。)

(插):锺意乜？

有啊,瞓觉啰。我平时就二百蚊一个月,老系[lau³⁵ xai³³]买啲《争鸣》啊政治[tsən³³ tɕi³³]嘅杂志[tsaʔ⁵ tɕi³³]睇下,嗰个杂志[tsaʔ⁵ tɕi³³]其他人[zən²²]唔睇嘅,我哋经过文化大革[kaʔ⁵]命,仲可以睇下文化大革[kaʔ⁵]命乜事。其他冇乜兴趣[xeŋ⁵² tɕ'ye⁵²],冇乜爱好[ŋɑi⁵² xɑu²⁴]。廿几年嘅《争鸣》我全部有嘅喎,从83年一路[jiʔ⁵ lou³³]到依家。唯一[wəi²⁴ jiʔ⁵]呢本嘢仲有啲嘢睇下,其他冇嘅啦,都系抄下大陆嘅报纸[pau⁵² tɕi²⁴]。

(按:①发音人入声宁律念高调,入声尾都是[ʔ]。②发音人用词时经常受到上海吴语的影响,形成不伦不类的词语。例如上海话说"老是","是"粤方言说"系",发音人套用成为"老系"。粤方言正确的说法是"净系"。)

(插)[pau⁵⁵]乜嘢？

煲[pau⁵⁵]电话粥、鸡煲翅[ki⁵⁵ pau⁵⁵ tɕʻi⁵²]、包公[pao⁵⁵ koŋ⁵⁵]、鲍思高[pou⁵⁵ ɕʻi⁵⁵ kou⁵⁵]学校都系[pou⁵⁵],定系[pau⁵⁵]……

（按：粤方言和发音人的语音都有[au][ou],但[au][ou]出现的环境不相等。粤方言"包"、"鲍"念[-ao],"报"、"煲"、"高"念[-ou]。）

从以上个案调查,可以看出发音人在使用粤方言时缺乏自信,并且可以看出上海粤方言有以下主要特点：
(1)没有[-m]韵尾,以[-n]代[-m]。
(2)有[an][ai],也有[ɔn][oi],然而两者往往相混。
(3)有[au][ou],也有[an][ɔn],然而两者也往往相混。
(4)没有[ieŋ],以[iŋ]代[ieŋ]。
(5)有[e],也有[ei],然而[i]与[ei]不分。
(6)有入声,多读成 5 短高调。入声尾只有一个喉塞音[-ʔ],不细分[-p -t -k]。
(7)经常出现非粤方言词语：赶紧走、老系。

贰 带有官话色彩的粤方言

澳门居民中,有些来自说官话的地区。官话是一个比较宽泛的叫名,本文所说的官话实际只指北京话。被调查的发音人是：刘建,女,56 岁,北京人,皮肤科医生,来澳门 6 年。刘建说的粤方言所带的北京话色彩是明显的。

病　　人：刘医生,你嘅广东话讲得几好,平时有同你讲,都讲普

第四章 澳门的通用口语

通话!

  刘医生:我唔识[m² sə⁵]讲[kaŋ²¹⁴]嘛,乱讲[luan⁵¹kaŋ²¹⁴]。

(按:① 粤方言入声字"识"念[sik⁵],发音人念作[sə⁵]。② 粤方言"讲"念[kɔŋ³⁵],发音人以[aŋ]代[ɔŋ],念作[kaŋ²¹⁴]。③ 粤方言"乱"念[lyn³³],发音人仍读[luan⁵¹]。④ 发音人在对话中经常出现北京话调值,"讲"读降升调,"乱"读高降调。)

  病 人:呢位新来嘅医生边度人哪?
  刘医生:广东人[kuaŋ³⁵ toŋ⁵⁵ rən³⁵]。

(按:粤方言"人"念[jɐn²¹],发音人基本保存原有方言的读音,念作[rən³⁵]。)

  病 人:系唔系珠海人?
  刘医生:系,珠海人[tɕy⁵⁵ xai²⁴ rən³⁵]咔。

(按:粤方言有韵母[ɔi],例如"海"念[xɔi],发音人用[ai]对应[ɔi],"海"念[xai]。)

  病 人:哦,刘医生,你嗰只药几好,好多谢你。
  刘医生:开[xai⁵⁵]多啲俾你,廿四包[ja²¹ sei⁵³ pau⁵⁵],好[xau²⁴]吗?香港脚[xaŋ⁵⁵ kaŋ²⁴ kyo¹³]都可以用这只药[yo⁵³]浸[tsən³³]。

（按：① 粤方言"开"念[xɔi⁵⁵]，发音人念作[xai⁵⁵]，声母是粤方言的，韵母却是北京话的。② 粤方言"包"、"好"的韵母分别是[au]和[ou]，发音人合而为[au]。③ "香港"在粤方言里念[xæŋ⁵⁵ kɔŋ²⁴]，发音人用[aŋ]取代粤方言的[æŋ]、[ɔŋ]，念成[xaŋ⁵⁵ kaŋ²⁴]。④ "脚"在粤方言里念[kœk³]，"药"念[jœk²]，发音人用近似音代替，念成[kyo¹³]和[yo⁵³]。⑤ 粤方言有[-m]韵尾，北京话一律用[-n]转换，"浸"念[tsən³³]，不念[tsam⁴²]。）

　　病　　人：你上次开嘅系三十包。

　　刘医生：（指示实习医生开药）三十包[san⁵⁵ sa³ pau⁵⁵]，再开啲药膏[yo⁵³ kau⁵⁵]俾你，慢慢擦，边度痕，都可以擦。你好少[xau³⁵ siau²⁴]听到我讲[kaŋ²⁴]广东话[kuaŋ²⁴ toŋ⁵⁵ wa³⁵]？

（按：① 粤方言"三十包"念[sam⁵⁵ sɐ² pao⁵⁵]，发音人念[san⁵⁵ sa³³ pau⁵⁵]，"三"字韵尾是[-n]，"十"字不是入声，也无韵尾[-p]。② 粤方言"好少"念[xou³⁵ siu³⁵]，韵母不同类，发音人都以[au]转换，念成[xau³⁵ siau²⁴]。）

　　病　　人：讲得好好！

　　刘医生：啊！哈哈！都系咁[kan³⁵]啦，讲得唔好[m² xau²⁴]。

（按：粤方言"咁"[kam³⁵]收[-m]，发音人收[-n]）

第四章 澳门的通用口语

病　　人：刘医生，你系边度人？
刘医生：我系北京人[pa^{55} kiŋ^{55} rən^{32}]。

(按：发音人没有入声，"北"念[pa^{55}]。)

病　　人：你依家同嘅病人主要讲乜话？
刘医生：讲[kaŋ^{24}]广东话[kuaŋ^{24} toŋ^{55} wa^{35}]。我哋呢度唔讲[kaŋ^{24}]广东话[kuaŋ^{24} toŋ^{55} wa^{35}]唔得嘅，唔可以做嘅。来[lai^{32}]咗三个月后[xou^{53}]要[jau^{53}]考试[k'ou^{21} ʂʅ^{53}]，唔识[m^2 sə^5]讲[kaŋ^{24}]唔要[m^2 jau^{53}]嘅。

(按：①发音人以韵母[ai]代粤方言的[ɔi]，如"来"念成[lai^{32}]。②发音人在具体的字音中，分不清[au]韵与[ou]韵。"要"粤方言的韵母是[iu]，"考"的韵母是[au]，发音人的刚好相反。)

病　　人：呢度嘅病人有冇菲律宾呀，泰国嗰啲来嘅？
刘医生：有[jou^{24}]，佢哋识[sə^5]讲[kaŋ^{24}]广东话[kuaŋ^{24} toŋ^{55} wa^{35}]，有时讲英文。(递药单给病人)要经常锻炼[kiŋ^{55} tʂ'aŋ^{35} tuan^{53} lien^{53}]，加强营养[ka^{55} kiaŋ^{35} jiŋ^{35} jaŋ^{24}]。

(按："经常锻炼"粤方言念[kieŋ^{55} sœŋ^{22} tun^{33} lin^{33}]，发音人念[kiŋ^{55} tʂ'aŋ^{35} tuan^{53} lien^{53}]；"加强营养"粤方言念[ka^{55} k'œŋ^{21} jeŋ^{21} jœŋ^{35}]，发音人念作[ka^{55} kiaŋ^{35} jiŋ^{35} jaŋ^{24}]。在四字格用语或带书

面语性质的词语中,发音人保留原有方言特点特别多,例如"表面风光"、"豪门深似海"的发音与原有方言无异。)

从以上个案调查,可以看官话色彩的粤方言有以下主要特点:

(1)没有[œ][ɔ]音位,因而没有[œŋ][ɔŋ][ɔi]等韵母。

(2)没有以[-m]收尾的韵母,以[-n]全面取代[-m]。

(3)有[yn],但不与舌尖中音拼,因此没有[tyn/t'yn/nyn/lyn]等音节,这些音节都转换为[tun/t'un/nun/lun]等音节。

(4)没有舌叶音[tʃ、tʃ'、ʃ],粤方言的这组声母分别读为舌尖后音[tʂ、tʂ'、ʂ]和舌尖前音[ts、ts'、s]。

(5)在具体的字音中,[au]韵与[ou]韵经常用错。

(6)没有入声,用短音代替入声。经常保留原有方言的声调,只是改变一下声母发音。

叁 带有闽方言色彩的粤方言

闽方言分布地区很广泛。本文所说的闽方言只指福建省内闽方言。被调查发音人之一:郭济修,男,50多岁,澳门报纸的记者。根据他说粤方言时所带的闽方言色彩,其原籍可能靠近福州一带地区。

其实今次[kən^{55} tɕ'i^{33}]去上海[siœŋ^{22} xai^{24}]第一个收获[wuo^{33}]系……去咗社会主义[tsɿ^{24} ji^{33}]嗰啲乜酒吧,去嗰个"新天地",上海[siœŋ^{22} xai^{24}]新天地。因为[en^{55} nəi^{33}]系澳门反而冇见过嗰啲酒吧,喺嗰度,哗,好劲啊,嗰啲音乐,一晚一杯[pəi^{55}]酒,是但嗰个乜汽水,都系50

第四章　澳门的通用口语　　　　　　　　145

蚊,但系唔使收钱。咁佢表演三节,好似九点半开始,半个钟头,跟住休息半个钟头,又另外又半个钟头,休息半个钟头,跟住[kien^{55} ts1^{33}]又半个钟头。咁三下都不同,头先系流行曲,跟住[kien^{55} ts1^{33}]系摇滚乐、爵士乐咁样。第一次我喺澳门都没听过。上海[sioeŋ^{22} xai^{24}]嗰度去咗多次喺今次最有收获,有得玩。其实今次行程[xaŋ^{42} ts'iəŋ^{42}]都冇乜嘢。

(插):你哋跟边嗰去嘅?

跟[kien^{55}]工务局,佢嗰个运输厅[wən^{33} s1^{55} t'iŋ^{55}]厅长[t'iŋ^{55} tsiaŋ^{35}],叫做交通事务关注[kuan^{55} ts1^{33}]小组,有个考察团[t'in^{33}],嗰个厅长做团长[t'in^{33} tsiaŋ^{24}],嗰啲钱都系政府[tsieŋ^{33} fu^{35}]俾嘅。以前上一次去新加坡同埋泰国,嗰啲行程[xaŋ^{21} ts'iəŋ^{21}]比较密啲,参观[ts'an^{55} kun^{55}]多啲,交流多啲。

(按:①"政、长、程、上"的声母在粤方言是[tʃ、t'ʃ、ʃ],发音人念作[ts、ts'、s],介音[-i-]特别紧。②"海"粤方言念[xɔi^{24}],发音人念[xai^{24}]。③"主"、"住"、"注"、"输"字粤方言分别念 [tɕy^{35}][tɕy^{33}][ɕy^{55}],发音人分别读 [ts1^{24}][ts1^{33}][s1^{55}]。"团"由粤音[t'yn^{21}]变作[t'in^{33}]。④发音人[-m]韵尾不稳定,"三、参"有时念[-m],有时念[-n]。)

被调查的发音人之二:庄文永,男,50岁,大学教师。根据他说粤方言时所带的闽方言色彩,其原籍可能在靠近闽南的地区。

我依家喺科大[k'o⁵⁵tai³³]做。倾下前排有嘢做嘅心得、收获[sou⁵⁵xou³³]。乜收获呢？金沙[kam⁵⁵sa⁵⁵]啱啱开始，嗰日同朋友去食饭，我觉得金沙嗰啲环境比附近好好多。我哋系两[lioŋ³⁵]、三个人去嗰度食饭，食咗饭之后大家拉[la⁵⁵]老虎机，好大收获[sou⁵⁵xou³³]。我攞一百蚊出来，拉[la⁵⁵]吓走，求其玩吓就走。点[tim³⁵]知嗰晚一百蚊拉[la⁵⁵]唔嗮，一拉[la⁵⁵]差唔多拉[la⁵⁵]咗三、五十蚊，又拉[la⁵⁵]咗几十蚊出来，嗰晚一百蚊拉[la⁵⁵]咗起码两[lioŋ³⁵]个钟。

（插）：一百蚊拉咗两个钟？几抵。

唔系抵，最后一次撞到几多？一千三百几！

（插）：哗！咁犀利呀？你落一次几钱哪？

落一次五蚊。佢系一个饼一个饼[piœ³⁵]嘛，都系五蚊。一百蚊……嗰晚我想玩，又想走，一百蚊玩吓，点知一百蚊一拉，一揿落去有几个就走咗出来，一揿落去又有几个就走咗出来。一百蚊差唔多玩咗两个钟，最后嗰次一千三百五，差点中咗大奖[tsioŋ²⁴]！

（插）：中咗大奖乜都唔使做！

哈哈！讲真，金沙嗰啲人真系好多好多，比葡京[kiœ⁵⁵]人多。同时佢嗰啲环境[kiœ²⁴]呢……葡京间来间去唔同，佢金沙呢度嚟真系有吸引客这种最大收获[sou⁵⁵xou³³]。葡京啲客俾佢拉[la⁵⁵]咗三分之二。

（按：①"科"字粤方言念[fɔ⁵⁵]，发音人念[k'o⁵⁵]。②"收获"粤方言念[sau⁵⁵wɔk²]，发音人念[sou⁵⁵xou³³]。③"拉"字粤方言念

[lai⁵⁵],发音人念[la⁵⁵]。④"奖"字粤方言念[tsœŋ³⁵],发音人念[tsioŋ³⁵],介音[-i-]特别紧。⑤"饼"、"京"字粤方言分别念[peŋ³⁵][keŋ⁵⁵],发音人分别念[piœ̃³⁵][kiœ̃⁵⁵],多了介音[-i-],而且介音特别紧,同时鼻音韵尾弱化,韵母变作鼻化元音。)

从以上两个发音人的材料,可以看出带有闽方言色彩的粤方言特点是:

(1)[ts、ts'、s]与介音[-i-]结合得特别紧。

(2)[-m]韵尾不稳定,有时念[-m],有时念[-n]。

(3)把粤方言[tɕy、tɕ'y、ɕy]念作[tsɿ、ts'ɿ、sɿ],[t'yn]念作[t'in],即缺少[y]或[y]介音。

(4)有鼻化元音如[œ̃]。

第二节 土生粤方言

土生葡人说的粤方言特点如下:

语音特点

(1)舌叶音比较丰富。其他方言读[tɕ]组、[ts]组和[tʂ]组声母的字,土生粤方言都读成舌叶音[tʃ]组声母,例如果汁[tʃap⁵]、蒸[tʃieŋ⁵⁵]鱼、炸[tʃa³³]鱼、水师厂[ʃuəi³⁵]、粗[tʃuo⁵⁵]。并且发音时有的还会把嘴唇收圆,甚至使后面的韵母也带上圆唇色彩。

(2)阳平自由变调不普遍。"阳平自由变调"(低平变为高升)的现象在香港粤方言"很普遍",在澳门粤方言中"较普遍",但在土生粤方言中这种现象"不普遍"。例如"花园"、"澳门"、"温哥华"的

"园、门、华"在香港粤方言中变读高升调,在澳门粤方言中有读高升调的,但澳门土生粤语则很少变读高升调。

(3)语尾多呈上升语调。受西方语言没有字调、只有语调的影响,土生葡人说粤方言时词语结尾的字音和一般陈述句时常常出现上升的语调,例如"我哋、餐台、说话、落船、法文"等词语的后字都是上升语调。在"寻日我哋去咗香港,买咗好多靓衫"(昨天我们到香港去,买了许多漂亮衣服)句中,"港"字、"衫"字语调也是上扬的。

(4)一些字音特别。许多土生人士孤立念"香港",发音是[xæn^{53} kon^{35}],是规范的粤音;在语流中念成[xon^{53} kon^{35}],是英语发音。把句子中的"香港"说成[xon^{53} kon^{35}]是土生葡人的语音标志。

语法特点

(1)动词后缀"躺"[xau^{55}]字的运用。"躺"原为望厦村一带俚语,一般用在动词后面,表示该动作已完成。澳门华人语用中有时出现这个"躺"字,本文在分析澳门粤方言的语法特征时提及;但"躺"字在土生葡人说的粤方言中出现得更多,几乎成为土生族群的特殊语言标志。

(2)量词的运用。土生葡人所说的粤语喜欢用一些跟一般粤方言不同的量词。例如"一条裤"说成"一兜裤","一只橙"说成"一个橙"。调查中一位土生葡人说:只要听到"香港[xon^{53} kon^{35}]"和"一兜裤",几乎可以断定他是土生。

(3)语气助词的运用。土生葡人所说的粤语运用语气助词有很大特点,令听者一听就能知道他的语言身份。有些语气助词是改造粤方言助词的语调,有些语气助词则是直接运用葡语的助词,

第四章　澳门的通用口语

但与原来的意味不完全相同。

a. 咩[mie^{22}]，澳门粤方言有作语气词用的"咩"字，读作高平[mie^{55}]，多用于反问，如"唔通你重唔信咩？"（难道你还不相信吗？）。土生粤方言的"咩"字语调较平，发音为[mie^{22}]，用在否定式句尾，常用有"唔爱咩"、"唔睇咩"、"唔好咩"、"唔去咩"……例如：

例1：今晚去食中国餐？——唔爱咩。（今天晚上去吃中国菜好吗？——不要吧。）

例2：听晚去睇戏咩？——唔睇咩。（明天晚上去看电影，好吗？——不看吧。）

b. 吧[pa^{22}]，语调低平，用在葡文的句尾，如"É não é pá!"、"Vou casa pá"。受葡语影响，土生粤方言也用，有用在句中的，也有用在句首的。

例3：算吧啦！（算了吧！）

例4：Oh, pa! Sempre faz as coisas sem pensar primeiro, 可唔可以谂一吓先做！（啊呀！经常做事前都不先想清楚，可否想一下才做！）

c. poça，用来表达一个人的心情：很不满、不开心或很愤怒，语义相当于汉语的"岂有此理"，用在句首和句尾都可以。

例5：designa admiração, surpresa ou epulse. Poça!!!（被你吓死啦…Poça!!!）

例6：Poça，依家先到！（嗨！太过分了，现在才到！）

例7：Poça，我打极电话俾你都唔听！（嗨！岂有此理！我打了不知道多少次电话给你，都没人听！）

d. chiça，也是用来表达一个人很不满、很不开心或很愤怒的心情,表示反感的语气词。

例 8:exprime desprezo, repugnância, protesto ou recusa. Chiça!(粤:你唔好烦我啦?Chiça!)(喂!你可不可以别再惹我了?真麻烦!)

chiça 有时也可以用来表示幸好或"好彩"(幸亏):

例 9:Chiça,差啲连命都冇!(啊!幸亏没事发生,差一点儿连命都没了!)

例 10:Chiça,几乎忘了带 passaporte!(啊呀!差点儿忘了带护照!)

基本上 poça 和 chiça 可以说是一样的,差别很小:一个侧重在不满,另一个含有幸亏或幸好的语气。

e. caramba [土生读作 kə'ləmba],表示惊异、讽刺、不耐烦、恼怒,相当于"见鬼"、"糟糕"、"他妈的"、"真离谱"、"搅错呀"。

例 11:Designa admiração, ironia ou impaciência, Caramba pá!(教了那么多次还不会,真见鬼!)

例 12:Caramba! 佢成日都将佢部 Mota 摆喺我屋企门口!(他妈的,他常常把他的摩托车放在我家门口!)

f. porra,相当于粗俗的话"他妈的"。例如:

例 13:(土)Arre!, irra! Porra!!(他妈的!又输球了!)

词汇特点

土生粤方言在词汇上与一般澳门粤方言的差别最显著,有如下一些特别的地方。

(1)仿照葡语构词方式构成的词:

摆名(报名,葡语 pôr o nome,葡语正规的"报名"是 inscrever-

第四章 澳门的通用口语

se 或 inscrição）

过班（升班、升级，葡语 passar 或 a/para）

过班纸/升班纸（成绩单）

割（葡文 cortar）：割头发（剪头发）、割蛋糕（切蛋糕）、割症（动手术）、割症布（动手术用的布）、割症刀（手术刀）、割症房（手术室）

救火馆（消防局）、救火鬼（消防员）、水车馆（消防局）

(2) 沿用广东地区的方言旧词

土生粤方言中有一些很旧的词，甚至现在澳门一般粤方言已不用的他们还在用。据调查；这是因为有些土生家庭的粤方言是从广东籍家庭女佣处学来的：

惯世/惯思世（意为娇惯）。例：冇纵惯思世佢！（不要太娇惯她！）

唔爱（不要）

至盏/至盏鬼（有趣。一般粤方言说"得意"）

噎[jat³]饭（吃饭）

渡[tou³³]（渡海船）

兵头（澳督）、兵头行（澳督府）

水师厂（水警总部/水警总部所在地）

(3) 葡语译为汉语的词：

大孖地（葡语 tomate，西红柿）

色维素（葡语 serviço，机关、机构）

马介休（葡语 bacalhau，大西洋鳕鱼）

(4) 汉语成分、葡语成分（以及英语成分）混合而成的词：

返家萨，意为"回家"。"返"是汉语成分，"家萨"是葡语 casa 的音译兼意译。

食巴巴(葡语 papa,面糊状饭食)

饮苏巴(葡语 sopa,浓汤)

饮卡度(葡语 caldo,稀汤)

大芒努(葡语 mano,哥哥,粤方言"大哥")

大芒娜(葡语 mana,姐姐,粤方言"大姐")

阿妈(葡语 mãe,也叫妈咪)

阿丢(葡语 tio,叔叔,粤方言"阿叔")

阿低亚(葡语 tia 或 titi 低亚,粤方言"阿婶")

阿 Bella(全名 Isabeila,口语称 Bella,前加粤方言词头"阿",合成阿 Bella)

科假更(给放假期间的人替班。葡语 folga ＋ 粤方言"更","更"是"看更"、"守更"的"更")

㘭棒冷都度(㘭棒冷:粤方言;都度:葡语 tdo 或 tudo,意为全部的、全体的、整个的、所有的、一切的)

latapan(马口铁或锌片制成的盛器)。Lata,葡文"锌"或"马口铁",也可解"罐头",音译为"辣",作量词"箱"。如"四百辣鸦片"。pan,英文的"平底锅"。澳门粤方言有"花篮 pan"、"饭 pan"(加盖、可提的饭盒)等常用词,澳门土生将葡文、英文黏合一起成 latapan,旧时民间常用的铁皮盒。

(5)赋予原有词语新意义:

食粮(澳门有两类退休制度,一类退休后有退休金,一类无休金。"食粮"指可领退休金的退休,"食"是动词性语素,"食粮"是动宾结构)

慢慢(然后。例如:慢慢再讲。慢慢去北京。原来的意义是"快"的反义)

第四章 澳门的通用口语

咸虾叶(月桂叶、干香叶,一种调味品)

生菜油(橄榄油)

水榄(橄榄在葡萄牙藏于水中,故称水榄)

荷兰薯(土豆)

娥眉豆(四季豆)

工夫:有工夫(要上班或有工作要完成)、冇工夫(没事做)

做得:有做得(可以做)、唔做得(不可以做)

人情(澳葡政府规定,公务员每三年可享受一次公费出外旅游的大假,回归后"五十年不变",仍在执行)

人情纸(请假条,申请假期的表格)

攞人情(雇员向雇主请假,如公务员向政府机构请假。粤方言"攞"即普通话"拿")

攞人情纸(拿申请放大假的表格)

行人情(放大假。行,行路之行)

甩汁[lat⁵ tʃap⁵](又叫"点汁"、"浸汁")

砵兜(相当于粤方言的"砵",一种焗禾虫的U形的盆。可引申为形容"人的脸肥得圆圆的,葡语是 cara")

[nɔ/lou]度(那里,一般粤语说"嗰度")

娘仔/土生婆(土生妇)

马姐(来自顺德等地、扎起辫子不嫁的家庭女佣)

(6)语用上粤方言和葡语(以及英语)混杂。例如:

a. "都度[葡语 tudo] 冚布郎[粤][ɔːltuˈgʌdaː][英语 together]食晒佢[粤方言]"。(统统吃完它。)

b. 问:"Olha, empresta este Livro a mim, hã?"(喂,把这本书借给我,行吗?)

答:"Sorry[英语] hoje[葡语]唔得[粤方言], Preciso ele[葡语]……"(对不起,今天不行,我要用……)

在成段言语中,多语夹杂处处可见,例如:

c. "你一阵会去边喥 almoçar[葡语]啊? 不如 join[英语]埋一起呀?"(一会儿你准备到哪里去吃午饭啊? 不如我们一起去?)

d. "Are you sure[英语]你会去? Se não[葡语]我唔 chama[葡语]佢哋嘅啦!"(你肯定会去吗? 否则我不约他出来了!)

e. "今个礼拜有 pagamento[英语], então vamos[葡语]饮茶?"(这个星期发工资,咱们去饮茶好吗?)

f. A:不如 tonight[英语]去睇戏啰?(不如今天晚上去看电影,好吗?)

B:好啊,good idea[英语]! 去边间睇先? 去 Cineteatro[葡语]定系 Algeria[葡语]先?(好啊,好主意! 上哪个电影院? 去澳门大会堂还是永乐戏院?)

A:不如去 Cineteatro[葡语]啊? no 度啲位舒服啲。(不如去澳门大会堂好吗? 那里的座位舒服点儿。)

B:都好呀,咁几点啊?(都好呀,那么几点啊?)

A:Sete e meia[葡语]又或者 nove e meia[葡语]都得,你话事啦。(七点半或者九点半都行,你决定吧。)

B:咁啊! Sete e meia[葡语]啦,depois da filme[葡语]重可以一起去食埋饭呀吗,right?[英语](这样呀! 七点半吧,看完电影之后还可以一起去吃饭,好吗?)

A:好呀! 咁 às sete[葡语]系 cineteatro[葡语]门口等啦。(好呀! 那么七点钟在澳门大会堂门口等啦。

第三节　带有其他语言色彩的粤方言

在澳门的泰国人,多数以粤方言为第二语言;在澳门的菲律宾人多能说英语,也有因工作环境的缘故能说粤方言。菲律宾人说英语,原因是英语是菲律宾官方语言之一,菲律宾人在国内求学学过英语。这两个不同国籍的人来到澳门,很多从事劳工职业。他们以不同的第二语言优势投入劳工市场。在澳门的泰国人与香港的印度尼西亚佣工的情况相似,香港有 9.1 万印度尼西亚佣工,12 万菲律宾佣工。印度尼西亚驻港总领事派曼·图尼普(Paiman Turnip)认为:"菲律宾人在英语能力上具显著优势,印度尼西亚佣工为了能突围,故来港前都会受训,先学三四个月的广东话。这策略甚为成功,印佣特别受不懂英语的老人家欢迎。"(香港《明报》2005 年 4 月 11 日)这里主要分析泰国人和菲律宾人所说的粤方言。

壹　泰国人所说的粤方言

泰国人来到澳门后,70%以上很快学会粤方言,并以粤方言作为谋生的工具。例如原名 Walaporn Yawilat,现已有中文名字的阿宝,女,30 余岁,美容院老板,来澳门 14 年,粤方言说得流畅、标准,分辨不出她是泰国人。在下列整段对话中只把"我"字念作[wo^{35}](粤方言标准音[ŋɔ^{35}])、"普通"念作[pou^{35} t'oŋ^{55}](粤方言[p'ou^{35} t'oŋ^{55}])其余字音和用词均无可挑剔:

顾客：你嘅美容院开咗几耐呀？

阿宝：差唔多一年到。

顾客：好唔好生意？

阿宝：都OK啦，过得去啦，依家暂时就……

顾客：你嗰度减肥点减？

阿宝：有几个，有平有贵，睇你点样减。

顾客：你介绍吓俾我听。

阿宝：有一只冷冻，有一只就普通[pou³⁵ t'oŋ⁵⁵]，仲有灭脂……

顾客：痛唔痛啊，灭脂？

阿宝：睇一个个人，有啲就话唔痛，有啲就话痛。

顾客：边个做？你请师傅来做呀？

阿宝：多数都系我[wo³⁵]做。

另一位来到澳门仅4年从事保镖行业的30多岁男性完全可以用粤方言交谈，他的发音大部分合乎标准，不合标准的如把"住"字念作[tɕjo]而不是[tɕy]，语调上把下降的"人"字念作上升调；在发双音词时前一音节短促而后一音节拖长，例如下列对话中的"一日"、"炒面"、"老板"、"钟意"、"妈咪"、"老婆"：

我系泰国人，一日我做嘢。八点，我冲凉、食嘢、食餐厅、食面包、食炒面，跟老板出街。（插问：你份工钟唔钟意？）我钟意。我一日都开心、开心。我挂住泰国好多，挂住妈咪、挂住仔、挂住老婆……

（插问：你个仔都喺泰国？）系。依家我仔喺泰国，佢

第四章 澳门的通用口语

学做生意,卖 t'ɔŋ³³ suəi³⁵（糖水）。依家我有两个朋友在处,冇咁多,佢系泰国人,泰国人唔系好多嘅喳。

下面一位被调查人:Ketty,女,30多岁,泰国人,家庭主妇。她说:

我叫 Ketty,住澳门都十七年了。我系呢度成婚,有三个子女,大个仔就十一岁,第二个女就九岁,细个女系七岁。我先生就系澳门人。

（插:你以前拍拖时讲广东话嘅?）

系呀,我哋识得嗰阵时,广东话同埋泰文,跟住慢慢、慢慢我哋就唔用泰文沟通嘅了,慢慢全部都系用广东话嘅了。

（插）:依家你屋企都系广东话?

系呀,我啲仔女有时都教我,教埋点……

（插）:但系你哋泰国人都唔少。

系呀,好多都走咗落来,好多都嫁咗人。

（插）:你知唔知澳门依家泰国人有几多?

我谂都有二三万。

（插）:女多男少?

男都系佢哋几个。

Ketty 讲的粤方言如同澳门本地通行的粤方言,听不出有什么两样。

贰　菲律宾人所说的粤方言

在澳门的菲律宾人在与自己的同胞交往时用菲律宾语,在工作环境或与外族人交往时使用英语或菲律宾语,劳工阶层中也有菲律宾人学会粤语的。

下面的材料取自调查录音。被调查的发音人 B,名字 Lilian,女,35 岁,来澳门 12 年,山顶医院手术室护士;问话人为 A.

A:Lilian,你系?

B:菲律宾[fəi^{33} lyʔ^3 pən^{33}]人。

A:你叫乜名?

B:我中国冇名,系 Lilian。

A:你来澳门时间耐唔耐啊?

B:都差唔多[tsa^{33} m^{11} to^{55}]十二年啦。

A:十二年啦?

B:系呀。

A:你依家结婚了,系嘛?

B:系结咗婚[kiʔ^3 tsoʔ^3 fən^{35}]了。我老公、我仔都系度嘅。

A:你老公系菲律宾人?

B:都系[to^{33} xai^{33}]。

A:佢啲广东话点吗?

B:都差唔多[tsa^{33} m^{11} to^{33}]OK 啦,都识听[seʔ^5 tieŋ^{35}]。但系有啲[jao^{11} ti^{11}]我嘅 friend 广东话如果[ji^{11} ko^{35}]我都唔识听[m^3 seʔ^5 tieŋ^{35}]啦,我问清楚佢哋[kui^{33}

təi³⁵]啦,所以我知道佢哋[kui³⁵ təi³⁵]讲乜,咁啦[kam³⁵ la⁵⁵]。

A:你依家系山顶医院做乜呀?

B:都系护士。

A:叻女,系边个科嘅?

B:都系手术室[sau⁵⁵ suʔ⁵ saʔ⁵]。

A:辛唔辛苦嘅?

B:都……如果[ji¹¹ ko³⁵]有好多[xou³³ to³³]病人[pieŋ⁵⁵ jan³³]呢,都好辛苦[san³³ fu³³]、辛苦[san³³ fu³³]咄啦,系咁[xai¹¹ kam³⁵]。

A:你识唔识 Winnie 呀?

B:但系澳门[ou³³ mun⁵⁵]依家我哋同事[toŋ³³ ɕi³³]啦,中国人有好多[xou³³ to³³]嘅名叫 Winnie……

A:佢嘅老公系你哋嘅彭院长。

B:噢!彭呀!系啦系啦。依家佢喺外科,跟住[kən³³ ɕi³³]啦,Kenmy 啦,你嘅 friend Kenmy 啦,以前我哋一齐[jat⁵ tsai³³]入边手术室[sau⁵⁵ suʔ⁵ saʔ⁵]做嘅,跟住[kən³³ ɕi³³]佢[kui³³]依家去咗[xəi³³ tso⁵⁵]门诊。

A:咁你要返夜班嘅喎。

B:都系呀。

A:辛唔辛苦?夜晚会唔会眼瞓?

B:但系如果[ji¹¹ ko³⁵]系夜晚[je³³ mən³⁵],如果[ji¹¹ ko³⁵]有好急[kap⁵]病人,但系如果[ji¹¹ ko³⁵]有急诊[kap⁵ ts'in³⁵],真系如果[ji¹¹ ko³⁵]有脑科[nou³³ fo⁵⁵],真系好多嘢[xou³³ to⁵⁵ je³³]做嘅。

A：你系菲律宾嗰阵时学过护士？

B：系,学过护士。我做护士三年[sam⁵⁵ nin³⁵]先去澳门做嘅。

A：你来澳门几多年啦？

B：……

A：你来咗几耐先至识讲广东话嘅？

B：哗！以前[ji³⁵ tɕin³³]啦,我Chefe(葡语:护士长),我嘅boss(英语:波士),以前我唔系嗰啲手术室[sau⁵⁵ suʔ⁵ saʔ⁵]做,以前我系佢哋[kui³³ ti³³]葡文[po³³ mən³⁵]叫[mapo](葡语cuidados queimaduras:烧伤科),有少数病人咁啦。我Chefe都系葡国[po³³ kok⁵]人,但系佢[kui³³]好叻讲中文,所以佢[kui³³]话俾我听,一定三个月要讲嗰啲中文。如果[ji¹¹ ko³⁵]唔系咁好叻,但系一定要好似普通[po¹¹ toŋ⁵⁵]嗰啲话你要识听。

A：乜叫普通嗰啲话？

B：早晨[tsou³⁵ sən⁵⁵]啦……病人嗌痛[ŋai³⁵ toŋ¹¹],佢哋[kui³³ təi³⁵]嗌[ŋai³⁵]乜嘢,一定要识听。边度地方,或者嗰啲脚啦,跟住[kən³³ tɕi³³]进步嗰啲身啦,系边度地方一定你识听。佢[kui³³]嗌边度地方,如果[ji¹¹ ko³⁵]系身,或者佢[kui³³]眼啦,鼻哥,佢[kui³³]口啦,一定要知道,系咁啦。

A：你个老板系葡国人？

B：系葡国[po³³ kok⁵]人。但系佢讲好叻中文,所以佢[kui³³]嗌[ŋai³⁵]我一定要三个月识……

A：(因[ŋai³⁵]似"矮",标准粤音"嗌"念[ŋai³³]。故

第四章 澳门的通用口语

问)乜叫"嗌"?

B:嗌?叫。我一定三个月,系咁啦。我真系好辛苦[san³³fu³³],要问返我同事[toŋ⁵⁵si⁵⁵]:"哎,呢个系乜嚟嘅?英文叫乜嚟嘅?"我 locker(英语:有锁小柜)有好多黄色[wɔŋ³⁵sɛʔ⁵]嘅啲纸,黐[tɕi⁵⁵]一块喺度,所以日日我[ŋɔ¹¹]返工,开咗我[ŋɔ¹¹]locker,我见到啦。

A:"locker"系乜嚟嘅?

B:柜[kui³⁵]呀。开咗啦,我见[kin⁵⁵]到啊,我记得啦,呢个系乜……我日日我返工我记得。跟住[kən³³tɕi³³]或者听朝(普:明天早上)我科假(葡语 folga:放假),我知我写嘅啲,(自问自答)点讲中文[tsoŋ³³mən³⁵],跟住[kən³³tɕi³³]一定有写葡文嘅。我学紧[xɔʔ⁵kən⁵⁵]两国嘅啲话。

A:啊,有葡文。有中文。

B:系呀,有葡文[po³³mən³⁵],有中文[tsoŋ³³mən³⁵]。

A:葡文好定系广东话好?你自己觉得?

B:都……如果[ji¹¹ko³⁵]嚟,嘅啲话,英文我讲得叻啲。以前系喺菲律宾[fəi³³lyʔ³pən³³],全部[tøyn⁵⁵pu³³]小学[siu³⁵xɔʔ⁵]、中学[tsoŋ³⁵xɔʔ⁵]、university……全部讲英文。

A:你哋系菲律宾全部讲英文?

B:系呀,全部[tøyn⁵⁵pu³³]。如果你读书,我哋全部[tøyn⁵⁵pu³³]要讲英文嘅。

A:你学到大学?

B:系呀,系 university。

A：你学嘅系医科？

B：都喺全部[tøyn⁵⁵ pu³³]读晒嘅。喺菲律宾[fəi³³ lyʔ³ pən³³]我哋有[kɔs]（英语 course：课程），嗰度如果你有搞定晒读八年班嗰啲嘢，唔俾你读嗰啲大学，一定要跟住[kən³³ tɕi³³]读八年班嗰啲，要考试。如果唔[pas]（英语 pass：通过）唔俾你学啲[kɔs]（课程）。

A：你哋考大学难唔难？

B：好难。

A：咁你都系好叻！

B：但系全部[tøyn⁵⁵ pu³³]我哋明白晒[mien⁵⁵ paʔ⁵ sai³⁵]都系写英文，讲英文。都系，全部[tøyn⁵⁵ pu³³]。

A：你依家钟唔钟意澳门？

B：钟意。如果我唔钟意，我好耐走了。

A：你见到 Winnie，帮我问候佢。第日请你饮茶。

B：有时假期（[ka³³ ki³⁵]）都要我哋[ŋɔ⁵⁵ təi³³]返工。我哋冇办法。叫我哋，我哋一定要返工。

A：假机？

B：放假。

从以上调查可以看出她说的粤方言有以下主要特点：

(1) 把应发送气音的声母发为不送气音："差不多"[tsa³³ m³ to³³]、"同事"[toŋ⁵⁵ si³⁵]、"普通"[po¹¹ toŋ⁵⁵]、"葡文"[po³³ mən³⁵]、"佢"[kui³³]、"全部"[tøyn⁵⁵ pu³³]、"假期"[ka³³ ki⁵⁵]等等。甚至把英文的送气音也念作不送气音，如：pass 念作[pas]，course 念作[kɔs]。也有一些送气音，但不多，如：急诊[kap⁵ tsʻin³⁵]。

第四章　澳门的通用口语　　　　　163

(2)调值以平调居多,但也有一些上升调(24、35)。高平调值55、中平调值33、低平调值11。都差唔多[to^{55} tsa^{33} m^{11} to^{55}]、跟住[kən^{33} tɕi^{33}]、辛苦[san^{33} fu^{33}]、有啲[jao^{11} ti^{11}]、全部[tɵyn^{55} pu^{33}]、好多[xou^{33} to^{33}]、手术室[sau^{55} suʔ^{5} saʔ^{5}]等。

(3)入声概念较强,-p、-t、-ʔ 分别清晰。如急[kap^{5}]、急诊[kap^{5} ts'in^{35}]等。

(4)兼用英语、葡语词,英语如:friend、boss、university、course、locker、pass;葡语如:folga(放假)、[mapo]cuidados queimaduras:烧伤科。

在澳门的劳工阶层的菲律宾人(例如家庭佣工、大厦保安人员、此处的护士等)的英语有浓重的母语影响,但无碍于日常交际的进行,有时也用手势等身体语言。并且常常会用粤方言夹杂英语的方式来表达意思:"Hello! 朋友,几钱？howmuch?"见到人打招呼:"你好,how are you! 早晨,good morning!"

第五章　澳门通行的书面语

在澳门,通用的口语是粤方言,通行的书面语是"语体文"。所谓语体文,是港澳人的称呼,相当于语文教学中所称的白话文,其实质是普通话的书面形式。在澳门通行的语体文与普通话书面语接近,但掺杂着不少方言成分、文言成分和外语成分。在写作中,不同的体裁有不同的掺杂(或并用)方式,有些是无意的掺杂,有些是有意的掺杂;有些是普粤掺杂,有些是文白掺杂,有些还故意掺进外语成分。写作一般文章,作者有可能杂用一些方言成分;时下口语夹杂外语的情况反映在书面语的运用上,在澳门出现中英夹杂、中葡夹杂的现象;尤其是在公文写作中,半文半白的语体大行其道,同时中葡夹杂现象严重,成为澳门公文语体的显著特征。

第一节　普通话与粤方言并用

在澳门(包括香港),运用书面语言的人如果没有特殊的目的,总是希望尽可能避开粤方言的纠缠,写出脱离方言影响的纯净的书面语,以此显示自己受过正式教育,具有较高的文明程度的文化身份。但是由于受粤方言的影响很深,不能完全把普通话当作习惯的思维语言来使用,因此普通话与粤方言并用的现象非常普遍。

普粤并用的程度有深有浅,有些是无意流露出来的,有些是刻意追求而成的。无意流露的普粤并用是在语体文中夹杂粤方言的个别词语和句式,刻意追求的普粤并用是有意在文中穿插一些粤方言词语,借以增加文章的风趣,突出文章的地方性质或人物身份;有些文章还通篇都用粤方言写出,性质属于方言作品。普粤并用的性质不同,采取的态度和对策也应不同。一般来说,无意流露的普粤并用是语言的误用,应当明确指出并加以纠正,使其得到规范;刻意追求的普粤并用是创造性的语言运用,可以不加限定,但也不必加以提倡。无意和刻意的界限有时很难划分。

壹 无意流露的普粤并用

报刊上曾出现这样的句子:

比如在美国或英国,一本畅销书已可让作家小脚摇摇的过世。

一哭惊人,既长气又大声。

(转引自程祥徽 1992)

上述两句中的"小脚摇摇"、"过世"、"长气"是粤方言词,无意出现在语体文中。"小脚摇摇"是"印印脚"的硬译,意思相当于普通话的"跷起二郎腿";"过世"不是"死了"的意思,而是粤方言的"过一世"或普通话的"过一生";"长气"是普通话的"气长"。

澳门特别行政区廉政公署出版的《诚实和廉洁》是专门为中小学学生编写的"倡廉教育"教科书,编者均为在职教师,写作态度很认真,力求达到规范的写作语言的要求,但在教科书中仍然出现

一些粤方言词语和句式,还有个别文言或半文言的成分:

(1)她恳求妈妈收留她当女佣①,工资多少无拘②,妈妈一时不知怎么办,你可代她出主意吗?

(2)看在一场亲戚份上,可以介绍她到一个朋友的家里做工,只要阿笑少出街③就不易被人发觉,这样也可做个"好人",两方面都可做顺水人情。

(3)一天晚上,正下着微雨④,他在同学家里做完功课后便骑着电单车⑤赶回家,在接近住所处⑥,突然有一个穿着黑衣的老翁⑦,用报纸遮着头走过马路,由于天黑路滑,不知老翁是被哥哥撞个正着,抑或⑧人车没相碰,只是闪避而失平衡,反正老翁、哥哥都倒在地上。

(4)哥哥立刻爬起来,看看自己,可幸⑨仅受了轻伤,电单车也没什么损坏。但是一看,老翁动也不动地躺在地上,心想这次闯祸了!怎么办呢?

(5)既然没有人看到,而且自觉⑩没有违犯交通规

---

① 女家庭保姆。
② 无所谓。
③ 不要经常上街。
④ 很小的小雨。
⑤ 摩托车。
⑥ 住处。
⑦ 长者。
⑧ 还是。
⑨ 幸亏,还好。
⑩ 自己认为。

第五章　澳门通行的书面语

则,就当没有事情发生①,明天看报纸或电视新闻,就知道老翁情况怎么样。

(6)当作途人②路过,若那老翁仍晕在街上,便召十字车③将老翁送院救治……

(7)有人认为金钱是万能的,故此④不择手段地尽量赚取金钱。……一些盲目追求金钱财富,除了可能会影响身体健康外,亦⑤可能对家人或朋友做成⑥无可补救的伤害。

(8)阿君当时入息⑦不多,听到丁小姐说可介绍自己做公务员,信以为真,给了丁小姐部分款项⑧,然后等候消息。过了不久,丁小姐又再向阿君索取余下款项,阿君以为事情有了进展,于是又如数给了丁小姐。

(9)你认为丁小姐及阿君的行为各⑨有何不妥?

(10)他们本来有着稳定的收入,生活美满,却只因一时贪念,至令⑩自己前途尽毁⑪,还要面对社会谴责,实在得不偿失。

(11)为班社代购物品时打斧头⑫。

---

① 就当作什么事也没有发生过。
② 行人。
③ 救护车。
④ 所以。
⑤ 也。
⑥ 造成。
⑦ 收入。
⑧ 钱。
⑨ 粤方言语法。
⑩ 才使。
⑪ 失去前途。
⑫ 做假账,使钱落入自己钱包。

(12)哗①! 真的很美,我抽了很多次也②抽不到,这正是我梦寐以求的东西,你真好运③。

(13)若以贿赂、欺骗或恐吓等手段来影响选举结果,便有违民主选举的精神,且均属违法。

这些句子中有些粤方言词语是由于作者找不到相应的普通话词语而出现的,例如"打斧头"、"你真好运"等等,有些是作者自以为是地运用了方言词,例如"女佣"、"入息"等等。粤方言词包括具有地方色彩的词语,例如"十字车"、"哗"、"真好运"、"有违……精神"等等;还包括文言色彩较重的词语和语法成分,例如"无拘"、"途人"、"入息"、"如数"、"若"、"便"、"且"、"可幸"、"故此"、"抑或"、"自觉"(不是"自觉自愿"的"自觉")、"少出街"、"做成……伤害"、"有何不妥"、"前途尽毁"等等。对此要不要进行规范以及如何进行规范,值得研究。

贰　刻意追求的普粤并用

有些是引录式的粤方言,有些是仿拟式的粤方言。例如:

(1)陈泽武自言"读书少",又唔系大状④,读到一啲文言唔似文言、白话唔似白话嘅⑤法律,认真⑥苦恼。曹

---

① 语气词,相当于"啊呀"。
② 都。
③ 有运气。
④ 唔系:不是;大状:专门上法庭的大律师。
⑤ 一些文不文,白不白的。
⑥ 非常。

第五章　澳门通行的书面语

主席认同,有些法律中文通顺,但葡文好差①;有些法律葡文写得好靓②,中文好差。连议员都睇唔明嘅③法律条文,何况普罗大众④。(转引自《澳门日报》2003年11月27日)

(2)荷兰甲组联赛今日上演独角戏,两支在榜尾⑤挣扎的球队海牙及罗辛达互撼,占地利的海牙有机会赢波⑥在主场开斋⑦,少让平半可敲上盘⑧。目前排尾三⑨的海牙与尾二⑩的罗辛达同⑪得七分,今场⑫赢波一队肯定对日后护级⑬好有帮助⑭。讲到近况,海牙肯定唔好⑮,近六场一胜五负,今季⑯主场仲未赢过波⑰,不过正因为想开斋,赢波信心肯定强;上仗作客虽然输卑⑱高宁

---

① 很不好。
② 非常好。
③ 看不明白的。
④ 普通老百姓。
⑤ 排名榜最后。
⑥ 赢得球赛。
⑦ 第一次赢。
⑧ 可敲:值得投注,可以捧场;投注让对方平手半球的一队球队。
⑨ 排名倒数第三。
⑩ 倒数第二。
⑪ 都。
⑫ 这　场。
⑬ 护级:普通话"保级",尽量争取保留原有的级别作赛。
⑭ 很有利。
⑮ 不好。
⑯ 这个球季。一年一个球季,通常在每年9月至下一年的5月之间。
⑰ 还没有赢得一场球赛。
⑱ 输给。

根,但落后三球都冇①放弃,最后都追番②两球,今次③占地利争取主场开斋就更加博④,让平半都要敲上盘。罗辛达的近况与海牙水斗水⑤,近七场一胜六负,虽然刚在主场赢波,但对手只系包尾⑥的迪加史卓普,今季作客五战全败,就算早前⑦作客弱旅⑧丹博斯治都输,十一场失廿八球的防线真系得人惊⑨,且罗辛达今季剩系⑩主场先识入波⑪,作客攻守都唔掂⑫,受让都唔使谂⑬。葡超亦有⑭独角戏,升班马⑮伊斯特里尔近期冒起⑯,当旺兼占地利⑰,让半球亦追得过⑱。伊斯特里尔唔算⑲强队,但主场只输过卑劲旅⑳士砵亭㉑,最近连赢两场,其中主

---

① 没有。
② 追回。
③ 这一次。
④ 拼命。
⑤ 差劲对差劲。
⑥ 排名最后。
⑦ 前一段时间。
⑧ 弱队。
⑨ 真可怕。
⑩ 只会在。
⑪ 才会入球。
⑫ 不行。
⑬ 唔使谂:不用想。
⑭ 也有。
⑮ 借用赛马语言指实力较强,由低一级别升上高一级别的球队。
⑯ 近况冒升。
⑰ 近期球队运气好,再加主场之利。
⑱ 还可以继续捧场。
⑲ 不算。
⑳ 强队。
㉑ 音译 sporting,葡萄牙球队。

第五章 澳门通行的书面语

场大胜比拉马五球更加刺激士气,于利、杜尼华及阿尼达近期脚风顺①,攻力唔差②有权再赢。科英布拉大学上季一味③靠守都抢到唔少分数,但今季呢招都唔系好掂④,特别系⑤作客,四战全败失八球,攻不强守不稳,作客完全冇优势,受让都信唔过⑥,宁选当头起⑦的伊斯特里尔。(转引自《澳门日报》2004年11月12日)

刻意兼用方言成分主要出于修辞目的,使作品增加通俗感和生动性。进入作品的方言词语不是信手拈来的,而是根据主题或主旨的需要,突出某一类或某一方面的方言词语。第(1)例突出的是法律文本艰难、普罗大众难于接受。"唔系大状","一啲文言唔似文言、白话唔似白话嘅法律"几句方言句子拉近议员与市民间的关系;"有些法律中文通顺,但葡文好差;有些法律葡文写得好靓,中文好差。连议员都睇唔明嘅法律条文,何况普罗大众",说这话的议员显然通达人情,贴近民心,从而博取选民拥护。第(2)例集中选择足球比赛方面的方言词语,通过这些词语描写球赛的情景,把读者引向正在进行激烈比赛的球场,给读者亲临其境、亲闻其声的感受。有些话语好像是球员说的话,有些话语仿佛让球迷听到评述员的评述。这些词语是:榜尾、排尾三、尾二、包尾、赢波、开

---

① 频频入球。
② 进攻能力不差。
③ 只是。
④ 这一招都不行。
⑤ 是。
⑥ 指实力差,受对方让球都不值得捧场。
⑦ 正在冒升。

斋、护级、仲未赢过波、追番、追得过、水斗水、升班马、脚风顺等等。

叁 用方言写作文章

有些文章方言词语和句式很多,有时甚至完全用粤方言写成。《澳门日报》1991年3月28日有这样一条新闻:

  九年前因贩卖等罪名判囚十一年潜逃
  "卜鱼咀"昨自中山引渡返澳
  一九八三年五月十七日被法院裁定贩卖及参加黑社会组织罪名成立,判囚十一年的逃犯郑惠泉(绰号"卜鱼咀")昨日下午由中山市引渡回澳,司警人员立即将之带返警署落案调查,稍候将押解路环监狱服刑。
  ……
  据司警人员调查,有人供认八二年四月底逃离澳门后,曾去过台湾、泰国、香港,但在这些地方一直站不住脚,于三年前潜往内地。
  昨日下午四时许,"卜鱼咀"由中山市公安人员用手铐锁住押交澳门司警,"卜鱼咀"显得很镇定,不时与公安人员及司警交谈,记者可随便拍照。
  "卜鱼咀"在中山市被捕时身上款项不多,只有一只"帝佗"手表、一只戒指、两条颈链。
  八二年前,"卜鱼咀"与妻弟及十多名十四K人马在水手西街三号、水手斜巷七号及明珠台一单位设架步①

---

① 架步:舞厅、夜总会和进行非法活动的秘密场所。

第五章　澳门通行的书面语

贩卖白粉,弄得满城风雨,贩毒量很大,每日都有数十名道友①向"卜鱼咀"架步买货。司法员警司经过周密调查,于当年四月廿二日凌晨召集三十名武装警员冚档②,当时"卜鱼咀"妻子叶丽华(当年三十二岁,以下均记当时年龄)及黎伟文(廿五岁)、余天宝(廿三岁)当场在明珠台架步被捕。后来,司警人员根据线索续拘捕马莲儿(六十八岁,"卜鱼咀"之母)、郑惠森(廿九岁,"卜鱼咀"之弟,当时为交通警员)、欧冠雄(廿五岁)、马万龙(廿八岁)等疑犯。后经调查,上述六人均被起诉,除马莲儿无罪外,其余五名被告分别于八三年五月十八日被判囚四至六年零一个月及罚款。

案中主脑"卜鱼咀"被判囚十一年,罚款六千元;廖健云(四十岁)被判囚四年,罚款一千二百元(或囚四十日作抵);黄仁新(卅六岁)被判入狱六年,罚款一千二百元(或囚四十日作抵),三人当时均潜逃缺席受审。

这则新闻出现三个方言词:架步、道友、冚档。架步、道友,在澳门(和香港)是全民皆知的语词,很难用其他词语作解释;只有"冚档"的地方性比较浓,须作解释。但同日同一份报纸同一版面发表的用粤方言写成的新闻谏写《"卜鱼咀"与"铁窦"》完全是另一种风格:

---

① 道友:吸毒者,瘾君子。
② 搜查经营非法生意的摊档。

"卜鱼咀"与"鐵窦①"

潜逃九年的通缉犯"卜鱼咀"终于落网。说起这名当年有"鐵窦主人"之称的黑道中人②,不少读者记忆犹新。

"卜鱼咀"贩毒害人起家,当时捞到风生水起,虽然衙门风声紧,但他的窦口向来有"大粒佬③"照起④,就算孭鐵人士⑤经过,也不得随便干预,否则据说就要被罚,背景非同小可。

在马交经营白粉买卖,档口⑥多多,这些年来总是一鸡死一鸡鸣⑦,未能杜绝。当年"亚卜"捞起,乃因识做⑧,出手阔绰,派水⑨派得通。当年的保爷"大粒佬"派更⑩到"亚卜"窦口门外者,常吩咐要一眼关七⑪,比守银行要紧,故此当年好多粉档被冚⑫,"亚卜"的档口却生意照做。

保爷对"亚卜"档口看得那般重要,出于银纸⑬的"魔

---

① 鐵,指稳固、牢固;窦,又称窦口,指坏人的巢穴或活动地点。
② 黑社会背景人士。
③ 有权有钱者。
④ 暗中的保护。
⑤ 拥有枪支器械的人。
⑥ 摊档。
⑦ 有的店铺倒闭,有的新开张。
⑧ 因为会做人。
⑨ 分钱。
⑩ 分派巡逻警员。
⑪ 一眼关照到前、后、左、右、上、下、中七个方面,比喻要照顾、注意到很多方面的事情。
⑫ 粉档:买卖白粉的摊档;被冚:被警察查抄。
⑬ 也是钱。

第五章 澳门通行的书面语

力",当时据说"大粒佬"每月可收酬金一盘水①,这个数目,九年前算是很可观的了,好过出粮②。

后来保爷"荣休","亚卜"窦口生意渐难做,司警𢯎档时,他乘机逃脱。在此之前,"亚卜"已踎③过花厅④,在市牢大酒店⑤认识杀人犯梁某,将做粉的"生意经"传授,后来"亚卜"出狱,与狱中人马勾结贩毒,但后来"拍档"⑥也自身难保,坐花厅至今尚未出狱。

"卜鱼咀"当年贩毒,全家遭殃,其母与妻、弟也不幸免。其妻叶丽华、弟弟郑惠森分别被判入狱四年三个月及四年半,数年前已刑满出狱。叶丽华与"卜鱼咀"结婚前是按摩女郎,当年该案开审时,她自辩做按摩女郎收入甚丰,月入过万,明珠台之"架步"是她以血汗钱购买,与贩毒所得无关。"卜鱼咀"外逃多年,据说与妻及家人仍有来往,"卜鱼咀"自泰国潜入大陆后,不时有人前往与之会面。

主要是用方言词写成的速写不同于上面的新闻报道。这则速写共用方言词语和句式近 30 处,是上面的新闻报道的 10 倍,有些地方不作解释难以明了,例如铁窦、窦口、档口、粉档、孭鐵人士、大粒佬、照起、派水、派更、一鸡死一鸡鸣、捞到风生水起、一眼关七、

---

① 一万元。
② 比工资还多。
③ 蹲。
④ 牢房。
⑤ 澳门的牢房,因设在城市中心,而且条件不错,所以澳门人称"市牢大酒店"。
⑥ 生意合作人。

一盘水、好过出粮、跂、花厅等等。

有意在文章中并用粤方言,在澳门(以及香港)形成一种风气。澳门(以及香港)的报章都为这类文章开辟园地,因为这类作品的语言"灵活、丰富、传神、生动……也让我们感到亲切、过瘾"。(陈耀南 1990)书面语言的种类多种多样,用在轻松、诙谐、调侃、随便等一类文章方面,这种普粤并用的语体得其所哉,是其他类型的文章(例如新闻报道和政论文章等等)所不能取代的,"但作为整个社会的精神食粮和语文教材,我们中文报纸的文字水准就大大不够了"。(陈耀南 1990)

第二节　文言与白话并用

与普通话相比较,粤方言保留古代语言成分较多,尤其是在词汇方面。例如"抑或"在北方话里是个文言词,但在粤方言却出现在口语中;"卒之"在北方话中十分古雅,但在粤方言中也是一个口语词;在港澳,表示"同样"、"并行"意的"也"字多半换作文言的"亦";系词"是"在粤方言中保留着古代的"系"。在行文上,港澳粤方言也比普通话地区保守,尤其是在书信写作和公文写作方面。在港澳写作人和阅读人心目中,几乎形成一个共识或风气:半文半白的作品或兼用文言词语的作品常被认为具有古雅风格,表明此类文章的作者是念过书、有文化的人。例如香港和平图书·海峰出版社1998年7月出版的《澳门:语言博物馆·序》(何鸿燊):

"语言博物馆"一语,耀眼异常。细数之,澳门"馆"设委实不少,面积大者如"综艺馆",历史久者如"海事博物馆",不一而足,唯独未闻"语言博物馆"也。《澳门:语言博物馆》一书则将我们带入一个新颖而并不陌生之地。

此书为澳门语言学会编撰,收录该会三名会员之硕士论文以及其他会员有关澳门语言问题之论著。首篇文章《多语社会与语码转换》立足高处,俯视澳门言语社会之全貌,令读者看到,于"言语社会"之下尚有"言语社团"、"言语阶层"以及"个体语库";作者将此四层逐一论述,指出澳门言语社会中语际交流之特点、语用原则、语码转换之规则等等;继而提出语文规划之标准与操作程序。

其后两篇重心文章乃以微观手法细致考察澳门社会之语言特色:其一曰"葡文法律中译用词",其二曰"博彩文化及其专门用语"。澳门之向葡语借词具有独特之处,如日常生活中有司沙(sisa)、嘟嘟(tudo)、砵酒(porto)等等。至于博彩语言之研究,早闻澳门语言学会朋友提出论点,认为不独酒文化、茶文化带来中国文明,而且博彩亦为一种文化,其常用词语更对民间语言发生影响。百闻不如一见,此书汇集博彩词语千条有余,解析其中奥妙与神韵,可谓有心之作也。

澳门语言学会致力于澳门语言问题研究久矣,而且成绩斐然,本书仅将部分研究成果汇聚成册。文章之选题与结论,相信足可令读者了解澳门语言状况,并且有助今日之澳门政府以及未来之特区政府作为制定语言政策之参考。

恰如书名所示,澳门似一语言博物馆也;而《澳门:语言博物馆》有如经验老到之向导,引领读者进入馆中逍遥徜徉,目不暇接之余增广许多见闻,故乐于序之如上。

一九九八年

这篇序文文白并用,风格典雅。全篇没有现代口语的"的"字,却有文言的"之"、"者"、"也"、"曰";类似四字固定格式的词组有"耀眼异常"、"有心之作"、"成绩斐然"、"汇聚成册"、"书名所示"、"逍遥徜徉"、"目不暇接"、"增广见闻"、"乐于序之":作转折的虚词有"乃"、"亦"、"故";序数称"其一"、"其二"。文白并用有两个标志,一是以白话为骨架,掺杂进一些文言词语和句式;二是尽管文中有一些文言成分,但对于能看懂白话文的读者并不艰深。这篇序文虽有文言成分,但阅读起来并不困难,体现了文白并用文体的特点。

文白并用特别反应在应用文写作中。应用文重在应用,因此必须让人读懂,不可艰深,但又要求简洁明晰,不事雕琢,让读者一目了然,因此文白并用最适用于应用文写作。例如"澳门政府法令第5/98/M号 二月二日 第二章 第三条 有关公务通讯之规则":

(1)有许可权机关之据位人及有资格之工作人员经授权或授权签署后,方得以有关公共部门或公共机关之名义与其他实体进行公务通讯。

(2)信函内应载有签名、签名者姓名、签名者官职及有关卷宗之识别资料,并应指明答复中须注明该识别资料。

(3)部门或机构间、同一部门或机构之通讯或非秘密资讯之交流,如因通讯接收人、发送人或有关内容而不具公务通讯方式,则视为非正式接触。

(4)在选用上条所指一项或多项通讯方式时,应考虑下列一般原则:

a.采用针对个别情况行之有效且最经济之通讯方式;

b.采用相对有关内容最适当之通讯方式。

(5)每一部门或机构应对传真或电子邮件之使用以及资料之电脑传输作出规定,并应定出发送及接收资料之监督规则,且指定有关负责人员。

这一条款的语言特征是文白并用。文言的特征之一是单音节词多。本则公文具备单音节词多的特点,例如"及"(以及)、"经"(经过)、"或"(或者)、"方"(才能)、"应"(应当)、"并"(并且)、"须"(须要)、"如"(如果)、"因"(因为)、"具"(具备)、"则"(那就)、"且"(而且)。313个汉字没有一个白话"的",除了第(4)则"行之有效"中的"之"字作代词外,其余12个"之"字都可以转码为语体文的"的"字。

1992年澳门法律翻译办公室制定《关于法律中译本之一般用词及行文规范》。该规范提出的"最基本要求"有:

- 中文本须以良好、不流于俚俗的现代中文编写……
- 摒弃使用简化字。
- 最终的目的,是使法律的中文本具有真确性与可信性。

这就是说,"不流于俚俗"的目的是保证法律文本的"真确性与可信性"。该规范在"词及行文"部分提出"选用浅近文言、较古雅的用词"的标准,具体规定:

• "的"、"之":"之"字较为文雅,应将"的"一律改为"之"。

• "是"、"系"、"为"、"乃":"是"字较白话化,法律文本上应采用其余三字,其中以"为"及"系"字较常用。

• "为"、"为着"、"为了":"为了"乃白话,建议不用,其中用"为"又较"为着"为佳。

• 用"自……起",不用"从……起",因前者较雅。

• 表示副词之"地"字,不宜使用。

• 在条件句中,一般用"如……,则……。"方式之关联句来表示,因此,下两例均可改成上述形式。

a."在不抵触共和国宪法之情况下,则……。"

改为:"如不抵触共和国宪法,则……。"

b."当抵触情况涉及澳门地区时,则……。"

改为"如抵触情况涉及澳门地区,则……。"

• "者"字用作代词时,可代前项或范围。例如

a."尤其是有关许可权及代任制度方面"

"方面"可改为"者"。

b."属第一款 b 项之情况"

"之情况"可改为"者"。

第五章　澳门通行的书面语

　　•"目的在于"与"旨在":"旨在……"较文雅。
　　•"只"与"仅"两者有互通之处,然"仅"较文雅,法律条文多采用之。
　　……

　　这份《关于法律中译本之一般用词及行文规范》的主旨是主张以"文雅"的词语句式行文。这一主张代表着澳门写文章的人或书面语使用者的观点。
　　文言文、语体文、粤方言三种成分混合在一起形成"三及第文体"。三及第文体是澳门(以及香港)书面语的特色。例如:

　　有妇于弥留之际,仍不忘相夫教子而为联曰:"余今去矣,大丈夫何患无妻,异时重叶鸾占,莫对新妻谈故妇;儿可哀哉,小孩子终当有母,他日得蒙乌哺,须知继母即亲娘。"文字婉约,语句温馨,并不是简单的一句"I love You"可比拟。夫妻义重,母子情深,感人肺腑。
　　……
　　一个智力逊人的女子,四年前"无端端"怀孕,经手人饱食远扬,是标准的"酸姜竹"①。及后女子与另一男子结合,儿子出世,计算日了,男了知非己出之物,将之虐待。小孩子仅三岁余已遭推撞打踢,去年替孩子买了保险,更变本加厉,将他折磨至"意外死亡",企图骗取保险

---

①　酸姜,一种咸菜。叉酸姜的竹签叫酸姜竹,比喻用完即弃。此处喻指始乱终弃的男子。

赔偿。孩子的遭遇又岂止"骨消肌肉尽,体若枯树皮"呢!
诗曰:

> 死佬无心要造人,皆因欲焰火燃身。
> 尝完即弃酸姜竹,贴累随抛癸水巾①。
> 不幸初交逢冤鬼,何堪再结遇衰神。
> 谋财害命天良丧,为骗些微保险银。

(冬春轩《稚子何罪?》,《世说新声》,澳门日报出版社,2002年)

全篇基本上是语体文,但有明显的文言成分和方言成分,还有一句英文"I love You"。文言成分如"有妇于弥留之际,仍不忘相夫教子而为联曰",文言四字格的对仗、排比很多,如"文字婉约,语句温馨","夫妻义重,母子情深,感人肺腑"。结尾的律诗虽然有些粗俗,但却合辙押韵,粘对甚为工整。粤方言词如"无端端"、"酸姜竹"、"经手人"、"死佬"、"衰神"、"保险银"等等。

第三节 中文与英文并用

中文文章中掺杂英语的词句叫中英并用。掺杂的英文词句有多有少,少则几个词语,多则难辨文章的主体究竟是中文还是英文。当然这类文章的主体是中文,因为只有使用中文的人才会夹杂英文,没有看到使用英文的人夹杂大量的中文成分。例如:

---

① 月经带。

第五章 澳门通行的书面语

你现在 apply, sure you can enter College at fall quarter，因为 deadline 会在六月，TOEFL 500 分便 ok，SAT 都有用，可以带过来，它会用 SAT or ACT 的 score 来 judge your standard。虽然我 TOEFL 有 580 分，可以直接 apply U，但 College save much much money。同时，当我哋 finish 2 year College，transfer 到 U 之后，我哋 D GPA 由头计过，非常着数。皆因 GPA 跟你一世，读 master 都要靠它。在 orientation 里，有七八个人都特地从其他 U 转来读 De Anza, to save money and pursuit a better prospoct。

（高级程度会考得中文科得 A 级成绩之学生，转引自何添《粤方言词汇入文之再研究》，研讨会论文）

这段文章中有英文的单词如 apply、deadline、transfer、orientation 等；有英文的短语或句子如 sure you can enter College at fall quarter、College save much much money 等；常用词语常用英文的第一个音节，例如 U（大学，university 之省。另如 Ma 数学，mathematical 之省）；粤方言的虚词也常用英文字母代替，如 D 代"的"。全段意思连贯起来是：

你现在申请，秋天一定可以进大专，因为申请期限是在六月。托福只要有 500 分就可以了，SAT 也可以带过来，学校会用 SAT 或者 ACT（注：美国的两个大学入学试）的分数来评估你的水准。虽然我的托福有 580 分，可以直接申请大学，但是大专比大学要省很多很多钱。同时,当我们读完两年大专,转到大学之后,我们的 GPA (美国大学成绩平均分)会重新算起,非常划算,因为平均分会跟着你一辈子,申请读硕士也要靠它。在新生入学介绍时,有七八个人都是又为了省钱又为了追求更好的将来,特地从其他大学转来读 De Anza 大专的。

中英并用现象主要出现在香港,但对澳门有很大影响,澳门的中英并用现象可谓香港同类现象的延伸。同时,关于香港中英并用问题的讨论很多是在澳门进行的,两篇最具代表性的论文就是在澳门语言学会、澳门写作学会举行的研讨会上发表并刊登在澳门的书刊上:一篇是陈耀南《歪风卑格·中英夹杂——鸡尾文体的检讨》,该文在"语言风格学与翻译写作国际研讨会"上宣读,载于《语言风格论集》(程祥徽、黎运汉 1994);另一篇是黄坤尧《论港式中文》,该文在"语体与文体学术研讨会"宣读,载于《语体与文体》(程祥徽、林佐瀚 2000)。

陈耀南对中英并用基本取批评态度。他在《歪风卑格·中英夹杂——鸡尾文体的检讨》中先援引一段文字,然后加以评论:

"甲:我们接受的教育,是很 calculative 的。

乙:(抢着说)compulsory miseducation!

丙:假如一群大专生的喜好倾向,是一个或然率的分布——probability distribution,现在中间 mode 的人是多了——用统计术语,是 deviation 小,人都非常相似。比如说,衣着行为,越来越 kid 啦,等等。能够觉察到不当的,往往是不合模 non-model class 的人……(原文节

第五章　澳门通行的书面语

录)

　　这种中(或粤语或国语夹杂)英夹杂,很能代表香港一些文化特色的语言,有人名之为'香港话'。这种别具特色的话,有此地的教育圈、传播圈、洋行圈,以至一般所谓'高等华人'之中,最易听到。"

陈耀南称中英并用的问题为"香港话"。他对香港话持批评的态度。他说:

　　香港话的真正有用范围,其实是很狭窄的。……中英夹杂的香港话,不过是一泓死水——死水,因为它拒绝了用中文造词构句的活水源泉,在浮面上杂乱无章地洒上密麻麻的油星,结果既不能再涤洗心灵,更不能再营养生命,甚至似乎可以燃起一些新知识、新理念的火焰,也一瞬即灭,并不能真正生热发光。要水乳相融、要语言丰富,仍然靠的是翻译与消化。

黄坤尧对中英并用(包括粤普)文体为"港式中文"。他对港式中文的态度比较宽容。他认为"目前香港中文书面语亦分文、白两类:文即白话文,白是香港话,也就是港式中文。""所谓港式中文自以粤方言为基本架构,加上若干惯用的书面语字句及英语单词混杂而成。虽然谈不上规范,但推陈出新,有时也会显出特有的活力和神采,给读者带来惊喜,丰富中文的质感。"他分析了一些港式中文的例子,如:

(1) 驶乜争①呢！买多部"小画王"，冇人同你争睇精彩赛事。（引自《明报》Panasonic 乐声牌广告，1998 年 6 月 9 日）

(2) 百分百啱 feel——家中电视互动理财，感觉自在，百分百 enjoy 。（引自《东方日报》中银集团智达银行服务及互动电视广告，1998 年 6 月 1 日）

(3) 全城最 in，尽在 in circle。（引自租务代理广告）

(4) 海上荷李活，劲 show 不夜天。（引自邮轮广告）

4 个例句代表 4 个不同层次的港式中文，由低俗到高雅。其中"(1)用粗糙的粤方言口语，十分直接，要买就买，了无余味。(2)介绍互动理财概念，以中产阶级及专业人士为销售对象，所以引入简单的英文词语，多了些虚无缥缈的感觉，实际上完全不能提高产品的形象和品味，打动人心。(3)是中英夹杂的四言句，in 解作入时，这是时下年轻人最流行的术语，in circle 大概最适合销售新潮的衣饰日用产品。(4)是中英结合的五言联语，show 骚谐音最为传神；二句音韵铿锵，对仗工整，星光熠熠，写出诗意，刻意表现奢华的邮轮生活，颇能诱发读者的出海冲动。"（黄坤尧 2000）

澳门在接受英语（还有日语）影响方面几乎与香港同步，但不如香港那样丰富，也没有香港那样严重。在今天交通、传媒事业异常发达的情况下，澳门人看的是香港电视和香港报章，关心的是香港的股票行情和八卦新闻；行驶在港澳之间海面上的轮船比陆地上的公共汽车还要稠密，因此香港的中英夹杂现象会原封不动地

---

① 驶乜争：还要争什么呢？

第五章　澳门通行的书面语

移植到澳门来,例如澳门大学在学生会选举中出现的竞选纲领"极光阁七言绝纲":

学生会要为学生

一) Coin Phone 重开 IDD,唔驶思乡心思思。

二) Block3 增设小卖部,宿舍学生有着数。

三) 增设影印嘅服务,唔驶排队唔驶嘈。

四) 增加车位俾学生,架车唔驶泊后山。

五) 校庆怎能冇人知,举行 Bazaar Happy D。

六) 生产学生会物品,加强学生归属感。

七) 帮你买书 From 香港,绝对唔系口爽爽,悭悭埋埋买间厂。

八) 增加"实 Q"去行"必",单靠警方 Not So Fit。

九) 学生中心学生用,唔收费用唔抽佣。

十) 要求学校谂吓计,长期冻结贵学费。

十一) 要求校医多睇症,学生健康读书醒。

十二) 争取学制要统一,知道自己做紧乜。

十三) 争取学生知情权,皆因大家一条船。

十四) 要求校方同我倾,问题疑难一扫清,摊开嚟讲先至得,收收埋埋变抑郁。

十五) 班房分配均匀 D,唔驶迫到要就医。

十六) 重开澳大学生报,唔驶比人笑老土。

服务属会唔简单

一) 同 D 属会倾吓计,交流意见好宝贵。

二)属会不能"恰"and 屈,衷诚合作先至得。

三)摊位收入做基金,借钱唔会有纠纷,冇钱唔再系 Problem。

对外沟通唔系玩

一)联络澳门嘅大专,彼此距离不再远。

二)港澳ＳＵ大联盟,肯定我哋嘅身份。

这是一个竞选政纲,为了创造调侃、轻松、随和和亲切的气氛,以便贴近"选民",收取选票,故意用了很典型的粤方言和英语夹杂的大学生平时使用的语言。出现在纲领中的粤方言词有:

心思思:心神不宁。

有着数:得益。

嘅:的。

唔驶:不用。

嘈:吵闹、嘈杂。

俾:给。

泊:停车。

冇人知:没有人知道。

唔系口爽爽:不是油腔滑调。

D:粤方言"啲",相当于普通话"点儿"。

悭悭埋埋买间厂:粤方言俗语,一点点节省下来买间工厂。

摊开嚟讲:摊开来讲。

迫到要就医:挤得要看医生。

比人笑老土:被人笑土里土气。

第五章　澳门通行的书面语

谂吓计：想办法。

睇症：看病。

醒：聪明。

做紧乜：相当于"正在做什么"。

皆因：因为。在普通话中"皆因"是文言成分，在粤方言中作口语用。

收收埋埋：捂着，不摊开来说；

变抑郁：会生病，会发生问题。

班房：教室。

属会：下级机构。

"恰"：欺负。

屈：冤枉、委屈。

先至得：才是对的。

摊位：临时铺位。

我哋：我们。

夹杂在纲领中英语词有：

Coin Phone：投币电话。

IDD：国际长途电话。

Block3：三号楼（澳门大学一座建筑物，有教室也有学生宿舍）。

Bazaar：游园会。

Happy：快乐，高兴。

From：从……到……。

实 Q：security 的音译，保安。

行"必"：音译词，分班巡逻。
Not So Fit：不足够。
and：和。
Problem：问题。
S U：Student Union 缩写，学生会。

全篇转换为普通话是：

学生会要为学生

一）投币电话恢复国际线路，以免思念家乡心不宁。

二）三号楼增设小卖部，住校学生都得益。

三）增设影印的服务，不用排队不用吵。

四）增加车位给学生，车辆不用停后山。

五）校庆怎能没有学生参加，举办游园会让大家高兴点儿。

六）生产一些代表学生会的产品，加强同学们的归属感。

七）帮助同学去香港买书，绝对不是信口开河，一点点省下来可致富。

八）增加保安多巡逻，只靠警方不足够。

九）学生中心开放给学生用，不收费用也不赚佣金。

十）要求学校想办法，长期不增加学费。

十一）要求校医多安排时间看病，学生健康读书好。

十二）争取学制要统一，知道自己正在做什么。

十三）为学生争取知情权，因为大家都在同一条船上。

十四）要求学校多和学生会沟通,这样疑难问题都可以解决。有什么问题通过沟通才行,捂着反而会出问题。

十五）教室分配均匀点儿,学生不会被挤得要看医生。

十六）重办澳大学生报,不要被别人笑土气。

服务属会不简单

一）跟一些下级机构多商量,交流意见很宝贵。

二）不能欺负和冤枉下级机构,衷诚合作才对。

三）用临时铺位的收入做基金,借钱不会有纠纷,学会经费再不会有问题。

对外沟通并非闹着玩

一）联络澳门各大专院校,拉近彼此之间的距离。

二）港澳学生大联盟,肯定我们的身份。

第四节　葡式中文

在公文写作中,由于1992年以前葡文是唯一的官方语义,在立法、司法和政府行政运作中葡语一语独尊,影响非常深远,以致中文公文的写作也模仿葡文的格式,直译葡文的词语句式。大量的"中文"公文,其实先用葡文草拟,然后翻译过来;即使用中文起草公文,也摆脱不了葡文公文的语言模式。1999年澳门回归后,这种状况还没有彻底改变。回归后的葡语使用量在立法部门依然居于高位,大多数法律文件仍然是用葡文起草的。直到回归五周年前夕,用葡文起草的法规比用中文起草的法规多一倍以上。2004 年 11 月 25 日《澳门日报》公布的资料列表 39。

表 39　1999/12/20 至 2004/11/15 通过的法规(按年份)

年份	法律(指立法语文)			行政法规			总　数			经济	民生
	中文	葡文	总数	中文	葡文	总数	中文	葡文	总数		
20/12/1999 至 15/11/2004	34	42	76	84	106	190	118	148	266	97	41
1999	9	2	11	14	0	14	23	2	25	2	6
2000	8	5	13**	17	10	27	24	15	40	14	2
2001	6	13	19*	19	16	35	25	29	54	23	7
2002	4	6	10*	6	30	36	10	36	46	22	7
2003	4	9	13*	16	25	41	19	34	54	30	7
15/11/2004	3	7	10	12	22	37	15	32	47	6	12

**3 项由立法会草拟的法律(第 3/2000 号法律《立法会立法届及议员章程》;第 9/2000 号法律《科学技术纲要法》;第 11/2000 号法律《澳门特别行政区立法会组织法》)。

*1 项由立法会草拟的法律(第 6/2001 号法律《防止利用不可归责人士犯罪》;第 2/2002 号法律《修改第 6/96/N 号法律(妨害公共卫生及经济之违法行为之法制度)(黑店)》;第 10/2003 号法律《修改订定〈行政条件制度〉之十月二十六日第 47/98/M 号法令(网吧)》)。

以上材料表明,从 1999 年至 2001 年,用中文和葡文起草的法

第五章 澳门通行的书面语

律法规文件数大致相当，1999年用中文起草的文件甚至远远多于葡文。但是，从2002年以后，数量的对比发生了明显的变化。2002年中文文件数是9项，葡文的文件数是36项，葡文文件数是中文的4倍。到了2004年，法律方面由中文立法3条，而由葡文立的法有7条；行政法规方面中文立法12条，葡文有22条。中文立法的总数还不到葡文立法的一半。

葡式中文是受葡语影响，在用词、造句、行文等方面都好像是从葡文直截翻译来的中文作品，例如澳门民政总署盞立在大潭山郊野公园的宣传牌：

图3 大潭山郊野公园宣传牌

牌上的"宠物主人不即时清理被所陪同的宠物的排泄物污染的公共地方，可被罚款澳门币600元"就是典型的"葡式中文"。它的意思是：宠物主人须及时清理宠物的排泄物，否则可被罚款。市民不认同的是,"被所陪同的宠物"这个修饰成分。在使用汉语的人的观念中,"陪同"主人的应当是人而不是宠物,宠物是供主人"携带"的,只有"主人携带宠物",没有"宠物陪同主人"。再者,句中既有"宠物主人",宠物自然就是"陪同"主人的,完全可以省略"所陪同的"字样。宣传牌上的中文字样是葡文的硬译。

葡式中文按葡语的语言结构写作中文,使得写出来的中文不像中文,而像是葡文的翻译作品。同时它还掺杂一些英语的借词。这样一种文体大量存在于公文中。阅读这类中文要反复作句法分析才能领略语句的意思,经常要凭猜测才能领悟文意,严重时根本不知说了些什么。澳门人对这种语文现象十分厌烦甚至深恶痛绝,但对它的存在既无能为力又束手无策,这种现象还会继续下去。有立法议员认为:

> 本澳一些涉及使用中文范围的工作的确存在中文水平低,甚至葡式中文的严重问题。唐志坚指出,如公共行政方面起草的通知、通告乃至表格等,由于没有规范使用中文,导致用字不准确的现象,又如在法律法规上存在葡式中文,使人看不懂或难以理解。
>
> 唐志坚指出,这些问题的原因是由于主管部门采用了先用葡文起草及修订法律文件,然后再翻译成中文所导致。
>
> 唐志坚认为,由于本澳法律界欠缺双语人才,目前仍不具备用中文起草法律文件的条件,在一段时间内仍先以葡文起草法律文件然后再翻译成中文。……他认为本澳应成立法文学研究机构,不断加以研究,不断提高翻译

技巧使其适应现代的要求。在行政文件上,应该不断提升行文水平,分清公文文种,准确使用文字,行文应通俗。

("葡式中文令人难明 唐志坚盼速作改善",《新华澳报》2003年8月25日)

下面举三个葡式中文例子加以分析。

例1:"葡语大学协会第九届年会澳门之出席"

这是书店公开出售的一本正式出版物的书名,行文如同葡文的硬译,失去中文风格;规范中文的表述可以是"澳门代表出席葡语大学协会第九届年会"。

例2:

> 初级法院
> 公告
> 诉讼费用执行案第 PCT-127-01-2-A 号 第二庭请求执行人:检察院
> 被执行人:EUGENIO NOVIKOFF SALES,居住于澳门马六甲街澳门国际中心第七座2楼B座。
> 现公示传唤未为人所知悉,且以被查封财产作物之担保的债权人,在第二次刊登公告之日起二十日后的十五天内,提出清偿权要求。
> 被查封的不动产
> 独立单位名称:"B-2",2楼"B"。
> 所在楼宇坐落地点:澳门马六甲街124号澳门国际中心第七座。
> 用途:居住
> ……

这是一则刊登在(2003年7月28日《澳门日报》)上的法院公文。这则公告不仅行文别扭,而且叫人无法读通。有人批评其为"天书",建议修改为:"现公示传唤以下列被查封的不动产作担保的有关债权人,在第二次刊登公告之日起二十日后的十五天内,提出清偿债权要求。"修改者在修改前"反复研究多次都无法理解它的意思。后来我请教法务局的朋友,承蒙他的悉心解释和热情帮助,通过传真给我送来了'对债权人之传召及对债权之审定'的法律条文。经过认真地阅读和对照上述初级法院的公告","如果理解没有错误",才将这段天书作出修改。(冼为铿 2004)法律是写给普通市民看的。这样的法律行文起不到"公示"、"传唤"的作用。

例3:

一、澳门特别行政区公共行政的实体,包括临时市政机构及属法人机关或公共基金形式的公务法人,其工作人员在执行接待职务时必须识别其身份。

二、上述识别应至少透过工作人员的姓名为之,且为以两种正式语文登载其姓名。

三、在电话求助的情况下,接听之人员应透过其姓名及所担任的职务表明其身份,而不论是否正在执行接待职务。

四、本批示自二〇〇〇年三月一日起生效。

这是刊载于澳门《行政》杂志 2000 年第 47 期上的一则"批示",意思很简单,即规定公务员在执行任务时必须出示用中葡文书写的名牌,接听电话也应报告自己的姓名和职务。但它的行文有两处不当:一、"执行"的应当是"接待任务",不应当是"接待职务"。"任务"指责任范围内应做的事情,"职务"指一个人所居的职位,还指居于这个职位所应当做的事情。批示上的"工作人员"是"职务",这个职务所承担的"任务"之一是"接待",在执行接待任务时必须表明自己作为"工作人员"的身份,不执行接待任务时那就另当别论。二、"识别"的对象(语法上的宾语)是对方或第三者,"表明"、"表白"的对象才是自身。例如表明自己的身份,表白自己的心情。例如"总想对你表白,我的心情是多么豪迈"。批示第二条想说要用中葡两种文字写出工作人员的姓名。批示第三条可以删掉"透过其姓名及所担任的职务表明其身份"中的"透过"二字,将词序调整为"表明自己的姓名及所担任的职务"。思放先生为文批评了这份"批示",怀疑它是否先由葡文起草而后翻译成中文。(思放"葡式中文 半通不通",《澳门日报》2000年9月6日)另外有人"同样感觉到,如果这份'批示'果真先用葡文起草,而后翻译成中文,那当然是不恰当的;但如果是用中文直接写出来的,那更说明葡文公文的写法不仅侵袭了中文公文的肌肤,而且渗透了中文公文的内脏"。(程祥徽 2001)

葡式中文现象主要存在于用中文写的公文文体中。这是因为在回归前的长时期内,法律是用葡文写成的,司法语言是葡语,政府行政语文也都是葡文。中国人参与立法、司法和政府行政工作,必须以掌握葡语文为前提,除非从事可以不具备葡语文能力的工作,例如政府部门的低层杂工等等。但是,澳门毕竟是中国人为主体的社会,法律和政府行政不可以完全摈弃中文,葡文文件有必要翻译成为中文,特别是在20世纪90年代初中葡两国政府确定了中文也是官方语文后,葡文法律和葡文文件加快了翻译的进度。限于法律文体的特点和翻译人员的语文水平,翻译常常采取硬译的方式,尤其是法律翻译,硬译是最保险的一种翻译,久而久之,法律式的硬译进入公文写作,以至于用中文写的文件也难免带有葡文翻译的色彩,而且这种翻译式的中文成了被认可的中文。在回归前的长时期内，公文的起草人习惯于用这种中文写作，各个层次的领导人也习惯于看这种语文的公文，进而要求用这种语文写作公文，或者说要求公文具备这种行文风格。回归后葡式中文还有很大的市场，因为从旧政府过渡来的公务员没有摆脱过去语文的影响。

澳门的公文改革有很多事情要做，例如确定公文的种类、统一公文的格式等等；但首先要做的事是归纳公文中葡式中文的类型，让语用者得知什么是葡式中文，同时找出葡式中文泛滥的原因，铲除产生葡式中文的土壤；在途径方面，要尽早结束只用葡语立法而后翻译成中文的局面，走双语立法的道路，继而实现用中文为特区制订法律。因此，我们认为，改进澳门中文公文的写作须从以下四方面着手，而其重点是语言的改进。

壹　确定公文种类

改进澳门公文写作首先要检讨公文种类。

各中文地区的公文种类差别很大，分述如下：

内地。1951年中央人民政府政务院颁发了《公文处理暂行办法》，把公文种类分为7类12种；1987年颁布了《国家行政机关公文处理办法》，把公文分为10类15种；1993年中华人民共和国国务院办公厅修订的《国家行政机关公文处理办法》规定公文共有13种，即：命令（令）、议案、决定、公告、通告、通知、通报、报告、意见、请示、批覆、函、会议纪要。

台湾。台湾1973年公布《公文程序条例》和《文书处理手册》，规定公文分为6大类22种。6大类是：令、咨、呈、公告、函和其他；其他类包括书函和表格化公文两类。书函又分便函和备忘录；

表格化公文包括开会通知单、电话记录及简便行文表。此外还有手令、手谕、签、报告、签函、便签、聘书、证明书、聘/雇契约书、提案、记录节略等等。

香港。1997年香港法定语文事务署制定《政府公文写作手册》,规定政府通用的公文有公函、政府宪报公告、便笺、通告类文书、会议文书、录事和档案纪要等6类。通告类包括布告、通告、公告,公告分宪报公告与非宪报公告2类;会议文书包括会议通知、会议议程以及会议记录。

1999年回归前澳葡政府的行政公文分为2类10种。

知照类公文:通告、公告、布告、告示、法律、法令、训令、批示、批示纲要、决议。知照类公文一般涉及公众事务的事项和措施。例如:工程招标、土地拍卖、税项征收、交通改道措施等,要求受文对象知悉、执行或遵守。

指挥类公文:法律、法令、训令、批示、批示纲要、决议。指挥类公文是公共机关发布给下级机关的法规和规章,一般是具有强制性或约束力。

澳门回归后,公文改革成为特区政府十分紧迫的任务,行政暨公职局于2000年8月公布《中文公文写作手册》(试行本),将常用的公文分为18类:公函、报告、请示、建议书、请示/建议书、传阅通知、传阅函、公告、通告、通知、布告、内部通告、内部通知、工作令、备忘录、召集书、会议记录、请柬,并就格式问题、语言问题等制定了初步的规范。

回归后澳门的公文写作主要向内地倾斜。澳门的中文公文在文种方面与内地公文既有差异,也存在相通之处。例如:

(1)文种名称不同,适用范围基本相同。例如下级部门请求上级部门给予答复内地叫"请示",澳门叫"报告书";上级部门答复下级部门的请求性文书内地叫"批复",澳门叫"批示"。

(2)文种名称相同,所指范围不同。例如"函",在内地主要用于"不相隶属的机关之间";在澳门,"函"的适用范围很广,市民对政府、政府对市民以及平行机构之间都可以用函。

(3)内地常用澳门不常用的文种,或澳门常用内地不常用的文种。例如内地常用"简报"、"决定",澳门不常用;澳门常用"备忘"、"传阅函",内地不常用。

贰 统一公文格式

澳门公文格式繁多,既有中国式,又有葡国式,还有中葡夹杂式。目前的情况是公文格式尚未统一,仅以落款为例,就五花八门:有些落在公文的开头,有些落在结尾,有些落在成文日期前面,有些落在成文日期之后,横书的公文落款有落在左边的,有落在右边的,还有落在中间的。仅以公文的文种名称、开头、结尾为例,登载在《澳门日报》上的政府部门"公告"就很不统一。

《澳门日报》"法院通告专栏"登载的"初级法院公告",落款也各不相同:

①(空一格,在法官签名上面)澳门特别行政区,于二〇〇三年七月三日

②(空一格,在法官签名上面)二〇〇三年六月十二日于澳门

③(空一格,在法官签名上面)二〇〇三年六月二十日

④二〇〇三年六月六日于澳门(置中,在法官签名上面)

⑤二〇〇三年六月二十日(置中,在法官签名上面)

⑥(空一格,在法官签名上面)澳门特别行政区,二〇〇三年

六月十三日

⑦2003年06月03日于澳门特别行政区(置中,在法官签名上面)

⑧(空一格,在法官签名上面)澳门特别行政区于二〇〇三年五月二十三日

⑨(顶格,在法官签名下面)二〇〇三年五月二十六日

格式在公文写作中占重要地位。"公文是一种以说明为主,兼有叙述、议论成分的应用文体,具有特定的格式,在特定的范围中使用。"(刘孟宇《写作大要》,中山大学出版社,1984年10月)各地公文格式不尽相同,以"公函"为例,香港法定语文事务署规定"公函"的常用称谓"应平实得体,切合身份,不宜过分客套或谦卑",还规定某些特殊的称谓如"需要详列收信人的勋衔/荣衔时,勋衔/荣衔的部分可用英文缩写语写出来"。公函的格式一般是在开头第一行列举"本署档号",第二行列举"来函档号"。(香港法定语文事务署《政府公文写作手册》)

叁　改进公文语言

改进澳门公文写作要检讨公文语言的运用。澳门中文公文的语言存在的问题有:

(1)搭配不当,逻辑欠妥。如句子成分的搭配不符合汉语规则。例如

a."本案有关详情载于起诉状内,其复本存于本法院第四法庭供索阅,否则,如不作为,案卷将作缺席审理,直至完结。"(初级法院公告,《澳门日报》2003年7月14日)

b."卷宗将在被告人缺席下继续其余程序,而为一切效力,由

检察院代理。"(初级法院公告,《澳门日报》2003年7月14日)

c."卷宗将在其缺席的情况下继续进行直至终结。"(初级法院公告,《澳门日报》2004年7月9日)

上面三个句子"案卷"、"卷宗"是主语,谓语分别是"作缺席审理"、"继续"和"继续进行"。它们的主语不能与谓语搭配。此外,"如不作为"、"而为一切效力"都不易理解或根本不能理解。又如:"进行直接搜集资料的工作人员必须严格保守职业上的秘密,不得以个人身份泄露统计资料。"不以"个人身份",当然可用"集体名义"。但是用集体名义就不是"泄露"而是"公布",这个句子用词不当,逻辑欠妥。(程祥徽 2001)再如:

"在终止上述期限,如被通传人没有出席本厅,则将进行诉讼。"此句介词短语"在……"缺一个"内"字;"没有出席本厅"意思是"来本厅报到";"进行诉讼",谁诉讼谁?按照文意,是被传通人被诉讼。冼为铿将全句改为"在上述期限内,如被通传人不前来本厅报到,则将被起诉"。

(2)不用现成词语,不知所云何事。如《澳门日报》"法院通告专栏"经常出现以下难于理解的词语:"被声请人"、"被执行人"、"不能作出行为人的财产保佐案","现为产生一切的效力声明其为登记局登记'观音堂慈善值理会'名下产业之唯一业权人"。

"鉴于××法令所订有需要对普查资料收集的参与人员设立工作证。""普查资料收集的参与人员"似乎就是"参与收集普查资料的人员"。"设立工作证"应改为"制作工作证"。这类问题有些涉及法律的特定用语,也还是有可能作一些必要的改进的。

最为澳门市民反感的有"消灭"一词,用在"消灭文件"、"消灭决定"上始终不像中文,例如:"根据《行政程序法典》第一百○三条第二款 a 项规定,消灭有关续期程序,同时,根据同一法典第九十九条之规定,宣告取消第 150/97 号行政准照。"(《澳门日报》2003年 6 月 12 日)思放提议将"消灭有关续期程序"改为"终止有关续期的程序"。(思放"葡式中文第九例",《澳门日报》2003 年 7 月 5日)再如:

"现公示传唤未为人所知悉、且以被查封财产作物之担保的债权人,在第二次刊登公告之日起二十日后的十五日内,提出清偿债权要求。"(初级法院公告,《澳门日报》2003 年 7 月 28 日)思放经向法务局查询后改写为"现公示传唤以下列被查封的不动产作担保的有关债权人,在第二次刊登公告之日起二十日后的十五日内,提出清偿债权要求。"(思放"葡式中文第十例",《澳门日报》2003年 8 月 8 日)

(3)不注意词语的色彩意义。澳门回归前有两份法律文件:《澳门宪章》和《道路法典》。使用"宪章"、"法典"这两个词曾引发市民的强烈反对。意见集中在"宪章"和"法典"在中文里色彩庄重,应与风格相近的词语配合,发生在澳门的事再大,也进不了"宪章";"道路"的事再大,也不能进入"法典"。翻译者认为,按葡文的原文,使用"宪章"、"法典"一点也没错。这样的问题不是法律起草人的问题,也不是翻译者的问题,批评者的意见也是正确的。问题出在民族风格上。每种语言都有它自己的特征,不能被其他语言翻译出来的东西是大量存在的,正是这些翻译不出的东西,形成该语言的民族特点。在民众反对下,"澳门宪章"终于改称"澳门组织章程","道路法典"依然还是"法典"。解决问题的唯一途径是实行中葡双语立法,如果直接用中文布局,用中文表述,必然会为更多的读者理解,不会引来强烈的非议。

(4)不注意词性、词义的区别,不注意语体色彩的谐调。如:

"在告示期间届满二十日内"、"在该告示期届满后的十五天期间内"、"在公告期完结后,期限十天内"。(法院通告专栏,《澳门日报》2003年7月5日)这三例中的"期"、"期间"、"期限"是应该有分别的,运用的场合也应有分别。第一例"期间"用错,应改为"期";第二例"期"和"期间"用法是对的;第三例"期限"又用错了,"期限"可以改为"限期",整句改为"限期十天"。

"这告示是指明我们公司前任财务专员×××已不是我们公司的雇员。"这个句子过于通俗,缺少了庄重,不似公文语体,可以改为"本告示表明×××不再是本公司财务专员。"(程祥徽2001)又如:

"本行于本月五日发生劫案,当时曾对一名移民局警员发生误会。后证实与该案无关。特登报向该移民警员道歉。"意思可以猜想出来,但语句不顺畅。(程祥徽2001)再如:

"……观音堂慈善值理会现作出声明若以伪造授权书作出之登记及卖买因司法诉讼完结时所引至(按:应为致)之损失观音堂慈善值理会一概不负责。"(《澳门日报》2003年7月14日)啰唆拖沓,不符公文写作的简洁原则。

(5)标点不符合中文习惯。如:

"押票银为葡币贰万圆,可入帐于新马路大西洋银行总行之澳门政府帐户或以银行担保信。""以银行担保信"后面是句号,但实在不知所云。(程祥徽2001)又如:

"为防范个别人士讹称为财政局职员,藉词给予税务优惠索取茶钱。现本局谨提醒各位市民:……""为……"是目的状语,不能用句号断开,应当改为逗号。最令中文使用者不习惯的是,大量公

文以"基于此;"独立为一个段落。如:

......

因此,根据上述法令的规定,也为了培养电子商贸领域的专业人士,电子商贸科学硕士学位课程的学习计划已由澳门大学教务委员会审议。

基于此;

在澳门大学的建议下;

社会文化司司长行使《澳门特别行政区基本法》第六十四条赋予的职权……

(第82/2000号社会文化司司长批示)

除此之外,重复拖沓、多余的修饰不一而足。重复拖沓如:"由本告示刊登后第一个工作天起计算之八天之期限内,为个案编号……及……之劳资纠纷进行自愿更正违例"。多余的修饰如:"有关不执行罚则之存款凭单及所欠工人三拾陆万玖仟零捌拾捌元款项之计算表,应于正常办公时间内于稽查厅提取,及可于本局查阅有关之个案。"此句"正常办公时间"多了"正常",冼为铿将整句改为"有关不执行罚则之存款凭单及所欠工人叁拾陆万玖仟零捌拾捌元款项之计算表,应于办公时间内于稽查厅提取,有关档案可到本局查阅。"(冼为铿 2004)

肆 实现双语立法

澳门中文公文存在的根本问题是构思文本时的思维习惯问题,也就是用什么语文打腹稿的问题。回归前,公文是用葡文写成的,所谓中文公文都是从葡文翻译过来的;即使真的是用中文写的公文,也是按葡文公文的格式写成的。政府部门和立法、司法机构完全习惯了这种格式,以至形成了一种观念,即只要掌握了公文格式,照猫画虎就能写出合乎要求的公文。

我们认为,彻底改变用"葡式中文"写公文的现状,根本之点是培训文件起草人用中文构思公文,或者说用中文打公文的腹稿。为了实现这个目标,还必须通过"双语立法"的途径,同时加大中文培训的力度。在当前情况下,一方面我们应该下大力气,培养高水准的翻译员;同时,鼓励现有的公务员积极参加中文的进修。另一方面,要真正从中小学甚至幼稚园的基础语文教学抓起,努力提高澳门年轻一代的中文基础语文水准,从小培养他们正确规范地用现代汉语进行书面表达的习惯,最终才能提高全社会的中文写作水准,才能长远地根本地解决政府公文中存在的语言问题。

有识者早在回归前就已经争取双语立法、双语书写公文的权利,改变先以葡语立法,然后翻译成中文,如果译文与原文发生冲突概以葡语为准的不公平现象。(以葡文为准的文件见《法令草案》第一一/八九/M号,第一条"三、倘葡文本与中文译本或中文本在理解上遇有疑义时,则以葡文本为准。")双语立法是指公文起草人在同一个主题的规定下,分别写成中文和葡文,两个文种的法律具有同等的法律效力。

澳门是中国的一个特区,顺理成章地要以中文为公文写作的语言,这是毋庸置疑的。然而根据澳门的实际情况,这一目标不可能一蹴即就,通过双语立法而实现用中文立法和用纯正的中文写作公文将是一条必经之路。

第六章 澳门的专名语言

在澳门的语言生活中,土生葡人的中文姓名和城市街道的命名突出地显现中葡两种语言、两种文化交融的特色,值得用社会语言学的方法进行深入的研究。我们把这两种语用现象归在"专名语言"中加以论述。

第一节 土生葡人的中文姓名

作为一个特殊的族群,澳门土生葡人都有葡语姓名;随着历史的发展,特别是因为社会环境发生变化,他们逐渐有了中文姓名。为调查澳门土生在命名问题上表现出的独有的特征,我们共发出300份中文问卷,收回225份,其中男性104人,女性117人,4人未填性别。年龄方面小于18岁1人,19至38岁160人,39至58岁57人。成功率占75%。这是一个令人满意的数字,因为土生葡人很多不识中文,即使认识一些汉字,很多都不能达到读懂和填写中文问卷的水平。他们语言的使用能力大致可分以下三种类型:

(1)葡汉(粤方言)两种语言皆通,是典型的双语人。
(2)只会葡语,不会汉语。

(3) 普遍地只会语言不会汉字。

面对这种对象,调查非常难进行。在收回的 225 份问卷中,并不是每道问题都作出了回答,因此文中资料必然出现以下现象:每一个小项的数字总和并不相同(a 项总和可能是 201,而 b 项总和可能是 212),每个小项中的数字相加也不会是问卷的总数。我们只能在每项内部统计百分比。例如 80 年代起汉名者占全部有汉名者的百分之多少。

壹　姓名的语言选择

土生葡人现在大多数都有中文姓名。在被调查的问卷中,有中文姓名者 195 人,占调查总人数的 87%,无中文姓名者只有 17 人,占 7%。今天大多数的土生葡人同时拥有葡中两个名字。调查所得同时拥有葡中两个名字者占绝大多数,有 175 人,占总调查人数的 77%;极个别的土生葡人只有葡文名而不知有无中文名,或者只有中文名而无葡文名。例如:一个自幼学习葡文的土生葡人只有中文名而无葡文名。(此人属于没有葡萄牙血统的澳门土生)

在收回的全部问卷中,姓名用语的情况见表 40。

表 40　土生葡人双语姓名统计

	有葡文名(人)	无葡文名(人)	不知有无葡文名(人)	总计(人)
有中文名	175	2	18	195
无中文名	17	0	0	17
不知有无中文名	7	0	6	13
总计	199	2	24	225

第六章　澳门的专名语言

土生葡人不是一开始就有中文姓名的。时间越往前推,土生葡人有中文姓名者越少。如果追溯前两辈,拥有中文姓名的土生葡人远远不如今天这么多。

表41　土生葡人前两辈双语姓名状况

	祖父(人)	祖母(人)	父亲(人)	母亲(人)
葡籍	115	45	56	14
中国籍	34	107	32	111
土生	64	50	13	92
其他	8	17	3	5
不清楚或未填写	4	6	121	3
有葡文名	118	98	154	143
无葡文名	12	16	6	9
不清楚有无葡文名	4	5	0	0
有中文名	22	30	68	94
无中文名	72	45	49	30
不清楚有无中文名	12	19	5	2

如果拿祖孙三代拥有中文姓名的比例看,土生葡人中文姓名逐渐增多的情况就更加清楚:

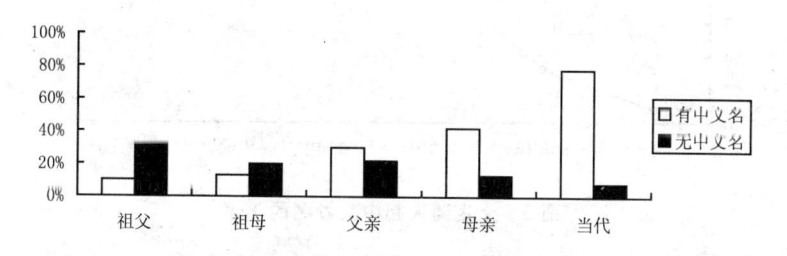

图4　土生葡人祖孙三代中文姓名的比例

图表显示,祖父有中文名者少于无中文名者,父亲有中文名者略多于无中文名者,当代有中文名者却大大超过无中文名者。这里还存在性别的差异,从比例上看,男性拥有葡文名者总比女性为多,女性拥有中文名者却比男性多,年龄越老越是这样。"有中文名"栏下女性比男性多;"无中文名"栏下相反,男性比例却比女性高得多。这是因为早期来到澳门的葡萄牙人居于统治者地位,他们的男性通常娶被统治的中国女性为妻,因而女性的中文名远比男性的中文名多。

20世纪中期以后,土生葡人起中文名的风气逐渐形成。40至50年代起中文名只有2人;60年代有8人;70年代有23人;80年代有46人;90年代有43人;2000年有7人。如果把这个资料列成比例图,就会看到由低向高急升和从高处向下直落的走向。见图5。

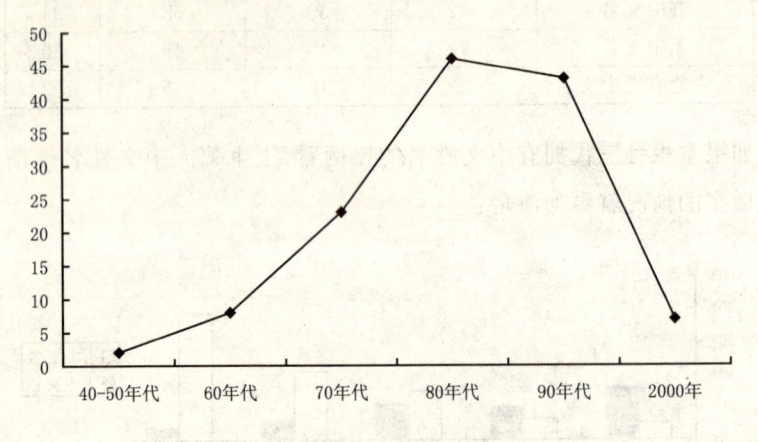

图5 土生葡人起中文姓名的年代

土生葡人在葡萄牙势力强大的年代使用葡文名字的多;当回归形势不可逆转时认同中文姓名的数据逐渐增多。数据显示,起

第六章 澳门的专名语言

中文名在20世纪70年代开始酝酿高潮,80年代和90年代高潮正式出现,这显然与澳门社会的发展有直接关系。我们的调查对象有如下一组数据:18至39岁年龄段160人,39至58年龄段57人,两者共217人,占被调查人数的99%。这些人都出生于1983年以前,其中绝大多数不是在出生前或出生时起名的,而是在出生后起名的。1987年4月13日,中葡两国政府签署关于澳门问题的联合声明,确认中华人民共和国政府于1999年12月20日恢复对澳门行使主权。政权的回归向在澳门生活的土生葡人提出严峻的课题,要他们在认同的问题上作出明确的选择。正是在这样的年代,彷徨的土生葡人以起一个中文名字的方式表达了他们对中国的认同。40至50年代土生葡人起中文名者只有2人,说明当时的中国政府对澳门地区没有什么影响,有无中文名丝毫不影响他们的生存;2000年土生葡人起中文名者又少了下来,大概因为历史的选择已经过去,该起中文名者已都起了。

土生葡人中文姓名的特征。

不同民族、不同国度有不同的命名方式。一个人的姓名(N)与所指的人(P)发生关系,而姓名由F(形式)和C(含义)两部分构成。比较而言,汉族姓名比较注重姓名的含义。有学者将姓名的表现形式归纳为三种模式:[①]

[①] 楼光庆"从姓名看社会和文化",载《文化与交际》,外语教学与研究出版社,1998年。英文缩写所指是:N=姓名(Name),F=形式(Form),C=含义(Content),P=所指的人(Person),NF=姓名的形式,S=姓(Surname),G=名(Given Name),X=第一可变成分,Y=第二可变成分,( )=内含非强制成分,U=字(Usual Given Name),L=号(Literary Name or Nickname),{=任选一个,但是是强制成分。

NF1→ S +(X) + G

NF2→ G +(X) + S

NF3→ G +(X) +(Y)

这里 S 指姓，G 指名。这样，汉族姓名的模式是：

NF1→ S +(X) + G

(X)是零形式。例如马志远、程千里：马、程是 S；志远、千里是 G。在排列上是 S 在前，G 在后。这是典型的中文姓名的格式。由 NF1 又可以延伸为 NF4：

$$NF4 \rightarrow S \rightarrow + \{ U \begin{matrix} G \\ L \end{matrix}$$

这里的 G 仍然指名，U 指字，L 指号。古人尤其是古代文人，除了名还有字，有的还有号，例如苏轼，名轼，字子瞻，号东坡居士。现在的中国人一般只有名而没有字、号了。文人雅士和年纪稍长一些的人也还有不少有字，例如王力先生字了一。上面公式中 G U L 前面的大括号表示"任选"，有的 G U L 三者都有，有的是 G U 或 G L，G 是一定不可少的。

澳门土生葡人用中文命名，基本按照中文姓名的格式，但没有中国人命名那么严谨。NF1→ S +(X) + G 的基本格式他们是一定要遵守的，也就是说，土生葡人的中文姓名也是姓在前、名在后。他们本来没有中文姓，也要按中文姓名的格式加上一个，还偏偏找的是常见的姓。例如前澳门海岛市议会议员邓华礼，葡文原名 Eduardo Francisco Tavares，"Tavares"音译应当是"塔法里斯"或"达法里斯"（葡语清辅音不送气），是他本人的姓。因为邓是澳门的一个大姓，所以音译成姓"邓"。名字也按中国习惯，用的是有意义的字眼"华礼"。从这个姓名里还可以看到土生葡人在给自己起名时,也很注意C(含义)与P(所指的人)之间的隐藏关系。这正是中国姓名学里特别讲究的地方。

澳门保留传统较多,一些中国人的家庭还按族谱排列辈分,例如名门马家儿子辈带一个"有"字,孙子辈带一个"志"字。名门何家有"鸿"字辈和"猷"字辈。这也给土生葡人很大影响。一些土生家庭逐渐有了固定的中文姓氏,例如姓马、姓麦、姓贾、姓毕等等;他们的下一代更有表辈分排名的趋势,例如一个麦姓家庭男性有"健"字辈,郭姓家庭有"良"字辈,梁姓家庭女性有"容"字辈,贾姓家庭女性有"嘉"字辈;有的土生家庭男性、女性都属"秉"字辈,但用性别化的汉字表示出不同的性别,例如"秉强"表男性,"秉仪"表女性;有的土生家庭男性有男性的字辈,女性有女性的字辈。这说明中华文化对土生葡人产生了影响。

我们还注意到,土生葡人给自己起中文姓名,一方面尽量追随中文命名的手法,另一方面又有许多自身的特点。这些特点可归纳为音译性和随意性。

音译性是指土生葡人的中文姓名是直接从葡文姓名音译过来的。很多时候只是用好听的中国字音译他们的葡文名字。在我们收回的问卷中,109个土生葡人的中文姓名是音译的,共占60%。有些音译的姓名在写法上透过形声字的形符表现汉字的表意性的特色,例如Santos用在女子身上叫珊桃丝,用在男子身上叫山度士。

葡文名字的结构与中文不同,土生葡人在用音译法起中文姓名时常常用他的姓或者名,译作三个字或两个字,其中第一个字好像是他的中国姓,后面的字好像是他的名。例如前面说的那位邓华礼,Tavares是他的葡文名字的姓,音译为邓华礼,好像此人姓邓名华礼。调查得来的姓名中有这样一个颇具匠心的杰作:他的葡文名字叫 Luis Filipo Vong Cordeiro,中文姓名叫杨路易,显然是个音译名,但除了路易是由 Luis 翻译而来的,杨字是从哪里来的呢?原来他母亲是中国人,姓黄,葡文转写为 Vong;父亲是葡国人,姓 Cordeiro,中文意思是小羊(粤方言叫羊仔),本来他们孩子的中文姓名应当叫羊路易(意译加音译),但中国人姓羊的不多,姓杨的不少,于是母亲替父亲改作杨姓,儿子叫杨路易。

随意性是随意为之。例如出生时正挂八号风球,台风名字"雪丽"变成了孩子的中文名;也有受中国文化感染的表意现象,有的甚至还会找中国的风水先生命名,比如缺水的取水字边的汉字为名,或者纪念某人、某事等等,共有 74 人,占 40%。表 42 归纳了问卷调查的土生葡人中文姓名的由来,表 43 表示了这些人起名的时间和目的,这两个表也说明了土生葡人中文命名的随意性。

表 42　土生葡人中文姓名的由来

起　名　者	人　数(人)	所占比例(%)
父母	57	34.5
自己	43	26.1
朋友	29	17.6
其他长辈	16	9.7
老师	16	9.7
他人	4	2.4

土生葡人的中文名字有出生时起的;有入学校时起的;有为了申领回乡证起的;还有人是为了看中医时起的。

第六章　澳门的专名语言

表43　起中文姓名的时间或原因

起中文姓名的时间或原因	人数（人）
出生时	18
入学在校时	8
申领回乡证时	3
为方便看中医	1

通过土生葡人姓氏的调查，我们可以看到：土生葡人是澳门社会的一个特殊的族群。这个族群在澳门社会徘徊，一方面留恋自己出身的那个民族，一方面又始终跳不出现实生活的圈子，脱离不开此时此地的生活环境，无论在经济生活还是文化生活上，他们都受这个社会的影响、感染、熏陶，甚至同化。这些矛盾在上述调查资料中充分地表露了出来。

贰　签名呼名的语文选择

现代土生葡人绝大多数同时有葡文名和中文名，但在实际的语言生活中，两个名字的使用频率却不同。生活在澳门的土生葡人虽然具有先天的双重身份，但他们的价值取向一直是葡萄牙文化。可是，他们尽管自称葡萄牙人，葡萄牙本土人和澳门的中国人却都认为他们是外国人。葡国学者巴塔亚说："澳门土生葡人一般都具有中国血统，但是他们自己不认为，也不被中国人认为是中国人。"（巴塔业 1994）土生葡人的文化归属在两种姓名的使用上反映的非常突出：在实际的日常生活中，他们摆脱不了华人生活方式和中国文化的影响；在正式场合，他们自称葡萄牙人的情况较多，因此在书面的签名或口头的呼名中多用葡文姓名，表明自己是葡萄牙的后代。

调查所得,绝大部分土生葡人使用葡文签名,有 182 人,占调查总人数的 56.6%,只有 2% 使用中文。他们认为葡文名是他们的正式名字,具有法律效力;中文名只是需要时才用,没有法律效果。也有人认为中文字写得不漂亮,签葡文名容易而且方便。两者都会使用的占 1%。称呼姓名也以葡文名为多,用葡文者有 139 人,占 43%,用中文者只有 11 人。他们感到葡文名好听、自然;中文名字多以匿称"阿强"、"阿辉"、"阿杰"之类的形式出现。中、葡姓名都习惯称呼的为 9%。见表 44。

表 44 签名和呼名的语文选择

	签名(人)	呼名(人)	总计(人)
葡文	182	139	321
中文	7	11	18
两可	4	30	34

第二节 澳门街道的中文名称

澳门由于是葡萄牙曾经占领过的中国领土,街道名称上深深地留下了中葡两种文化以及它们之间相互影响的痕迹。因此澳门街道名称的研究成了澳门社会语言学的一个重要内容。

这里首先要交代本节研究的步骤:

(1)全面收集这个城市的所有街名,尽量做到有名必录,中文名、葡文名并录。有代表性的街名摄影录像作为论述的依据。就我们的视野所及,目前还没有一份街名资料收录了澳门的全部街名。

第六章 澳门的专名语言 217

2003年8月澳门日报社出版的《澳门手册》列出的街名只有734条。澳门民政总署统计的街道数目比较精确,计有1 204条,但仍然没能囊括全部。最新的数字是澳门特别行政区民政总署2003年12月出版的《街道》,共收入1 282条街名。街道数目是个发展的概念,数目固定只是一瞬间的,街道数目处于不变的状态中。[①]

(2)针对上述搜集所得资料进行梳理,确定从两个不同的视角进行分析论证:语言结构的视角和文化解读的视角。这两个视角有时很难截然分开。

需要说明的是,澳门街名在语文表述上有中文和葡文两种形态。两种语文之间的关系不是完全对应的,即不是每一条街名都可以互相翻译;不少街名是"各自表述"。例如:有些街名在中文里是人名,在葡文里不是人名,葡文街名 Travessa da Porta,Porta 的意思是"门";这条街的中文名却是"赵家巷";有些街名又因文字的表面相似而难以取决它属于何种语文,例如"马博士巷",这位博士不是中国姓马的博士,而是葡萄牙的 Dr. Lourenco Pereira Marques。又如现已不存在的"白志高街"是用葡国人 Domingos Clemente Pacheco 命名的。本书研究澳门的"中文街名",对象集中于中文方面。

[①] 例如本书在写作过程中,报纸发布消息"林茂塘三街创名";民政总署管理委员会昨日通过命名林茂塘三条新建街道,配合该区新落成楼宇门牌发放工作。有关街道属花王堂区,具体位于林茂塘临时休憩区附近,介乎林茂海边大马路与沙梨头海边大马路之间,其命名如下:(1)林茂海边街,葡文为 Rua Marginal do Lam Mau,范围由林茂海边大马路起至罅些喇海军上将巷止;(2)林茂海边巷,葡文为 Travessa Marginal do Lam Mau,范围由沙梨头海边大马路起至林茂海边大马路止,正对船澳街;(3)游艇会巷,葡文为 Travessa do Clube de Lates,范围由沙梨头海边大马路起至林茂海边大马路止。载于《澳门日报》2003年11月15日。

壹 澳门街名的特点

从语言学角度看澳门街名,澳门街名由专名和通名两部分组成。

公式:中文街名 = 专名＋通名

例如: 渔翁街 = 渔翁＋街

东望洋新街 = 东望洋＋新街

专名可以扩充,通名也可以扩充,例如"东望洋新街","东望洋"是"望洋"的扩充,"新街"是"街"的扩充。扩充可以不止一次,"马场东大马路"的通名就有"马""大""东"三次扩充。

通名是街名的归类。本文先从街道通名说起。

一、澳门街道的通名

各类街道的中文通名有 25 种(不包括别名)。这 25 类街道中文通名的具体数目和举例见表 45:

表 45 中文街道通名数目及举例

编号	通名	数目	例
1	社	1	聚龙旧社
2	道	1	运动场道
3	梯	1	跛脚梯
4	腰	1	亚马喇土腰
5	尾	1	松树尾
6	地	1	打缆地
7	公地	1	水泉公地
8	坊	1	丛庆坊

第六章 澳门的专名语言

(续)

9	公路	2	七潭公路、路氹连贯公路
10	斜路	3	得胜斜路、酒店斜路、天文台斜路
11	石级	5	田螺石级、沙梨头石级、太和石级、灰炉石级、小山石级
12	斜坡	7	望厦炮台斜坡、妈阁斜坡、东望洋斜坡
13	广场	8	宋玉生广场、莲花广场、友谊广场、如意广场、关闸广场、永宁广场
14	台	10	明珠台、连胜台、和平台、富运台、渡船台、罗利老台
15	村	10	卓家村、三家村、田畔村、白粉村、黑沙村、祐汉新村
16	路	25	学院路、陆军路、体育路、莲花路、菜园路
17	圆形地	25	亚利雅架圆形地、鲍思高圆形地、南湾圆形地、运动场圆形地、飞机场圆形地
18	斜巷	38	西望洋斜巷、大三巴斜巷、东方斜巷、水手斜巷
19	前地	51	终审法院前地、妈阁庙前地、白鸽巢前地、观光塔前地、议事亭前地、康公庙前地
20	大马路	55	贾梅士大马路、伦斯泰特大马路、高士德大马路、马场东大马路、雅廉访大马路、慕拉士大马路
21	马路	56	新马路、施拿地马路、西坟马路、提督马路
22	里	112	高地里、惠爱里、西瓜里、炮兵里、工匠里、仁安里
23	围	148	豆酱围、贼仔围、青草围、樽颈围、铁匠围、卖草地围
24	巷	240	马统领巷、板樟堂巷、花王堂巷、沙梨头巷、美副将巷、高地乌巷
25	街	401	荷兰园正街、水鸭街、第九街、骑楼街、虱街、福德街

25种街道通名大多数具有浓厚的中国命名色彩,例如街、巷。有些街道通名很注意凸显街道的地理形态。地理学家认为,地名可划分为天然地物的名称和人工地物的名称两大类。(张清常 1997)澳门街道通名所凸显的街道地理形态是澳门特有的"天然地物"的名称。这些街道的通名例如:梯、腰、坡、石级、斜路、斜巷、围等。

梯、石级、坡:梯是两屋之间狭窄的石级,其形状和功能与木梯相似,例如图6"跛脚梯"。石级也是梯,但没有梯那么狭窄,坡则没有阶梯,只是一个斜坡。

图6 澳门的"梯"(跛脚梯)

斜路与斜巷是就街道的倾斜度来说的。具有倾斜度的街道称斜路、斜巷。见图7"兵房斜巷"和图8。

图7 澳门的"斜巷"(兵房斜巷)

第六章　澳门的专名语言　　　　　　　　　221

得胜斜路　　　　　　　　　　　　东望洋斜巷

图8　澳门的"斜路"和"斜巷"

图8左边是"得胜斜路",右边是"东望洋斜巷",两条道路的共同特点是"斜"。

腰:街巷的中段。"腰"就像汉字的"工",工字两头是两条大路:关闸马路和菜园涌边街,一竖把它们连接起来,像是它们中间的腰。此外还有一条"青洲土腰",1993年《澳门市街道及其他地方名册》称"位于本市青洲之东,即鸭涌河与筷子基北湾之间"。

尾:一条街道的尾部,例如水坑尾。

澳门的街道名称也有来自葡萄牙的。其中有几类具有较大的能产性和较强的生命力,例如前地、圆形地。见图9"天后庙前地"和图10"奥林匹克游泳馆圆形地"。

图 9　澳门的"前地"(天后庙前地)

图 10　澳门的"圆形地"(奥林匹克游泳馆圆形地)

澳门的路牌都是中葡文对照的。回归前葡文在左,汉字在右;回

第六章　澳门的专名语言　　　　223

归后修补过的新路牌葡文与汉字的位置变换为汉字在上,葡文在下。见图 11 回归前的路牌"田畔街"和图 12 回归后的路牌"幸运围"。

图 11　回归前的路牌(田畔街)

图 12　回归后的路牌(幸运围)

也有中葡英三文并举的。中葡英三文并举,一般是为了满足游客的需要,多在属于政府产业的旅游景点,因为澳门是一个以旅游业为龙头的城市,方便游客就是方便自己。

位于氹仔"龙环葡韵"的"葡萄牙地区之家"和"土生葡人之家"属于政府产业,是政府开辟的旅游景点。名牌第一行用汉字书写,第二行葡文,第三行英文。中、葡、英三种文字的排序可被理解为"政府态度"或"政府行为",见图13和图14。

图13 中葡英三文的路牌(葡萄牙地区之家)

第六章　澳门的专名语言　　　　　　225

图 14　中葡英三文的路牌(土生葡人之家)

从双语对应上说,中文与葡文的通名是不对等的。中文有 25 种街道通名,葡文只有 22 种(不包括别名)。例如葡文的 Beco 对应中文的里、巷、围,但又并非全等,不是所有的里、巷、围都包括在葡文的 Beco 中。

二、不同街道通名的特点

各种通名有其不同的内涵。本文仅列举"街、巷、里、围"、"路、马路、大马路"、"广场、前地、圆形地"及"村"等四大类型来分析。

（1）街、巷、里、围

这四种通名最为常见,具有浓厚的汉语色彩。

街。汉族最常见的街道通名莫过于街巷。《说文解字》说："街,四通道也。从行,圭声。"意思是说街指城市中东西、南北大道。形符"行"乃是一个象形字,像四通八达的大路。巷字本来是

"两邑相背",或者在相背的两个"邑"中间加一个声符"共",表示两排房子中间的道路。在小篆中,"巷"的字形是"共"下面加一个"邑",《说文解字》邑部"重六"解释为"邻道也。从邑从邑(两邑相背)"。王筠说:"两邑则有邻意,所谓道者,中间空地也。"汉语成语熟语有不少是用街巷构成的,例如前街后巷、街头巷尾、街谈巷议、万人空巷……反映了汉族人民的生活实际。澳门的街道中,街有403条,占全澳街道总数的33.5%。"街"在葡文中有5种译法,分别是 Azinhaga、Calçada、Estrada、Travessa、Rua;但葡文的一个Rua在中文里面却指"街"和"街"的多种分支,如"正街"、"横街"、"新街"和"后街";还指"村"和"路"。

巷、里、围小于街。成语熟语有说"大街小巷"。小于街的是巷。"巷"与"里"、"围"在汉语方言里多少能反映一些地区差别,实际所指有时候是相同或相近的。澳门地方不大,但也是所谓"五方杂处",所以巷、里、围同时见于街道名称,而略有区别。按照澳门人的解释:巷是小于街的屋间道、胡同;里是古时居民聚居的地方;围,大多数是有入口、无出口的小巷,有时里、巷也有这种有入口、无出口的情况。围保留着私有财产的特色,一些"围"原名标有"私家产业"的字眼,如"玫瑰围:入口处在沙梨头口巷3和5号之间,无出口"。又如"何智英东围"位于陈乐巷附近,在该巷27号和29号之间有入口,无出口。该围最初被命名为"何智英东私家围"。(《澳门市街道及其他地方名册》第121页)澳门的街名中,巷、里、围数目相当多,共有499条。占澳门街道总数的41%,在澳门人的观念中,巷、里、围没有大的分别,有些还可以互换。同一条街"巷"、"里"、"围"通名互换通用的数目不少,例如"吉庆巷""吉庆里";"盐埠里""盐埠围"。共有91条,占499条巷、里、围街名的18%。见表46。

表46　巷、里、围通名互换举例

巷	里	围
吉庆巷	吉庆里	
船锚巷	船锚里	
深仔巷	夜唔里	
连安围前巷	鹅里	
石字巷	石里	
烟字巷	烟草里	
龙头巷	龙头里	
妈阁第二巷	水手里	
椰子巷	盐埠里	盐埠围
福宁巷	福宁里	新围
公仔巷		公仔围
大鹏横巷		转角围
木匠巷		木匠围
	广富里	广富围
	赵家里	赵家围
	光复里	光复围
	陈乐里	陈乐围
	工匠里	沙栏仔围
	升平里	升平围
	骑楼里	竞走者围
	中和里	丁香围
	烦懑里	烦懑围
	柯利维喇里	柯利维喇围
	青阜里	青阜围
	庆乐里	菖蒲围
	席里	草席围
	永庆里	永福围
	刀里	升发围

（续）

	清和里	福隆围
	铁匠里	铁匠围
	马忌士里	马忌士围
	福华里	幸运围
	志里	志围
	江沙路里	三角亭围
	永乐里	长春藤围
	柯传善堂里	柯传善堂
	木子里	菜园围
	余敦善堂里	余敦善堂私家围
	高楼里	幻觉围
	耕里	耕围
	蚝壳里	蚝壳围
	顺成里	顺成围
	何林里	何林围
	高地里	高地围
	大头针里	大头针围
	亚美打利庇卢里	亚美打利庇卢围
	广富里	广富围
	福寿里	田地围
	醎虾里	醎虾围
	竹里	竹围、海田围
	居仁里	铜锣围
	景观里	见眼围
	高园里	高园围
	天通里	天通围
	钟家里	钟家围
	白灰里	白灰围
	人和里	山雀围
	社福里、吉祥里	社福围

第六章 澳门的专名语言

(续)

	桔子里	桔子围
	禄号里	禄号围
	连丁里	连丁围
	马子里	马子围
	俊秀里	俊秀围
	陈家里	陈家围
	豆浆里	豆酱围
	新里	新围
	干草里	干草围
	卖草地里	卖草地围
	敦善里	棕榈叶围
	平线里	平线围
	咸鱼里	咸鱼围
	长乐里	家神围
	三间里	西望洋围
	千里红里	千里红围
	猪里	史山猪围
	沙滩里	南湾围
	渔网里	万里围
	圣芳济各里	玻璃樽围
	仁厚里	圣尼各老围
	华士里	华士围
	圣禄杞里	打铁围
	福星里	圣柯奴非围
	鞋里	儒履围
	福六里	六屋围
	居安里	工匠围
	日头里、大三巴太阳里	日头围
	板堆里	板堆围
	柚果里	柑围

(续)

	横梁里	横梁围
	青云里	洗衣匠围
	锦葵里	倒装一围

(2)路、马路、大马路

在中国人的观念中,路比街巷大。《说文解字》说:"道也。从足从各。"注解说"言道路人各有适也"。

澳门的街道通名中,单称"路"的有 25 条。"道"、"公路"(两条)以及"斜路"(3 条)都是"路"的别称,其中"斜路"是马路的地理位置倾斜而得名。斜路没有相对称的名称,例如"正路"、"直路"等。

澳门大部分的路都叫"马路"和"大马路"。"马路"有 56 条;"大马路"有 55 条。"马路"和"大马路"是澳门街道通名的重要类型,在全部 142 条"路"中,这两个通名有 111 条,占总数的 78%。前文说到"街"的前面加上定语,使"街"这个通名组成一个系统。"路"也存在相似的结构系统,在这个系统中"马路"和"大马路"占据最大比重。

表 47 路、马路、大马路的数量

通名	数目
马路	56
大马路	55
路	25
斜路	3
公路	2
道	1

与 25 条"路"相对应的葡文有 5 个单词:Rua、Caminho、Estrada、Ramal 和 Avenida。与 Rua 相对应的有 13 条；与 Caminho 相对应的有 8 条；与 Estrada 相对应的有 2 条；与 Ramal 和 Avenida 相对应的各有 1 条。

葡语中的 Caminho 和 Rua 来自法语。Caminho 指小径，与 Ramal 同义；Rua 也可解作小路，但多了"街"的含义。前文说到，Rua 用来翻译各种各样的"街"，这里又是"路"的译名，而且有一半以上的"路"（25 条中的 13 条）被译作 **Rua**，可见在澳门的葡国人眼中，"街"和"路"分别不大。

"马路"却受到葡语世界的重视，在葡语人意识中，"马路"主要是供车辆行走的路，与"马路"相对应的葡文名称有 Estrada、Avenida 和 Caminho。以 Estrada 对应"马路"的街名有 48 条；以 Avenida 对应"马路"的街名有 7 条；以 Caminho 对应"马路"的街名有 1 条。

Estrada 是拉丁语外来词，解作供车辆行走的道路。

"大马路"在葡人眼中则是林荫大道，绝大多数译作 Avenida，只是偶尔译作 Estrada。在中国人眼中，"马路"、"大马路"不过是马路的大小、长短、宽窄不同而已，大长宽理应称"大马路"，否则就是一般的"马路"；"林荫"的观念不强，不可以用有没有树木来定马路或大马路。"大马路"的译法以 Avenida，Avenida 是法语外来词，指的是林荫大道，用作文娱康乐的地方。由于早期澳门的道路车辆较少，树林又多，当时的管治者以 Avenida 指称一些路面较宽阔的街道。以 Avenida 与"大马路"相对应的葡文街名有 53 条；以 Estrada 与"大马路"相对应的葡文街名有 2 条。

然而实际情形是，澳门的"大马路"并不大，似乎"大"这个形容词不是指路的大小、长短、宽窄,而是指街名主干部分(即专名)的分量轻重。澳门的"大马路"多与人名有关,用作大马路主干部分的葡国人名有 25 条,大多是分量重、名气大的人物。这些人名中有葡萄牙皇帝和皇室成员:约翰四世大马路(皇帝)、殷皇子大马路(皇子);有葡国总统:士多鸟拜斯大马路、苏亚利斯博士大马路;有澳门的总督:马济时总督大马路、罅些喇提督大马路、罗里基博士大马路、高士德大马路、巴波沙大马路;有政府首脑、官员:亚美打利庇卢大马路(政要)、肥利喇亚美打大马路(政要)、伦斯泰特大马路(领事);将军和军官:高利亚海军上将大马路、白朗古将军大马路、贾罗布大马路、贾伯乐提督大马路、基马拉斯大马路、爹美刁施拿地大马路、美副将大马路;以及葡萄牙的著名作家和专业人士:贾梅士大马路(诗人)、马楂度博士大马路(博士)、慕拉士大马路(作家)、毕仕达大马路(画家);等等。

1974 年葡国"4·25"民主革命胜利后,澳门开始出现以中国人命名的大马路。被命名的中国人也都是一些"大人物",但总数只有 5 条,时代集中在现、当代。反复被命名的政治人物只有 1 个孙逸仙,有孙逸仙博士大马路、孙逸仙博士圆形大马路、孙逸仙大马路。其余是商人:何贤绅士大马路、何鸿燊博士大马路、郑观应大马路。艺术家:冼星海大马路。在政要和军事将领方面,澳门的大马路的名字容不了曾以钦差大臣身份巡视澳门的林则徐,更容不下抗击葡萄牙统治者的民族英雄沈志亮等。

以葡萄牙人命名的大马路是以中国人命名的大马路的五倍,用百分比表示,葡萄牙人名命名的大马路为 83.3%,中国人名命名的大马路为 16.7%。见图 15。

第六章　澳门的专名语言　　　　　　　　233

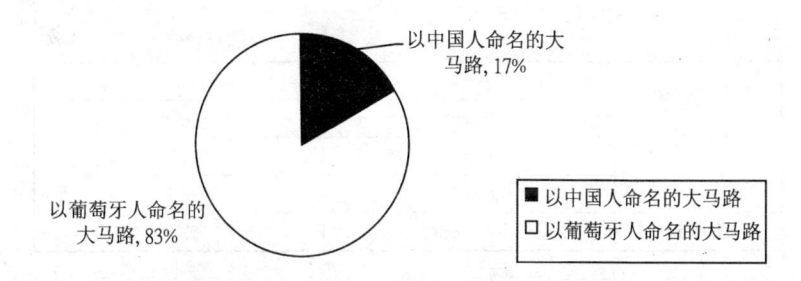

图 15　以中葡人名命名的大马路比例

（3）广场、前地、圆形地

广场：指的是广阔的平地。澳门的广场有 8 个。与"广场"相对应的葡文有 Praça、Praceta、Alameda 和 Largo。

前地：指建筑物前的空地，这是汉语没有而澳门特有的。它是沿用欧洲的名称"Largo"。欧洲许多城市、小镇都有这种地方。它一般是当地政治、文化、经济的中心，设有银行、商店，通常还会有教堂。澳门最典型的就是议事亭前地。澳门的前地有 51 个。

圆形地：多条马路交叉的回环处，常常种植花草，如同街心公园。圆形地，葡文为 Rotunda，也是澳门独有的街道名称。全澳有 25 个圆形地，起着疏导交通和绿化城市的作用。

表 48　广场、前地、圆形地的葡文翻译和数量

通名	葡文	数目
广场	Alameda	2
	Largo	1
	Praceta	2
	Praça	3

(续)

	Adro	1
前地	Praceta	4
	Praça	10
	Largo	36
圆形地	Rotunda	25

前地、圆形地作为街名的构词成分生命力之所以很强、能产性很高,原因是澳门的建筑和大型街道建设具有欧洲风格,前地、圆形地多,于是相应的街道名称也就出现了。例如市政厅是澳门的中心地带,市政厅前面有喷水池,环绕喷水池怎样命名?最确切的名称莫过于"议事亭前地"。前地、圆形地在澳门回归之前广泛用于澳门街道的命名,回归后它们构造街名的能力仍然很强。例如澳门近年新落成的奥林匹克运动场,运动场前面有一大片空地,于是命名为"奥林匹克游泳馆圆形地";氹仔新开的西堤马路和"西堤圆形地"等。旅游塔街以及"旅游塔前地"等建筑都使用了前地、圆形地给新诞生的街道命名。

(4) 村

澳门虽然是一个国际城市,但仍保留有10个村名。其中澳门半岛有祐汉新村;氹仔岛有三家村、卓家村;路环有平民村、白粉村、入便村、九澳村、黑沙村、田畔村、荔枝碗村。

"澳门"这个地名有两个含义,一是整个澳门,包括澳门半岛、氹仔岛和路环岛;二是特指三个岛中的澳门半岛。一般情况是,单说澳门就是整个澳门,说澳门半岛或澳门市就是三岛中的一个岛。(传统分

第六章 澳门的专名语言

澳门为澳门市和海岛市,海岛市包括氹仔和路环。)澳门三岛的繁华程度是有很大差别的。澳门岛的人口密度很高,百分之九十几的人口居住在这个半岛上,氹仔、路环原来是荒野之地,简直就是名副其实的农村或渔村。氹仔近十几年才开始发展起来,路环至今还是人烟稀少。了解了这一背景,才能了解为甚么"村"这类通名主要集中在偏远的路环,其次在氹仔,而澳门半岛上只有一个似是而非的"新村"。所谓"村",在当代有两个释义,一是传统的农村、渔村之村;二是时髦的度假村、亚运村之类的村。氹仔的村、路环的村是传统的村,例如卓家村古树参天,道路泥泞,农舍三几间,依然保留传统村落的特色。有一首描写卓家村的诗说:"雨冷风凉落叶黄,霓虹灯下有荒庄。村前大道通桥口,舍后舞厅连学堂。古殿香疏信善少,老榕须密茎根长。尚存魏晋十余户,又起夯歌动土忙。"(转引自《程远诗词三编》,澳门语言学会,1997年) 见图16和图17氹仔的"卓家村"。

图16 氹仔的"村"(卓家村 a)

图 17 氹仔的"村"(卓家村 b)

澳门半岛的"新村"则是另一番景象,20世纪70年代政府兴建的民居有乐富新村等等,80年代私人建筑商兴建的建华新村、东华新村、广华新村等等都是徒有虚名的村,实际就是大厦或建筑群(港澳称为"屋村")。祐汉新村既不是传统的村落,也不像时下的度假村之类,而是只剩下语言的空壳儿,并没有一个具体的地方叫祐汉新村,新村附近有祐汉街市、祐汉公园,以及祐汉新村一至九街;祐汉只是历史的记载,是地理上的一个区域。见图18澳门半岛的"祐汉新村"。

类似祐汉新村的名称还有历史上签署中美望厦条约的地方望厦村。望厦也只剩下一个区划的概念了,"望厦村"已成为古地名。

第六章　澳门的专名语言　　　　　　　237

图 18　澳门半岛的"新村"(祐汉新村)

贰　澳门街名的结构方式

由于澳门是座中葡文化交汇的城市，它的这一文化特色从街道的命名也可以得到印证。澳门街名在通名方面表现出来的特点已如上述，这里主要探讨澳门街名的结构特点，见表 49。

表 49　澳门街名的结构方式

结构方式	百分比(%)
中国人名	3
外国人名	17
中国地名	2
外国地名	1
吉祥语	17
百物百业	23

(续)

自然环境及方位	16
标志性建筑	16
家族姓氏及村	1
历史性日期	1
戏谑	1
其他	2

以人名为专名。这是澳门街道命名的普遍而重要的手法,而且数量很大,表现出来的文化特色十分明显。经统计,并经葡萄牙文化学者彭慕治博士(Dr. Jorge Morbey)和澳门青年学者朱斌核实,以葡萄牙人名命名的澳门街道占了以人名命名街道总数的86%,并且多为有显赫身份的宗教领袖、葡萄牙军政领袖或要员,见表50;中国人名的街名很少,只占以人名命名的街道总数的14%,见表51。至于其他国家的名人(如罗斯福、甘地等等)几乎一个都没有,见图19。

表50 以葡萄牙人名为专名的街道(按中文名拼音字母排列)

编号	中文名	葡文名	身份
1	阿宋生里	Beco da Assunção	圣母
2	阿宋生围	Pátio da Assunção	圣母
3	巴波沙大马路	Avenida de Artur Tamagnini Barbosa	1918任澳门总督
4	巴波沙巷	Travessa de Artur Tamagnini Barbosa	同上
5	巴波沙总督街	Rua Governador Tamagnini Barbosa	同上
6	巴波沙总督前地	Largo Governador Tamagnini Barbosa	同上

第六章　澳门的专名语言

(续)

7	巴冷登街	Rua do Brandáo	1763生于澳门,澳门商人
8	巴士度街	Rua de Antānio Basto	1848—1912,曾任澳门市政厅主席
9	巴素打尔古街	Rua do Visconde Paço de Arcos	1876—1879任澳门总督
10	白朗古将军大马路	Avenida do General Castelo Branco	将军、工程师,1907年任代理澳门总督
11	白朗古将军街	Rua do General Castelo Branco	同上
12	鲍公马路	Estrada de D. João Paulino	1903—1918任澳门主教
13	鲍思高街	o Rua de João Bosco	天主教圣人
14	鲍思高圆形地	Rotunda de S. João Bosco	同上
15	卑度路街	Rua de Pedro Nolasco da Silva	1842—1912,生卒于澳门,商业学校创始人之一及其首任校长,后任市政厅主席
16	比厘喇马忌士街	Rua do Dr. Lourenco Fereira Marques	1852—1911,生卒于澳门,医生
17	俾利喇街	Rua de Francisco Xavier Pereira	24岁时任市政厅主席
18	俾利喇巷	Travessa de Francisco Xavier Pereira	同上
19	俾若翰街	Rua do Comandante João Belo	1876—1928,葡国殖民部部长
20	庇山耶街	Rua de Camilo Pessanha	1867—1926,诗人、作家
21	毕仕达大马路	Avenida de Marciano Baptista	1826—1890,生于澳门,死于香港,布景设计师及画家
22	伯多禄局长街	Rua ded Pedro Nolasco da Silva	同15

(续)

23	传礼士神父街	Rua do Padre Luís Fróis S. J.	1532—1597，耶稣会神父
24	道咩卑利士街	Rua de Tomé Pires	1511年起程往东方，著 Suma Oriental 一书，作为葡国国王的钦差大使于1517年抵广州，拜见中国皇帝未遂，死于中国
25	道咩卑利士里	Beco de Tomé Pires	同上
26	道咩卑利士围	Pátio de Tomé Pires	同上
27	地厘古工程师马路	Estrada do Engenheiro Trigo	工程师、1919—1925任澳门工务运输司司长
28	爹利仙拿姑娘街	Rua da Madre Terezina	1845—1909，修女
29	爹美刁施拿地大马路	Avenida de Demétrio Cinatti	1851—1921，海军军官，在澳门港，设气局，1891任葡国驻广州领事
30	爹美刁施拿地里	Beco de Demétrio Cinatti	同上
31	恩尼斯总统前地	Largo do Presidente António Ramalho Eanes	1978—1986任葡国总统
32	法令可士古街	Rua de António Francisco	澳门修船厂主
33	非利喇街	Rua do Coronel Ferreira	澳门警察局局长，1879澳门大炮台总司令
34	飞喇士街	Rua do General. Ivens Ferraz	1870—1933，将军。1927葡国商业和新闻部部长，1928葡国殖民部长，1930葡国内政部长
35	飞良韶街	Rua de Leóncio Ferreira	1849—1920，生卒于澳门，曾任澳门市厅市政委员，葡驻上海领事

第六章　澳门的专名语言

(续)

36	飞南地街	Rua Francisco H. Fernandes	不详
37	飞能便度街	Rua de Fernão Mendes Pinto	约1510—1583,旅行家,著"Peregrinação"(游记)一书
38	飞能便度里	Beco de Fernão Mendes Pinto	同上
39	飞能便度围	Pátio de Fernão Mendes Pinto	同上
40	肥利喇亚美打大马路	Avenida do Conselheiro Ferreira de Almeida	1847—1902,1895任葡海事暨海外部长
41	肥利喇亚美打围	Pátio do Conselheiro Ferreira de Almeida	同上
42	肥利喇亚美打巷	Travessa do Conselheiro Ferreira de Almeida	同上
43	噶地利亚街	Rua de Corte Real	1878—1883任澳门政府秘书长
44	高地乌街	Rua de Pedro Coutinho	1907—1908任澳门总督
45	高甸玉街	Rua Gago Coutinho	1869—1959,海军将军、史学家、数学家及地理学家
46	高利亚海军上将大马路	Avenida do Almirante Magalhães Correia	海军将军,1922代理澳门总督,1929—1933任葡海事部部长
47	高励雅马路	Estrada Almirante Magalhaes Correia	同上
48	高美士街	Rua de Luís Gonzaga Gomes	1907—1976,生卒于澳门,翻译《澳门记略》,曾任教师、校长及贾梅氏博物馆馆长
49	高士德大马路	Avenida de Horta E Costa	1858—1927,陆军军官、工程师、数学家,曾任澳门工务局局长,1894—1896及1900—1904两任澳门总督

(续)

50	高士德街	Rua do Marechal Gomes da Costa	1865—1873 在澳门生活,回欧洲后任职军官,参与 1926 年 5 月 26 日葡国革命
51	告利雅施利华街	Rua Correia da Silva	同 9
52	贡士旦甸奴街	Rua de Constantino Brito	陆军军官、工程师,1881—1885 任澳门工务局局长
53	官也街	Rua do Cunha	1869 任澳门工务局局长
54	基马拉斯大马路	Avenida de Guimaráes	海军军官,1851—1863 任澳门总督
55	计单奴街	Rua do Caetano	1887—1963,军医,1913 在澳
56	计单奴前地	Laogo do Caetano	同上
57	计单奴巷	Travessa do Caetano	同上
58	加菲也巷	Travessa das Gaveas	不详
59	家辣堂街	Rua de Santa Clara	天主教圣女
60	嘉乐庇总督马路	Estrada Governador Nobre de Carvalho	1966—1975 任澳门总督
61	嘉路米耶圆形地	Rotunda de Carlos da Maia	1914—1918 任澳门总督
62	嘉路士米耶马路	Avenida de Carlos da Maia	同上
63	嘉模前地	Largo do Carmo	不详
64	嘉模斜巷	Calçada do Carmo	不详
65	嘉野度将军街	Rua do General Galhardo	将军,1897—1900 任澳门总督
66	贾伯乐提督大马路	Avenida do Almirante Costa Cabral	生于 1839 年,海军军官,起草澳门水警规则委员会委员

第六章　澳门的专名语言

(续)

67	贾伯乐提督街	Rua do Almirante Costa Cabral	同上
68	贾伯乐提督里	Beco do Almirante Costa Cabral	同上
69	贾伯乐提督巷	Travessa do Almirante Costa Cabral	同上
70	贾伯乐提督圆形地	Rotunda do Almirante Costa Cabral	同上
71	贾罗布大马路	Avenida de Lopo Sarmento de Carvalho	海军军官，澳门舰长，1622年打荷兰人的英雄
72	贾梅士大马路	Avenida de Luís de Camães	诗人
73	贾那韶巷	Travessa de Inácio Sarmento de Carvalho	1616生在澳门，1676卒于果阿，贾罗布之子
74	柯邦迪前地	Praça de Ponte E Horta	1824—1892，1866—1868任澳门总督
75	柯打苏沙街	Rua de Horta E Sousa	不详
76	柯利维喇街	Rua de Marques de Oliveira	1891任澳门法院法官
77	柯利维喇里	Beco de Marques de Oliveira	同上
78	柯维纳马路	Estrada Governador Albano de Oliveira	生于1904，1947—1951任澳门总督
79	柯维纳总督街	Rua do Governador Albano de Oliveira	同上
80	李加禄街	Rua de João Lecaros	1834—1904，西班牙人，澳门富商
81	廉慕士街	Rua Correia Lemos	不详
82	卢伯德圆形地	Rotunda Tenete P. J. da Silva Loureiro	1792—1855，澳门的海军军官，基马拉斯的岳父
83	卢善德巷	Travessa de Maria Lucinda	女性

(续)

84	路义士若翰巴地士打街	Rua de Luís Joáo Baptista	1826生于澳门,1897卒于香港,1886任澳门市政厅主席
85	伦斯泰特大马路	Avenida Sir Anders Ljungstedt	瑞典人,1820任瑞典驻澳门领事,著有"An Historical Sketch of the Portuguese Settlements in China and of the Roman Catholic Church and Mission in China"一书
86	罗白沙街	Rua de Brás da Rosa	1895澳门市政议员,1897政府行政委员
87	罗保博士街	Rua do Dr. Pedro José Lobo	1892—1965,生于帝汶,1937澳门经济司厅长,1959—1964澳门市政厅主席
88	罗德礼将军街	Rua do Genera Rodrigues	将军,1907任澳门警察局局长
89	罗飞勒前地	Praça de Lobo de Ávila	1817—1889,军人,1874—1876任澳门总督
90	罗里基博士大马路	Avenida do Dr. Rodrigo Rodrigues	1922—1925任澳门总督
91	罗利老马路	Estrada de Adolfo Loureiro	1883年澳门港工程图纸设计人,军官
92	罗利老台	Pátio de Adolfo Loureiro	同上
93	罗若翰神父街	Rua do Padre Joáo Clímaco	1845—1935,神父,曾任澳门市政厅市政委员,澳门教会报社长
94	罗沙达街	Rua de Alves Roçadas	1908—1909任澳门总督
95	罗神父街	Rua do Padre António Roliz	1873—1932,神父,生卒于澳门,曾到中国肇庆做传教士
96	罗神父里	Beco do Padre António Roliz	同上

第六章　澳门的专名语言

(续)

97	罗宪新街	Rua de Tomás da Rosa	1833—1886 任澳门总督
98	马博士巷	Travessa do Dr. Lourenço Pereira Marques	1852—1911,外科医生,生卒于澳门
99	马大臣街	Rua de Henrique de Macedo	数学家、哲学家、教授,1879 澳警察总长,1886 海事及海外部长
100	马忌士街	Rua de Eduardo Marques	1867—1944,军人,曾任澳门总督,1929—1931 任葡国殖民部长
101	马忌士前地	Largo Eduardo Marques	同上
102	马忌士围	Pátio de Lourenço Marques	1811—1902,生卒于澳门,1864—1871 澳门市政厅主席
103	马济时总督大马路	Avenida do Governador Jaime Silvério Marques	澳门总督,1960 签署第一份赌约
104	马统领街	Rua do Comandante Mata E Oliveira	1931 任澳门总督,征服路环
105	马统领围	Pátio do Comandante Mata E Oliveira	同上
106	马统领巷	Travessa do Comandante Mata E Oliveira	同上
107	马揸度博士大马路	Avenida do Dr. Francisco Vieira Machado	法律博士,曾任大西洋银行行长,1898—1936 任葡国殖民部部长
108	马揸度博士巷	Travessa do Dr. Francisco Vieira Machado	同上
109	美的路主教街	Rua do Bispo Medeiros	神职人员,1884—1897 自任澳门主教
110	美副将大马路	Avenida do Coronel Mesquita	生于 1818,生卒于澳门,军官,曾率领 23 名军人占领中国的白沙浪城堡,1880 年自杀

(续)

111	美副将街	Rua do Coronel Mesquita	同上
112	美副将马路	Estrada Coronel Nicolau de Mesquita	同上
113	美副将巷	Travessa do Coronel Mesquita	同上
114	美基街	Rua de Miguel Aires	1844—1886,生卒于澳门,1882将内港填海地捐献给澳门市政厅,建成水产街市
115	美珊枝街	Rua de Sanches de Miranda	军官,1865代任临时澳门总督
116	美上校里	Beco do Coronel Mesquita	同110、111、112、113
117	美上校围	Pátio do Coronel Mesquita	同上
118	米也马嘉礼前地	Largo Maia de Magalhães	曾任澳门总督
119	咩路马楂度街	Rua de Álvaro de Melo Machado	1910—1912任澳门总督
120	慕拉士大马路	Avenida de Venceslau de Morais	1854—1925,作家、旅游家、海军军官
121	慕拉士街	Rua de Venceslau de Morais	同上
122	慕拉士前地	Praceta de Venceslau de Morais	同上
123	慕拉士巷	Travessa de Venceslau de Morais	同上
124	千年利街	Rua George Chinnery-Pintor-1774-1852	1774—1852,英国人,著名画家,曾在澳门任教
125	区华利街	Rua de Jorge Álvares	1513第一个到达中国的葡人
126	区华利前地	Praça de Jorge Álvares	同上
127	区神父街	Rua do Padre Eugénio Taverna	神职人员

第六章 澳门的专名语言

（续）

128	若翰亚美打街	Rua de João de Almeida	军官,工程师,1849来澳任职
129	沙格斯大马路	Avenida de Saqures	不详
130	沙嘉都拉贾罢丽街	Rua de Sacadura Cabral	1881—1924,海军军官、飞行员
131	山治美兰打前地	Largo Sanches Miranda	同128
132	圣庇道街	Rua de S. João de Brito	1647—1693,商人,耶稣会传教士
133	圣方济各里	Beco de S. Francisco	天主教圣人
134	圣方济各斜巷	Calçado de S. Francisco Xavier	1506生于西班牙,1552卒于中国,耶稣教传教士,尸体葬在果亚,右手臂一块骨头葬在澳门路环圣方济教堂
135	圣柯奴非围	Pátio de Santo Onofre	9世纪天主教圣人,6月12日为其纪念日
136	圣禄杞街	Rua de S. Roque	1295—1327,天主教圣人,8月16日为其纪念日
137	圣禄杞里	Beco de S. Roque	同上
138	圣美基街	Rua ded S. Miguel	天主教圣人
139	圣尼各老围	Pátio de S. Nicolau	生年不详,卒于350年,天主教圣人
140	圣册泽马路	Estrada de Santa Sancha	天主教圣女
141	施利化街	Rua de Gomes da Silva	医生,澳门中学校长
142	史伯泰海军将军马路	Estrada Almirante Marques Esparteiro	1951—1953任澳门总督
143	士多鸟拜斯大马路	Avenida de Sidónio Pais	1918任葡国总统

(续)

144	司徒泽雄神父街	Estrada Padre Estevão Eusebio Situ	神职人员
145	宋玉生博士圆形地	Rotunda Dr. Carlos A. Correa Páes D'assumpção	土生葡人、律师，1976—1992澳门立法会议员及主席
146	宋玉生广场	Alameda Dr. Carlos D'assumpção	同上
147	苏利安圆形地	Rotunda de Leonel de Sousa	16世纪葡萄牙贵族，曾与中国官员签署关于葡萄牙人在中国海域的文件
148	苏沙医生街	Rua do Dr. Ricardo de Sousa	约1867在澳任职，澳门邮局主管
149	苏雅利神父街		神职人员
150	苏雅利医士街	Rua do Dr. Soares	同55
151	苏亚利斯博士大马路	Avenida Doutor Mário Soares	葡国总统
152	素啤古街	Rua do Supico	不详
153	素雅利神父巷	Travessa do Padre Soares	神职人员
154	文第士街	Rua de Silva Mendes	澳门市政厅主席
155	文第士围	Pátio de Silva Mendes	同上
156	文第士巷	Travessa de Silva Mendes	同上
157	罅些喇海军上将巷	Travessa do Almirante Lacerda	曾代澳门总督，1860生
158	罅些喇提督大马路	Avenida do Mercado Almirante Lacerda	同上
159	罅些喇提督市北街	Rua Norte do Mercado Almirante Lacerda	同上
160	罅些喇提督市东街	Rua Leste do Mercado Almirante Lacerda	同上

第六章　澳门的专名语言

(续)

161	亚卑寮奴你士街	Rua de Abreu Nunes	不详
162	亚丰素雅布基街	Rua de Afonso de Albuquerque	1462—1515，印度总督
163	亚丰素雅布基围	Pátio de Afonso de Albuquerque	同上
164	亚坚奴前地	Largo do Aquino	1812—1852，政要
165	亚利雅架街	Rua de Manuel de Arriaga	1840—1917，作家
166	亚利雅架圆形地	Rotunda Ouridor Arriaga	同上
167	亚马喇马路	Estrada de Ferreira do Amaral	1821—1849，曾任澳门总督，身首异处死于关闸附近
168	亚马喇前地	Pátio Ferreira do Amaral	同上
169	亚马喇土腰	Istmo de Ferreira do Amaral	同上
170	亚美打街	Rua de espectação de Almeida	1859生，上校
171	亚美打利庇卢大马路	Avenida de Almeida Ribeiro	政要
172	亚美打利庇卢里	Beco de Almeida Ribeiro	同上
173	燕主教街	Rua do Bispo Enes	1873—1883任澳门主教
174	意那韶白的士打巷	Travessa de Inácio Baptista	1750—1827，政府人员
175	意那素俾苏亚街	Rua de Inácio Pessoa	1882任澳门总督
176	殷丰素王前地	Praça de D. Afonso Henriques	1128葡国第一个皇帝
177	殷皇子大马路	Avenida do Infantes D. Henrique	1394—1460，皇子航海家
178	夜呣街	Rua do Gamboa	1793及1795议事会理事官

179	夜呣巷	Travessa do Gamboa	同上
180	夜呣里	Beco do Gamboa	同上
181	夜呣斜巷	Calçada do Gamboa	同上
182	约翰四世大马路	Avenida de D. Joáo Iv	1604 西班牙统治后第一个皇帝

表51 以中国人名为专名的街道

编号	中国人名	葡文	身份
1	何鸿燊博士大马路	Avenida Doutor Stanley Ho	商人
2	何贤绅士大马路	Avenida do Comendador Ho Yin	商人、华人领袖
3	何智英东围	Pátio Leste de Hó Chi Iéng	商人
4	何子英西围	Pátio Oeste de Hó Chi Iéng	商人
5	柯传善堂里	Beco de Hu Ton Sin Tong	商人
6	林德远巷	Travessa de Lam Tac Un	商人
7	卢九街	Rua do Lu Cao	商人
8	卢廉若马路	Estrada Lou Lim Ieok	商人
9	孙逸仙博士大马路	Avenida Dr. Sun Yat Sen	民主革命领袖
10	孙逸仙博士圆形地	Rotunda Dr. Sun Yat Sen	民主革命领袖
11	孙逸仙大马路	Avenida do Dr. Sun Yat Sen	民主革命领袖
12	冼星海大马路	Avenida do Xian Xing Hai	音乐家
13	余敦善堂里	Beco de Hu Ton Sin Tong	商人
14	郑观应大马路	Avenida do Zheng Guan Ying	政论家
15	林茂海边大马路	Avenida Marginal do Lam Mau	商人
16	林茂巷	Travessa de Lam Mau	商人
17	高可宁绅士街	Rua do Comendador Kou Hó Neng	商人

第六章 澳门的专名语言　　　　251

外国人名 0%
中国人名 14%
葡国人名 86%

■ 中国人名
□ 葡国人名
■ 外国人名

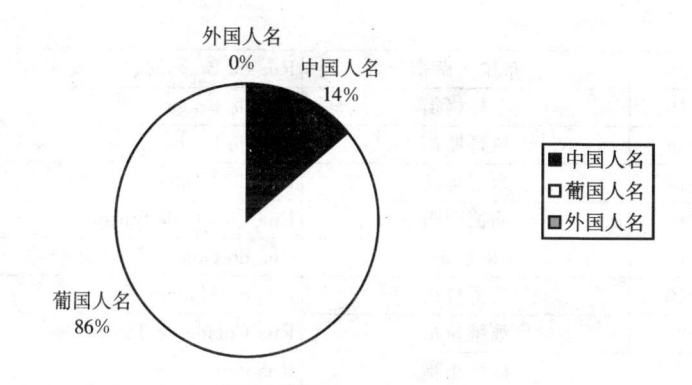

图 19　以人名为专名的街道比例

以地名为专名。澳门有不少以外国城市（大部分欧洲）为专名的街道，见表 52。

表 52　以外国城市为专名的街道

编号	中文街名	外文街名
1	柏林街	Rua de Berlim
2	伦敦街	Rua de Londres
3	波尔图街	Rua Cidade do Porto
4	布鲁塞尔街	Rua de Bruxelas
5	罗马街	Rua de Roma
6	巴黎街	Rua de Paris
7	马德里街	Rua de Madrid
8	长崎街	Rua de Nagasaki
9	科英布拉街	Rua de Cidade Coimbra
10	爱华丽街	Rua Cidade de Évora
11	葡京路	Avenida de Lisboa
12	马六甲街	Rua de Malaca
13	里斯本街	Rua Cidade de Lisboa

(续)

14	布拉干萨街	Rua de Bragança
15	布拉格街	Rua de Braga
16	拉哥斯街	Rua de Lagos
17	米尼奥街	Rua do Minho
18	仙德丽街	Rua Cidade de Sintra
19	果亚街	Rua do Goa
20	马得拉街	Rua do Madeira
21	戴维拉街	Rua Cidade de Tavira
22	沙维士街	Rua de Chaves

回归前后增加了不少以中国地名命名的街道，见表53。

表53 以中国地名为专名的街道

编号	中文街名	外文街名	语种
1	上海街	Rua de Xangai	葡语拼粤方言
2	西安街	Rua de Sai On	英语拼粤方言
3	南京街	Rua de Nan Keng	英语拼粤方言
4	北京街	Rua de Pequim	葡语拼粤方言
5	成都街	Rua de Seng Tou	英语拼粤方言
6	汕头街	Rua de San Tau	英语拼粤方言
7	佛山街	Rua de Fo Shan	汉语拼音拼普通话
8	佛山街	Rua de Fat San	英语拼粤方言
9	杭州街	Rua de Hong Chau	英语拼粤方言
10	韶关街	Rua Siu Kuan	英语拼粤方言
11	广州街	Rua de Cantão	葡语拼粤方言
12	潮州街	Rua de Chiu Chau	英语拼粤方言
13	桂林街	Rua de Kwai Lam	英语拼粤方言
14	厦门街	Rua de Xiamen	汉语拼音拼普通话

第六章　澳门的专名语言

(续)

15	昆明街	Rua de Kunming	汉语拼音拼普通话
16	大连街	Rua de Tai Lin	英语拼粤方言
17	肇庆街	Rua de Siu Heng	英语拼粤方言
18	蓬莱里	Beco do Mistério	葡语
19	广东大马路	Avenida de Kwong Tung	英语拼粤方言

值得注意的是，在路牌的文字表述上拼音形式不尽相同，外国的城市名称除了用葡语的，也有用城市所在国的语言的(例如长崎街 Rua de Nagasaki、马德里街 Rua de Madrid)；中国街名绝大多数用粤方言注音，也有个别街名用普通话注音，如厦门街、昆明街、佛山街。

在澳门的以中国地名命名的街道比外国地名数量多，这和以人名命名街道的情况刚好相反。中国地名和外国地名为街名在澳门半岛和氹仔岛的比例可见图20。

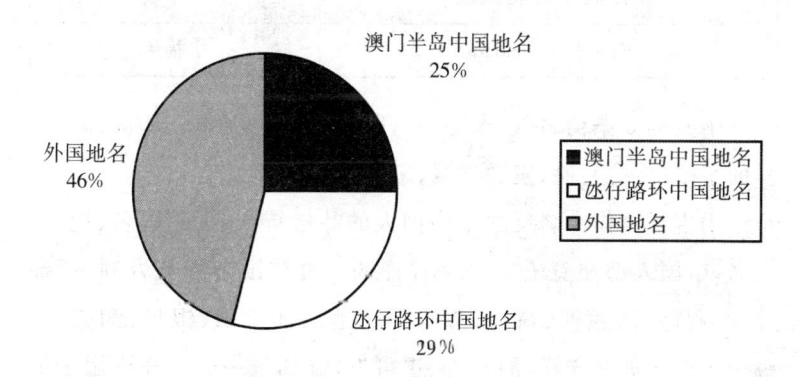

图20　以地名为专名的街道比例

这里可以看到，大部分的中国地名集中在氹仔岛，这是个新发展的区域,90年代以后才开始发展,这是澳门回归中国已大势所趋下出现的现象。同样分布在澳门半岛的也都是在新填海地区。

以吉祥语为专名。这类街名反映的汉族风格很明显,例如在氹仔北安有相连的6条街,它们的葡文街名不成系列,中文街名却都带有吉祥的字眼儿,而且具有系统性,见表54。

表54 以吉祥语为专名的街道

葡 文	中 文
Rua da Vitoria	永胜街
Rua do Progresso	永发街
Rua da Riqueza	永富街
Rua de Viseu	永诚街
Rua da Tranquilidade	永宁街
Rua da Felicidade	永福街

中文的6条街名以"永"开头,以"街"收尾(通名),中间都是吉祥的字眼(专名):胜、发、富、诚、宁、福。

用吉祥语作专名反映了中国人的品格特征,无论国名、地名、人名,中国人都愿意安放一个吉祥的词儿。国名如英吉利、葡萄牙、美利坚、法兰西、荷兰、瑞士……地名如金山、银川、铜梁、铁骊……人名如李吉祥、周富贵、崔可发、温如玉……吉祥语用于街名是非常普遍的。

吉祥语取代原本比较中性的专名或感情色彩不明显的专名的现象很普遍。这种手法又可称为"口彩化"。"口彩,吉语也。"

第六章 澳门的专名语言

（（清）梁绍壬《两般秋雨盦随笔·口彩》）人们听了口彩,心中一阵高兴,用于街名是最适合不过的。澳门人按喜好将街名口彩化,以下列举一些突出的例子,见表55。

表55 以口彩化为专名的街道

编号	中文街名	口彩化街名	葡 文 名
1	苦力围	聚龙里	Patio dos Cules
2	刀里	升发围	Beco da Faca
3	山雀围	人和里	Patio das Calhandras
4	家神围	长乐里	Patio das Penates
5	羔羊围	永安围	Patio das Cordeiro
6	常春藤围	永乐里	Patio das Hera
7	菖蒲围	庆乐里	Patio das Espadana
8	瞭望围	安怀居	Patio das Mirante
9	施利化街	长安街	Rua de Gomes da Sliva
10	卢善德巷	福德街	Travessa de Maria Lucinda
11	六屋围	福六里	Patio das Seis Casas
12	幸运围	福华里	Patio da Furtuna
13	洗衣匠围	青云里	Patio do Mainnato
14	填地围	福寿里	Patio do Aterro
15	快艇街	永安中街	Travessa dos Faitioes

澳门带有吉祥语的街名很多,约占澳门总街名的17.6%。例如:人和里、千日红港、千年利街、长乐里、长寿大马路、常春藤

围、大和街、大兴街、太平里、太和巷、太和围、太和石级、天神里、天通里、仁安里、仁慕巷、和乐街、和睦街、和平台、和隆街、和乐大马路、和谐圆形地、永华街、永乐街、永乐围、永乐里、永安围、永安街、永康街、永添街、永宁街、永定街、永福街、永福围、永富街、永联台、永胜街、永诚街、永发街、永安息巷、吉庆巷、吉庆一围、吉庆二围、吉祥里、安乐街、定安街、福隆里、福隆围、福隆新街、福隆彩巷、福德新街、福荣里、福庆街、福华巷、福安街、福宁巷、福寿里、顺成街、顺风巷、风顺堂街、顺景广场、顺怡街、顺荣街、顺发街、连安巷、连安围、连安后巷、连兴街、新胜街、新雅马路、如意巷、如意广场、兴隆街、兴华街、聚宝街、聚龙街、聚龙旧社、光复街、光复围、俊秀巷、俊秀围、佑汉新村第五街、连胜马路、连胜街、得胜马路、金龙巷、金凤路、友谊大马路、东庆里、北安大马路、同安街、合欢街、厚望街、清平巷、升平围、宜安街、广富围、富运台、美丽街、幸运围、惠爱街、雄发围、养乐围、龙安围、善庆围、敦善里、清平街、群兴新街、银和里、宝德街、蓬莱新巷、禄号里、德香里、侨乐新街、友联街、桂和里、乐上巷、信安马路、伟龙马路、雅景巷、显荣围、荣光巷。

还有一种情况是,原来不吉祥的专名被中性的或吉祥的专名取代,如原街名"穷围"、"病人院街"、"监牢街",现在都分别被"大三巴巷"、"马忌士街"、"苏雅利医士街"所取代。

以百物百业为专名。澳门有相当数量的以百物百业的名称为街名,这类街名来源于百姓生活,反映出当时的地理、居民、经济、商业等等的社会情况。这些专名表现传统文化理念,生动、短小、形象,而且口语化,占澳门总街名的22.6%。

第六章 澳门的专名语言

其中有以职业、特产为专名的，如：工业街、工匠围、工匠街、工匠巷、工匠里、打缆街、打缆地、打缆围、打缆路、打缆巷、打缆前地、打铁围、打铁斜巷、铁匠里、水手里、水手斜巷、水手西街、水手东街、洗衣匠围、木匠围、染布里、染布巷、教师里、剪发匠巷、耕里、风炉匠巷、买卖街、买卖巷、卖菜巷、卖菜街、卖鱼巷、牧羊巷、客商街、商人巷、小贩巷、挣匠巷、骑士马路、骑士围、养猪巷、造绳巷、渔翁街、渔翁里、船人街、轿夫巷、担杆里、烟草里、盐里、盐巷、盐埠里、咸鱼街、咸鱼里、咸鱼围、咸虾巷、咸虾里、咸虾围、渔网里、鱼钓里等等。

有以居住环境、地理形状为专名的，如：水井围、菜园街、菜园巷、菜园路、菜园围、菜园新街、菜园涌街、缆厂巷、邮电巷、电厂巷、板堆围、塔石巷、塔石街、青草街、青草里、柴船尾街、西坟马路、船铺街、学校巷、木板前地、横梁里、排角街、渡船街、渡船巷、渡船台、狗环巷、石仔堆巷、鸡毛巷、鸡颈马路、樽颈围、荔枝碗马路、荔枝碗村等等。

有以花草植物为专名的，如：树木巷、林街、花草围、花朵围、草地围、草堆街、草堆横巷、干草里、干草围、莲茎巷、莲茎围、莲茎围村、莲花路、莲花街、莲花巷、荷花围、莲花广场、玫瑰里、玫瑰巷、瑰里、果栏街、果栏围、竹里、竹园围、天竹巷、水仙巷、凤仙围、兰花前地、白兰街、棕榈叶围、珊瑚里、榕树街、紫荆街、樟树街、牡丹巷、黄槐路、桉树街、楹花街、丁香围、菊花巷、蒲桃街、松树街、水榕树巷、森树街、棕榈路、红棉路等等。

有以食品瓜果为专名的，如：豆酱里、田螺里、田螺石级、龙眼围、柚围、桔仔街、桔仔巷、桔仔里、西瓜里、木瓜围、荔枝路、芒果街、生蔗里、蕉园围、大萝巷、山茶街、绿豆围、蚝里、蛋巷、椰子巷、米糙巷、鲜鱼里、凉水街、凉水巷等等。

有以器皿日用品为专名的，如：匙羹里、刀里、鞋里、大头针围、银针里、银针围、砚围、缸瓦巷、草席巷、草席围、席里、镜围、筷子基街、筷子基巷、炉巷、铜锣围、钮里、眼镜里、扣钮巷、水桶巷等等。

有以体育类为专名的，如：奥林匹克大马路、体育里、体育路等等。

有以动物名为专名的，如：蟒里、蚁里、蚁巷、蚁围、蚝壳里、鸡毛围、鱼鳞巷、鱼鳃巷、龙头里、马巷、马里、兔巷、山鸡巷、山雀围、水鸡巷、牡鸡斜巷、蛤巷、鹅里、鹰围、老虎巷、鸡街、鸡巷、鸡公围、金鸡、鸭巷、水鸭街、猪里、草蜢巷、沙雕围、鸠里、鹌鹑巷、雀里、海蛤里等等。

有以人体为专名的，如：肥胖围、巴掌围、巴掌围斜巷、手肘里、手肘围等等。

有以自然现象为专名的，如：日头街、日头围、风景巷、生雪巷、日光围等等。

有以宗教信仰为专名的，如：蓬莱里、南巫围、教堂巷、天神里、主教巷、九澳圣母马路、花王堂街、花王堂巷、花地玛教会街、耶稣会纪念广场、圣母堂前地、大堂街、卜围等等。

有以军政机关为专名的，如：议事亭前地、议事亭里、炮兵里、炮兵街、炮兵巷、炮兵马路、炮台街、兵营斜巷、兵营斜路、陆军路、官印局街、消防队巷、律政司街、立法会前地、港务局里、消防局前地、终审法院前地等等。

以自然环境、方位以及自然景观为专名，约占澳门总街道名的16.4%。例如：高地里、高楼街、河边新街、拱形马路、填地围、新填巷、南湾圆形地、山边街、山洞巷、山水园巷、山水园围、水泉公地、水塘马路、水池斜坡、水坑尾街、白眼塘横街、黑桥街、黑沙村、黑沙马路、黑沙龙爪角海滨路、短巷、中街、中心街、暗围、圆台街、长楼斜巷、湖畔前地、田畔街、转角围、叉巷、土库围、洞穴街、海边新街、海边马路、海湾围、海湾巷、海湾南街、海港前地、塘巷、东望洋新街、东方斜巷、东北大马路、南湾湖巷、西望洋马路、西坑街、西湾湖街、西堤马路、黑沙环海边马路、墨山街、马场海边马路、大庙脚巷、市场街、十字巷、木字里、水字巷、小山石级、关前正街、关前后街、平线巷、大井巷、桥巷、沙滩里、峡谷巷、六屋围、沙栏仔街、天台围、隧道围、桥梁前地、三家村、路氹连贯公路圆形地、地堡街、排角路、望德圣母湾大马路、氹仔西北马路、石街、石里、石版里、石排湾马路、乡村马路、九澳高顶马路、涌河新街、入便村等等。

以标志性建筑为专名，约占澳门总街名的15.9%。例如：大楼斜巷、红窗门街、烂鬼楼巷、货仓街、灰炉石级、收容所街、沙井天巷、三层楼上街、妈阁街、路环电厂圆形地、老人院前地、托儿所巷、马交石炮台马路、商业学校街、航海学校街、船厂街、工厂街、制造厂巷、望厦炮台斜坡、马场大马路、观音堂街、化验所街、板樟堂街、白鸽巢前地、西望洋眺望台街、澳门博物馆前地、木桥街、宝塔巷、康公庙前地、土地庙里、鲍公庙前地、医院后街、凤顺堂上街、仁慈堂右巷、加思栏马路、玻璃樽围、大码头街、戏院斜巷、莲峰街、观光塔街、兵房斜巷、北安码头马路、海洋花园大马路、天文台斜路、飞机场圆形地、运动场道、学院路、奥林匹克游泳馆圆形地、滤水站路、黑沙兵房路、九澳堤坝马路、市亭前地、码头前地、船铺前地、屠场前地、谭公庙前地、天后庙前地等等。

以家族姓氏为专名,例如:吴家围、何林围、钟家里、陈家里、冯家围、卓家村、蔡记里、李家围、叶家围、赵家里。

以历史性日期为专名,例如:十月初五日街、劳动节大马路、十月一号前地、四月二十五日街、城市日大马路、民国大马路、民国街等等。

还有其他一些命名方式,例如:炭寮围、胡琴巷、酒潭巷、竹帽巷、火船头街、舢舨巷、铜钱巷、衣湾斜巷、音调巷、连丁里、连丁围、麻子街、群队街、公仔巷、公仔围、马子里、马子围、烦㳠围、疯堂新街、罟累巷、幻觉围、门官围、白头马路、老饕巷、愕街、跛脚梯、贼仔巷、白粉村等等。

叁　省略、简称和代称

鉴于一些由葡文翻译过来的街名太长、太绕口,华人自然会按照自己的习惯和方式去指称,于是出现不少省略的中文街名和简称。省略的方式多种多样,有省去街名中的人名或地名,只留称谓或身份的,有取姓省名或省姓留名的,没有固定的方式,只以顺口、便捷为目的,见表56。

第六章 澳门的专名语言 261

表56 省略、简称或代称的街名举例

编号	中文街道原名	省略名	葡文名
1	爹美刁施拿地大马路	施拿地大马路	Avenida de Demetrio Cinatti
2	罅些喇提督大马路	提督马路	Avenida do Almirante Lacerda
3	意那素俾苏亚街	苏亚街	Rua de Inacio Pessoa
4	贾伯乐提督街	提督街	Rua do Almirante Costa Cabral
5	嘉野度将军街	将军街	Rua do General Galhardo
6	爹利仙拿姑娘街	姑娘街	Rua da Madre Terezina
7	美基内市场围	味机市	Patio do Mercado Interior de Miguel Aires
8	沙嘉都喇贾罢丽街	沙嘉都喇街	Rua De Sacadura Cabral
9	亚丰素雅布基街	亚丰素街	Rua De Afonso De Albuquerqu
10	亚美打利庇卢大马路	新马路	Avenida De Almeida Ribeiro
11	肥利喇亚美打大马路	荷兰园大马路	Avenida do Ferreira De Almeida
12	伯多禄局长街	白马行	Rua De Pedro Nclasco Da Silva
13	亚卑寮奴你士街	荷兰园二马路	Rua De Abreu Nunes
14	柯邦迪前地	司打口	Pracca Ponte Horta
15	嘉路米耶圆形地	三盏灯	Rotunda Carlos Maia

澳门市民常以简称、俗称代替那些由葡文翻译过来太长、太绕口的街名,在运用这些简称、俗名的时候甚至忘了或者根本不知道它们正式的街名。见表57。

表 57　俗名代正名的街名举例

1	正名	亚美打利庇卢大马路
	葡文名	Avenida de Almeida Ribeiro
	俗名	新马路
	源起	这条马路起初没有命名,大家叫它新马路,一直沿用至今
2	正名	肥利喇亚美打大马路
	葡文名	Avenida do Conselheiro Ferreira De Almeida
	俗名	荷兰园大马路
	源起	以前该区曾为荷兰俘虏的收容所,相沿称至今
3	正名	圣方济各斜巷
	葡文名	Calcada de S. Francisco
	俗名	大三巴斜巷
	源起	因近于大三巴牌坊而得名
4	正名	圣方济各里
	葡文名	Beco de S. Francisco
	俗名	玻璃樽围
	源起	此地以往多有人制玻璃樽,因而得名
5	正名	柯邦迪前地
	葡文名	Praça de Ponte Horta
	俗名	司打口
	源起	昔日澳门的主要收入以鸦片税饷为主,洋药入口必须经此地税局检查。司打口由葡文 Fazenda 音译而成
6	正名	罗飞勒前地
	葡文名	Praça de Lobo de Avila
	俗名	烧灰炉口
	源起	以往该地为一渔村,居民收集蚝壳放进炉内烧成灰用作建筑材料而得此名

俗名常常选取标志性建筑物,见表 58。

表58 俗名选取标志性建筑物的街名举例

1	正名	嘉路米耶圆形地
	葡文名	Rotunda De Calos Da Maia
	俗名	三盏灯
	源起	以有三个灯泡组成的灯柱为特色命名
2	正名	妈阁斜巷
	葡文名	Calcada da Barra
	俗名	万里长城
	源起	早在战争时期曾在该处筑一城墙以抗外敌,而得其名
3	正名	贾梅士前地
	葡文名	Praça de Camoes
	俗名	白鸽巢前地
	源起	以往某一葡国富商曾于该地饲养数百白鸽而得名
4	正名	福隆新巷
	葡文名	Travessa da Felicidade
	俗名	宜安街
	源起	以往此街中设有一澳中富豪巨绅的俱乐部——宜安,而得其名
5	正名	盐里
	葡文名	Boce do Sal
	俗名	烂花园
	源起	以往此地是一个很美的花园,但日久失修变成烂花园,因而得名

街名作为一种言语现象,是人民生活中每时每刻都会接触到的,约定俗成是它的根本法则。便捷、明确,还要有一定的理据,甚至寄托着使用者的美学价值。澳门的街名系统充分地体现出这一点。

肆 澳门街名系统化的手段

语言是一个系统,语用也会表现出系统化的性质。许多街名摆在一起,并不是杂乱无章的语言碎片,而是存在着内在的联系。许多街名摆在一起,可以找到它们之间的关联。

澳门街名系统化的手段主要有:"街"、"巷"、"围"街名的系统化以及一个专名加多个通名的街名系统化。

(1)街

澳门街名系统化有两种,修饰语+通名和序数+通名,例见表59和表60。

表59 修饰语+通名的"街"名系统化举例

修饰语+通名	例
大街	营地大街
正街	下环正街
直街	清平直街
横街	果栏横街
前街	夜呣前街
后街	医院后街
新街	沙梨头新街
东街	青洲东街
南街	丛庆南街
西街	水手西街
北街	丛庆北街
上街	青洲上街
中街	台山中街
下街	福隆下街
一街	和乐坊一街
二十街	青洲坊二十街

第六章　澳门的专名语言

表60　序数＋通名的"街"名系统化举例

序数＋通名	例
(第)一＋通名	竹湾豪园第一街、海洋花园第一街、黑沙环第一街
(第)二＋通名	竹湾豪园第二街、海洋花园第二街、黑沙环第二街
(第)三＋通名	竹湾豪园第三街、海洋花园第三街、黑沙环第三街
(第)四＋通名	海洋花园第四街、祐汉新村第四街、黑沙环第四街
(第)五＋通名	海洋花园第五街、祐汉新村第五街、黑沙环第五街
(第)六＋通名	海洋花园第六街、祐汉新村第六街、黑沙环第六街
(第)七＋通名	祐汉新村第七街、黑沙环第七街
(第)八＋通名	祐汉新村第八街
(第)九＋通名	第九街

（2）巷

巷名系统化有修饰语＋通名，例见表61。

表61　修饰语＋通名的"巷"名系统化举例

修饰语＋通名	例
前巷	连安围前巷
后巷	连安后巷
上巷	高楼上巷
下巷	高楼下巷
天巷	沙井天巷
地巷	沙井地巷
新巷	青洲新巷
旧巷	下环旧巷
口巷	沙梨头口巷
脚巷	大庙脚巷
北巷	大炮台北巷

(续)

西巷	安仿西巷
右巷	仁慈堂右巷
左巷	龙头左巷
横巷	草堆横巷
斜巷	东望洋斜巷
海边巷	沙梨头海边巷
二巷	丛庆二巷
三巷	丛庆三巷
四巷	丛庆四巷
第一巷	龙爪角第一巷
第二巷	龙爪角第二巷
第三巷	龙爪角第三巷
巷仔	深巷仔

(3) 围

修饰语＋通名的"围"名系统化,见表62。

表62　修饰语＋通名的"围"名系统化举例

修饰语＋名尾	例
一围	吉庆一围
二围	吉庆二围
东围	何子英东围
西围	何子英西围
新围	大堂新围
下围	大炮台下围

(4) 街名的系统化还表现在一个专名带多个通名,见表63。

第六章 澳门的专名语言

表63 一个专名带多个通名的街名举例

编号	例
1	咸虾巷、咸虾围、咸虾里
2	渡船巷、渡船街、渡船台
3	顺成街、顺成围、顺成里
4	白灰街、白灰围、白灰里
5	俊秀巷、俊秀围、俊秀里
6	工匠巷、工匠围、工匠里
7	马统领巷、马统领围、马统领街
8	文第士巷、文第士围、文第士街
9	马忌士街、马忌士围、马忌士前地
10	山水园巷、山水园围、山水园斜巷
11	烂鬼楼、烂鬼楼巷、烂鬼楼新街
12	清平新街、清平新街、清平直街
13	陈乐巷、陈乐围、陈乐街、陈乐里
14	炮兵巷、炮兵街、炮兵里、炮兵马路
15	飞能便度围、飞能便度街、飞能便度里
16	亚马喇土腰、亚马喇马路、亚马喇前地
17	青洲街、青洲新巷、青洲新路、青洲大马路
18	和乐巷、和乐街、和乐围、和乐大马路
19	道咩卑利士街、道咩卑利士围、道咩卑利士里
20	亚美打利庇卢围、亚美打利庇卢里、亚美打利庇卢大马路
21	龙爪角第一巷、龙爪角第二巷、龙爪角第三巷
22	肥利喇亚美打巷、肥利喇亚美打围、肥利喇亚美打大马路
23	美副将巷、美副将街、美副将马路、美副将大马路
24	慕拉士巷、慕拉士街、慕拉士前地、慕拉士大马路
25	巴波沙巷、巴波沙大马路、巴波沙总督街、巴波沙总督前地
26	贾伯乐提督巷、贾伯乐提督街、贾伯乐提督里、贾伯乐提督圆形地
27	连胜巷、连胜街、连胜围、连胜台、连胜马路
28	菜园巷、菜园围、菜园路、菜园街、菜园新街
29	哪咤围、哪咤巷、哪咤庙街、哪咤庙里、哪咤庙斜巷

(续)

30	妈阁巷、妈阁街、妈阁里、妈阁台、妈阁斜坡、妈阁斜巷
31	罅些喇海军上将巷、罅些喇提督大马路、罅些喇提督市东街、罅些喇提督市北街
32	公局市场巷、公局市横巷、公局市横街、公局市新地、公局市东街、公局市南街、公局市西街、公局市北街
33	竹湾豪园第一街、竹湾豪园第二街、竹湾豪园第三街
34	台山新城市第一街、台山新城市第二街、台山新城市第三街
35	海洋花园第一街、海洋花园第二街、海洋花园第三街、海洋花园第四街、海洋花园第五街、海洋花园第六街
36	祐汉新村第二街、祐汉新村第三街、祐汉新村第四街、祐汉新村第五街、祐汉新村第六街、祐汉新村第七街、祐汉新村第八街
37	黑沙环巷、黑沙环街、黑沙环马路、黑沙环中街、黑沙环新街、黑沙环第一街、黑沙环第二街、黑沙环第三街、黑沙环第四街、黑沙环第五街、黑沙环第六街、黑沙环第七街

澳门是一座曾经被葡萄牙人占领过的中国南方海岛城市,它的街道名称具有两种民族文化交汇的特点。研究这个课题的意义在于,透过街名现象的动态描写,可以帮助我们具体地感受这个城市的历史面貌和历史发展的足音。

澳门街名的专名具有中葡两国特色。吉祥语型、百物百业型、家族姓氏型的街名具有十分浓厚的中国特色;人名作为专名在澳门街名中占有很大比重。作为一个中国的城市,澳门以外国人名字命名的街名多得不成比例,尤其是这些外国人清一色地全是葡萄牙人。这些葡萄牙人的身份又以将军、总督、神职人员居多。这既体现了澳门是一座中外文化交汇的城市,尤其表现了澳门曾是葡萄牙人在军事、政治、精神等方面长期统治过的地方。

通名反映中葡两国文化特色,并且具有强大的生命力。横街、斜巷、封口的围以及石级、土腰等等生动形象地描绘出小城街道的地理形态;前地、圆形地和广场,又把葡萄牙人带来的南欧建筑特色和街道特色反映了出来。前地、圆形地和广场这些通名虽然来自葡萄牙,但因它们配合城市建筑的风格特色,所以它们获得了组成新街名的能力。回归前固然有一些前地、圆形地和广场,回归后这类通名也发挥着构词的作用。

400年来,特别是近150年来,澳门从一座渔村或农村逐步走进现代化城市,在这一进程中,街名留下了历史的足迹。昔日民居的社会单位是"村"。今天它只残留在澳门的边远偏僻的地区,路环最多,氹仔次之,澳门半岛上已经不复存在真正意义上的传统村落了。澳门街名中现在还存在不少百物百业的街名,其实反映了澳门社会发展的不同历史阶段。例如从打铁、刣狗、打揽、船铺、洗衣匠、咸虾、渔网等街名人们可以看到澳门曾经经历过的农业、小手工业社会的风情或风貌,也看到澳门由渔村、农村转向城市的历史足印。

澳门街名的规范化势在必行。国际化、系统化和标准化将是澳门在街道命名工作中应当考虑的内容。随着城市建设的现代化,街名与国际接轨不可避免。氹仔、路环都在高速发展。以前氹仔没有马路和大马路,现在开始有了,而且有了现代化的奥林匹克运动场圆形地;路环至今还没有一条大马路,将来必定会出现,街名也就会应运而生。澳门街名有一些应当加以系统化和标准化的地方。例如佛山街有两条,一条用普通话标音(Foshan Jie),另一条用粤方言标音(Fatsan Kai);观光塔前地,其实澳门只有旅游塔,葡文的翻译既无观光塔,也无旅游塔,只有一个塔字;再如有些译文不是过于粗俗就是过于文雅,例如炭寮围的炭寮,葡文是tranca,用太古的词儿翻译不适合雅俗共赏的要求。街名的翻译是个比较专门的话题,虽然"信达雅"的标准已经过时,但还可以作为澳门街名翻译的初步要求,例如南巫围的南巫其实就是南无阿弥陀佛的南无,葡文是 Bonzo,译作南巫,不知所云。这些都有待改进。

第七章 澳门的语言政策和语言规划

"语言政策"和"语言规划"是两个关系紧密的语言学术语。《现代汉语词典》称政策是"国家或政党为实现一定历史时期的路线而制定的行动准则";规划是"比较全面的长远的发展计划"。这就是说,政策是服从规划并为实现规划而制定的;规划则是制定政策的依据和依归。规划更为宏观,重在设计与策划,政策比较微观,重在具体的执行,但在术语的运用上有时难以分辨,有时难免出现混淆,往往是用"规划"的时候涵盖了"政策"。

第一节 澳门的语言政策

回归前后,澳门的语言政策有根本性的不同。现在分述如下。

壹 回归前的语言政策

葡萄牙人于1553年登陆澳门,同时也把葡萄牙语带到澳门。自此澳门存在汉语和葡语两种语言。起初澳门的管制权属于中国,政府文件采用中文,葡文没有正式地位,这种局面一直维持到19世纪中叶。在此期间,葡萄牙人不能主宰澳门的事务,他们被规定在"寨内"自治。那个时期,中文是唯一的官方语言;葡萄牙人多次想把葡语列为官方语言,都遭到清廷反对。本书第二章引述清代的一份档案记载,19世纪初澳门"一切夷禀务必率由旧章,专用唐字书写,毋许唐番併书",表明当时官方语文只有唐字,没有番字,连唐番併书都不许可。直到后来葡萄牙人趁火打劫掠夺澳门主权后,葡萄牙语文才逐步成为官方语文。殖民者在语言问题上的态度往往是推行语言霸权主义,葡萄牙人在澳门也同样采取一语独尊的立场。20世纪80年代以前,澳门邮电局摆放的电报纸上还只有葡文而无中文,用中文写的契约要通过政府指派的部门翻译成葡文才能生效,法院审案更是只用葡语而不用汉语。那时的语言政策是"葡语独尊"的语言霸权主义政策。

语言霸权主义的特征之一是统治者向被统治者推销他们的语文。

1919年澳门总督施利华颁布训令称:"本省(按指澳门)的官立、市立、传教士或其他政府津贴的小学必须教授葡文。"

1927年澳门总督巴波沙颁布法规:"为在本殖民地小学完成课程的中国学生设立十项奖学金。除了懂得写读葡文外,这些学生必须懂得讲这种语言。"

1931年澳门总督柯维喇颁布法令,"向中文学校发放津贴优先发放予中学及那些每月上葡文课学生的人数超过25人的学校"。

1932年澳门总督美兰德颁布法规:"殖民地政府必须维护葡语的声望";"所有招牌、海报、通告、节目表、广告以及酒店、餐厅、小食店及其他受政府及警察监管并设于会所或娱乐场所的同类场所的餐牌必须写上葡文。违犯者给予"毁灭(其设施)"并"罚款"。

1960年澳门总督马济时批示:"所有将进入公职编制职位的

人士必须懂得阅读及讲葡语。"因此在以后的招聘人员考试中,未能符合上述条件者都被淘汰。

由于澳葡政府采取一系列措施,葡语在澳门有一定程度的推广。

20世纪70年代以后,华人开展"中文合法化"运动,反对官方语言仅葡语一家的状态。葡萄牙殖民政府逐步改行"双语政策"。它的双语政策指的是个人双语,具有极大的欺骗性,这种双语政策实际上是以往单官方语言政策在新形势下的翻版。

贰 回归后的语言政策

澳门回归后,澳门特区实行一国两制、澳人治澳的方针,并且五十年不变。在这一总的方针规定下,语言的生存和语言的使用相应地保持原貌,依然是中葡两种官方语文并存,粤方言是最广泛运用的民间语文,英文用于金融、高科技、高等教育等范畴,但在稳定之中发生变化,这种变化在现阶段还是量的增减,属于渐变性质,例如中葡两种官方语文,回归前法律机构中只有葡文通行,现在中文也有了运用的空间。又如回归前普通话很少出现在官式场合,现在在官式场合常常可以听到普通话的声音。再如全社会的英文使用量慢慢在赶超葡语文。与香港相比较,澳门没有多少具体的语言政策和执行语言政策的政府机构,例如"两文三语"之类的政策,"官方语文局"(曾称官方语文署)之类的机构,但回归后特区政府却没有偏离两种官方语文地位相等的精神,允许教学语言自由选择和大力发展英语等。

基本法规定中葡两种语言都是澳门的官方语文,两种语文的地位相等。1999年12月13日,即澳门回归中国前7天,澳门政府颁发101/99/m号法令,该法令第一条规定:"一、中文及葡文均为澳门正式语文。二、两种正式语文具同等尊严,且均为表达任何法律行为之有效工具。三、以上两款之规定并不妨碍每一个人选择本身语文的自由,在个人与家庭范围内使用该语文之权利,以及学习与教授该语文之权利。四、行政当局应促进正式语文之教授及正确使用。"回归后这一法令得到真正的执行。

双语有"社会双语"和"个人双语"之分。社会双语是指在一个社会中同时存在两种主要的语言(一般是官方语言),两种官方语言的地位相等,例如加拿大的英语和法语。个人双语是个人具备两种语言的能力,双语人是个人双语的体现者,例如一个会说粤方言和葡语的澳门土生葡人。分辨社会双语和个人双语十分重要。回归前澳葡政府规定公务员必须具备一定的葡语水平,民间递交给政府的文件必须翻译成葡文(否则不予接纳或者拖延处理时间),耗资送公务员短期赴北京学普通话和赴葡萄牙学葡语,结果公务员大都会说几句葡语和普通话,但两种语文的水平都满足不了立法(例如撰写法律文本)、司法(例如法院审案)的需要,以致政府的行政运作仍然离不开葡语,例如前述法律的制定、公文的写作。回归后开始改变以往的错误政策,减弱了个人双语的培训,逐步扩大中文运作的范围。葡文在回归后也是正式语文,但不再处于一语独尊的地位。

回归前教学语文政策含有不自由的成分。当时凡官立学校都硬性规定必须进行葡语教育,中文反而未必是必修课。当时澳门一间私立大学规定英文为全校必修课,中文和葡文都不是必修课;该校教育学院受政府资助,则必须进行葡文教学。回归后学习何种语文不再是政府意志,各校可以自由选择教学语言和语言教学,科技大学率先规定中文为全校学生的必修课程。理工学院因应社会需要大力发展英语教学、中英翻译和中葡翻译教学。

　　澳门是一座旅游城市,游客来自世界各地,2004 年游客人数超过 1 000 万,是本地人口的 20 多倍。在英语逐渐成为国际共同语的趋势下,澳门对英语的需求十分迫切。配合这一形势,澳门政府提出发展英语培训。理工学院、旅游学院等教育机构加强了英语教学,一些行业也加强了对员工的英语培训,例如的士从业员协会等。

第二节　澳门的语言规划

　　制定澳门的语言规划必须首先了解澳门的语言状况和各种语言势力的消长。

壹　中葡英三语势力的消长

　　澳门有中葡英三种主要语言通行。三种语言的势力不是均衡的。

一、中文势力的消长

　　澳门是中国的领土,中国人是澳门人口的主体,汉语始终是民间主要的交际工具,但是汉语和中文却长期不具有官方地位。回归前夕,中文的官方地位得到确立,回归后开始真正落实。中文势力的增长经历过漫长的历程。

　　(1)中文合法化运动的开展

20世纪70年代至80年代,澳门华人开展"中文合法化"运动。这个运动从来没有停止。所谓合法,不是"合法"、"非法"的"法",而是指是否被规定为"法定语言"的"法"。"法定语言"就是后来所指的"官方语文"。"官方语文"在《中华人民共和国澳门特别行政区基本法》中称作"正式语文",即英语的 official language,意指"政府、法庭和公务上使用的语言"。澳门的"中文合法化"运动的目标就是争取中文获得官方语文的地位。

争取中文官方地位的努力是与澳门后过渡期的三项任务同时进行的。后过渡期三项任务是:法律本地化,公务员本地化和中文取得官方地位。三大任务是紧密相连和有机结合的。中文官方地位贯串在三大任务之中,因为法律本地化和公务员本地化都要体现为中文取得官方地位。

(2)中文官方地位的确立

1991年12月,葡萄牙部长会议通过并颁布中文在澳门的官方地位的法令,1992年澳门《政府公报》予以刊载,自此中文成为澳门官方语文的立法程序最终完成;同一时间澳门总督韦奇立将军颁布161GM/92号批示,设立总督亲任主席的语言状况关注委员会。委员会下设教育、文化道德、立法司法、行政及社会事务四个专责小组,分头而后集中地评估各自领域内施行双语的状况。委员会宗旨是:①分析实现中、葡文在澳门具有同等地位所需的措施。②评核已开展的普及使用双语的工作效率。③对当局拟出的普及中文的法律草案、工作计划及其他重要事项发表意见。④就当局行政、立法及司法范畴的语言状况定期编制报告。自1992年5月5日召开第一次会议起截至1999年回归之日,委员会共召开八次会议。

(3)中文官方地位的逐步加强

1999年政权交接后,中文的官方地位得到落实并且得到不断加强。《中华人民共和国澳门特别行政区基本法》规定:"澳门特别行政区的行政机关、立法机关和司法机关,除使用中文外,还可使用葡文,葡文也是正式语文。"此后澳门特别行政区政府的任务是保证基本法有关条款的真正落实。2004年10月26日,行政长官何厚铧在"澳门特别行政区2004—2005年司法年度开幕典礼"上致词指出:"包括学术界和法律界的各界人士,积极协助司法机关,努力推进中文在司法领域内使用的进程;全体的司法官就要积极采取各种措施,在确保司法素质和效率的前提下,进一步主动地使用中文,以确保中文在司法机关内的使用情况得以改善和普及。"(《澳门日报》2002年4月23日)

二、葡语势力的消长

语言使用的变化不是执政者的愿望所能左右的。语言是社会交际的工具,语言使用的变化取决于社会对这种语言的实际需要。回归前的葡语是一种谋生语言、通向仕途的语言,曾有立法会议员评估澳葡政府的人事政策是"任人唯语(葡萄牙语)"。(汪长南"公务员本地化应跳出旧框框——读程祥徽教授《语言与沟通》有感",载《大众报》,1996年3月1日)因此除了热衷于政府职务的市民之外,学习葡萄牙语文的人依然有限。

澳门回归后,葡语仍然是官方语文,但是在中葡两种官方语文平等相处的原则下,葡语失去了以往一语独尊的地位。澳门特区全面落实中文作为官方语文的政策,虽然在政府公文写作方面还没有清除葡文的影响,但中文作为官方语文的大势已经得到确定。

澳门理工学院设有语言暨翻译高等学校,它的前身于1905年正式成立,至今已有百年的历史。目前澳门特别行政区政府的中葡翻译员都毕业于这所学校。我们从回归前后报读中葡翻译课程的学生人数可以看到葡语势力的消长:1997—1998学年报读中葡翻译课程的学生有 18 人;1998—1999 学年报读中葡翻译的学生有 12 人;1999—2000 学年报读中葡翻译课程的学生下降至 5 人;2000—2001 学年报读中葡翻译课程的学生也是 5 人;2001—2002 学年报读中葡翻译课程的学生只有 1 人;2002—2003 学年报读中葡翻译课程的学生有 12 人;2003—2004 学年报读中葡翻译课程的学生有 7 人;2004—2005 学年报读中葡翻译课程的学生上升至 23 人;2005—2006 学年报读中葡翻译课程的学生有 148 人,见图 21。

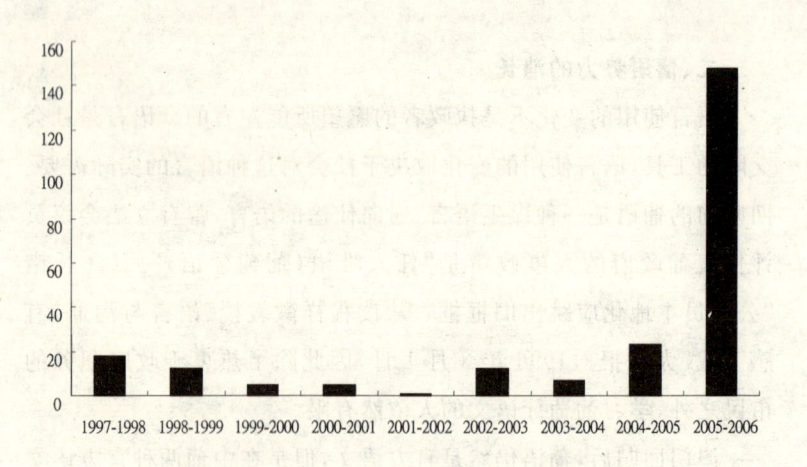

数据来自澳门理工学院语言暨翻译高等学校。

图 21 报读中葡翻译高等专科学位的人数(1997—2005 年)

澳门另一所"葡文学校"从1998—1999学年开始办学,由原来的利宵中学、鲍思高学校、葡文小学和商业学校四所葡文学校合并而成。根据学校2003—2004学年的问卷调查,在600多名学生中,71%来自土生葡人或长期在澳门定居的葡裔人士家庭,19%来自暂住澳门在公共机构、法律、航空、医疗等领域服务的葡萄牙专业人士家庭,其余10%的学生则分别来自巴西、安哥拉、东帝汶、莫桑比克、美国、法国、南非、菲律宾等10多个国家。学校采用葡萄牙的学制,提供小学一年级至高中三年级的课程,学生毕业后可以透过葡萄牙高考升读葡萄牙的大学。新办的这所学校改变了已往的课程设置,除了开设中文(普通话)这门外语科目外,也在地理、历史和社会等科目中加入与中国和澳门传统文化相关的内容。据该校行政委员会主席透露,"学校成立初期葡萄牙居澳人数大幅减少,学生人数在刚成立时每年都约有15%跌幅,直至近两年才稳定下来。"(资料来自《教师杂志》第10期,澳门教育暨青年局,2005年1月。字句略作修正)

　　殖民者在离开原来统治的地方时总会有一种失落的心情。葡萄牙人撤离澳门的前夕和离开后的初期,以为葡萄牙语文在澳门不会再有什么用途和影响力了。但中国在澳门实行一国两制和五十年不变的方针,官员从回归前的政府过渡过来,法律还是回归前的法律,行政运作虽然强调以中文为主,但政府部门依然习惯以往的运作方式,特别是中文水平并未有效提高,满足不了立法、施政等方面的需要,人们看到葡萄牙语文的需要依然十分殷切,于是学习葡萄牙语文的人数又猛然回升。估计这种回升趋势还会延续多年,直到中文水平有所提高,立法、司法和政府行政运作离不开中文时,葡萄牙语文的地位才会逐步降下来。

三、英语势力的消长

英语的情况与葡语相反。十年间使用英语的人数有很大增长,1991年使用英语的人数为1 777人,占当时人口的0.5%;2001年使用英语的人数为2 792人,占澳门总人口0.7%,现在已经与使用葡语的人数不相上下了。这是从单语种的情况看,如果看一看英语和葡语在双语中所处的地位(中英、菲英、泰英、中葡、菲葡、泰葡,等等),使用英语的人数比使用葡语的人数更多。在双语人的数字中,与葡语组成双语的只有3 418人,与英语组成双语的却有25 390人,就是说,英语的双语人数是葡语双语人数的七倍半。

与在其他国际城市一样,英语的国际通用语的性质在澳门表现得很明显。它适用于金融机构、国际贸易、高等教育、国际会议等部门或场合,使用频率一直稳步向上,这是英语本身逐渐走向世界、走向市场的结果,完全没有故意提倡等人为原因。目前,澳门后设的两个赌牌都由美国资金取得,因此这些赌场完全建成并大幅度扩展后,英语世界的游客和赌客肯定会大量增加,英语的使用范围必定会相应扩充。2004年新开张的澳门金沙赌场在《澳门日报》刊登招聘广告就有"具英语、普通话、广东话沟通能力"的要求:

COMMUNICATIONS OFFICER/SECURI-   传讯员/保安部
TY DEPARTMEN

High School education or equivalent experi-   中学程度或相关

ence preferred	经验优先
Previous control room experience	具控制室经验
Experiience customer service	具客户服务经验
Computer literacy	具计算机知识
Ability to speak and understand English Mandarin, Cantons	具英语、普通话、广东话沟通能力
Flexility to work all sbifts	可值班工作

鉴于英文地位的变化,澳门教育部门进一步重视英语培训工作。澳门理工学院语言暨翻译高等学校于2000年9月创办了中英翻译学士学位课程,2004年培养出第一批中英翻译人才。五年来报读该课程的学生一年比一年多:2000—2001学年报读中英翻译课程的学生有82人;2001—2002学年报读中英翻译课程的学生有152人;2002—2003学年报读中英翻译课程的学生有347人;2003—2004学年报读中英翻译课程的学生有508人;2004—2005学年报读中英翻译课程的学生有694人;2005—2006学年报读中英翻译课程的学生有715人。同时,"为提升澳门的国际竞争力",2003年4月澳门理工学院和英国剑桥贝尔教育信托基金共同合办"理工—贝尔英语中心",为不同程度不同需求的人士开办英语培训课程。中心提供的课程包括:成人进修课程、行政管理英语、专业英语、博彩英语、社交英语、会话俱乐部、演讲技巧、学术写作、实用英语写作等。从2003年6月16日开始招收学员,上课的学员人数达800余人。此外已经与政府多个部门合作开办了多个英语培训课程,包括行政暨公职局、教育暨青年局、澳门司法警察学校、澳门基金会

等等。该中心还与香港英国文化协会合办国际英语水平测试(IELTS)。从 2004 年初至 2005 年 3 月 12 日,已有 261 位应考者参加了测试。学习英语的人数和规模一直呈逐年上升趋势。见图 22。

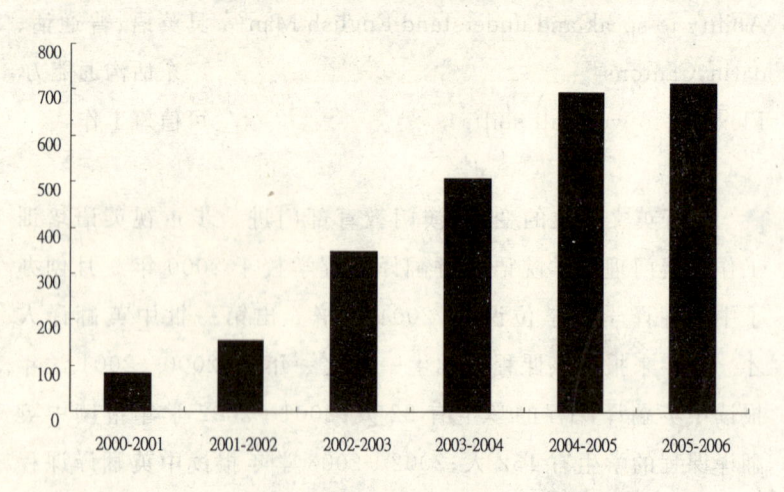

数据来自澳门理工学院语言暨翻译高等学校。

图 22　报读中英翻译高等专科学位的人数(2000—2005 年)

四、中葡英三语势力的消长

中英葡三种语文一直在澳门社会中通行,受着政治变动和经济发展的影响而在势力上有所消长。

澳门回归前,政府的许多文件只用葡文,例如楼宇买卖文件、法庭宣判文件等;有些文件有中葡两种语文,排序是葡文在前或上,中文在后或下。例如政府部门的信封回归前葡文排上,回归后葡文排下。见图 23。

第七章 澳门的语言政策和语言规划　　　283

回归前

回归后

图 23　回归前后的政府文件

　　图中左边是 1999 年 12 月 19 日 23 时 59 秒以前的信封,文字排序是葡文在上,中文在中,英文在下;右边是 1999 年 12 月 20 日零时启用的信封,信封上只有中葡两种官方语文,排序是中文在上,葡文在下。

　　回归前有些非政府机构例如银行分期付款文件、水费单等也都是用葡文。回归后才改为中文或添加了中文。见图 24。

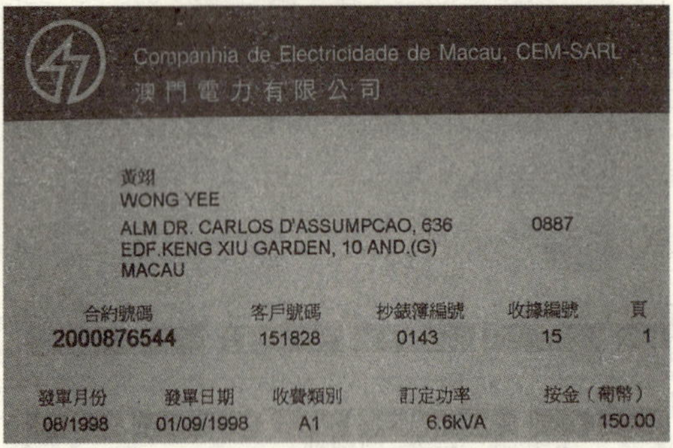
Companhia de Electricidade de Macau, CEM-SARL
澳門電力有限公司

黃翊
WONG YEE
ALM DR. CARLOS D'ASSUMPCAO, 636 0887
EDF.KENG XIU GARDEN, 10 AND.(G)
MACAU

合約號碼	客戶號碼	抄錶簿編號	收據編號	頁
2000876544	151828	0143	15	1

發單月份	發單日期	收費類別	訂定功率	按金（葡幣）
08/1998	01/09/1998	A1	6.6kVA	150.00

回归前

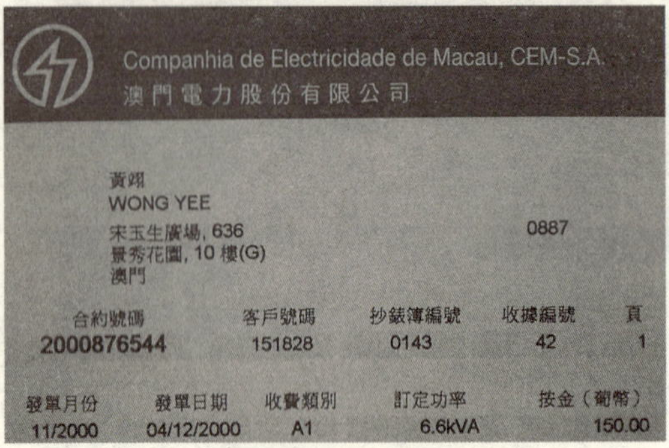
Companhia de Electricidade de Macau, CEM-S.A.
澳門電力股份有限公司

黃翊
WONG YEE
宋玉生廣場, 636 0887
景秀花園, 10 樓(G)
澳門

合約號碼	客戶號碼	抄錶簿編號	收據編號	頁
2000876544	151828	0143	42	1

發單月份	發單日期	收費類別	訂定功率	按金（葡幣）
11/2000	04/12/2000	A1	6.6kVA	150.00

回归后

图 24 回归前的电费单(1998.9.3)、
回归后的电费单(2001.1.8)

从民间使用层面看，回归前三语排序是：汉语或中文领先，接下来是英语文和葡萄牙语文。回归后排序没有更改，依然是：汉语文—英语文—葡萄牙语文。

从语种方面分析，汉语无疑始终是澳门地区使用最普遍、作用也最大的语文，它在各种不同的语文中的比例始终没有低于96%。(1991年为96.6%，1996年为96.1%，2001年为97%)近年旅游业发展,的士司机的语言培训只有普通话和英语两项,没有葡语培训的内容。例如澳门的士从业员协会编有《的士司机语言培训课程课本(简易英语、普通话会话) English and Mandarin Course for Taxi Drivers》,其第三课 Phrase(词组)编入下列 9 个词组:

①Take you to the airport.　　送你到机场。
②Airport is on your right.　　机场就在你右边。
③Go this way. Faster.　　走这条路会快些。
④Don't go this way. Busy.　　不要走这条路。/这条路交通十分繁忙。
⑤I need to stop here.　　我需要在这里停车。
⑥Trust me, go this way.　　相信我,走这条路吧。
⑦Let me take the luggage.　　让我来拿行李。
⑧Don't worry, you have enough time.　　不用担心,你有足够时间。
⑨Shall I wait for you?　　需要我等候您吗?

葡萄牙语文的使用人口急剧下降,这是政治力量的对比发生了巨变的结果。1991 年还是以葡文为澳门单一官方语文的时代,立法、司法和政府行政语文一律使用葡萄牙语文。1999 年澳门回归中国,局面即刻发生了变化。不过应当指出,葡语始终会在澳门具有影响,因为它毕竟是占澳门人口 2% 左右的土生葡人的母语之一。同时《中华人民共和国澳门特别行政区基本法》规定了葡语的正式语文的地位。葡语在澳门继续存在不是一件坏事,对中国是一个特别重视单一母语的国度说来,澳门存在葡语是对单一汉语社会的补充。

在澳门,英语和葡语都是外来的。由于历史的原因,葡文成了澳门的官方语文,英文则是使用率并不低于葡语的外来语。澳门回归后,使用葡语的人数和机会开始呈现下降趋势,而英文却以强势语言的姿态扩大它在澳门的地盘。20世纪90年代使用英语的人数有很大增长,因此,应当从"语言地位"上看葡语,从"实用价值"上看英语。葡语在今天仍然是官方语言,葡语的这一地位至少五十年不变。在语言政策上绝不可因为重视葡语的官方地位而轻视英语,用在英语的培训力度要大大超越葡语。2003年8月至2004年12月,有1 332人在澳门旅游博彩技术培训中心接受英语和普通话培训,占该中心1 503名学员的89%,说明中英两种语言组成的双语是双语教学的主要项目,同时说明该中心的课程设计因应了社会的需求。2004年11月格兰披治大赛车期间,广告公司在澳门大部分出租车厢内安装电视广告屏幕,共有3个语种可供选择:普通话、粤方言和英语,没有葡语。

贰　粤普二言势力的消长

澳门回归前,具有官方地位的汉语究竟是指普通话还是粤方言,曾经有过很长时期的争辩。澳葡政府虽没有明确表态,但不成文的规定是粤方言。1993年澳门社会科学学会举办"澳门过渡期语言发展路向国际学术研讨会",平时在机关提倡学普通话的法律翻译办公室负责人在研讨会上却用粤方言发言,令知情者大惑不解。原来当日有政府高官出席,他必须在上司面前表现"语言忠诚"。当时曾有学者发表"什么样的中文才是官方地位的中文"(程祥徽 2000)的文章参与这类讨论。回归后同样没有明文规定,但澳门人有一个共识:具有官方地位的中文是指普通话。因此粤普关系在迅速调整,其基本态势是:普通话得到迅速推广,粤方言的势力依然强大。

在政府行政运作上,回归后澳门置于中国中央政府领导下,普通话是特区与中央沟通的主要工具,中央官员说的是普通话,特区官员与中央联系也要说普通话。例如特首宣誓就职、迎迓中央官员、赴京述职、访问其他城市都要说普通话。再者,公务员本地化的重要标志之一是公务员必须具备中文能力,而所谓中文,就是书面普通话。2004年10月27日《澳门日报》报道澳门终审法院院长的讲话,用"不可逆转"形容普及中文的趋势。

在经济生活上,旅游业的蓬勃发展和中央推出"自由行"措施吸引大量内地游客来澳门旅游,形成普通话导游供不应求的局面;特区政府果断地实行以博彩业为龙头的决策,吸引大量说普通话的赌客来澳门消费。虽然在市场需求的刺激下普通话人才迅速增长,但仍然不敷市场需要。为了适应旅游博彩等行业的需要,无论是学校还是私人机构,都在根据市场需要开设普通话课程。澳门大学、澳门理工学院、旅游学院等校都设有普通话课程,理工学院属下六所专业学校2005学年之后将都开设普通话课程;国际学校、私人机构也都开设普通话课程,例如加拿大学院、联国学校、葡文学校、国际银行、赌场等等。

下面以导游语言能力的数据为例解说粤普二言势力的消长状况。2002年4月16日澳门旅行社协会发表《导游不足问题不能再拖》,文章根据2000年的调查统计,说明具备各种语言能力的导游严重不足,见表64。

表64 掌握各种语言能力的导游(2000年)

一种语言/方言	导游人数	二种语言/方言	导游人数	三种语言/方言	导游人数
葡文	1	普通话/粤方言	1	普通话/粤/英	5
英文	53	普通话/福建话	13	普通话/福建/英	1
法文	2	普通话/英文	7	普通话/福建/日	1
日文	86	普通话/日文	5	普通话/潮州/英	1
粤方言	149	普通话/韩文	1	普通话/葡/英	1
韩文	12	普通话/德文	1		
西班牙文	1	粤方言/英文	26		
泰文	2	粤方言/日文	14		
普通话	160	英文/葡文	1		
		英文/法文	1		
		英文/日文	2		
小计	466		72		9

总计:547个 2001年持有牌照的导游增加到:594个

这张表说明以下问题:

普通话单语导游160人,领先所有其他语言或方言。

在9个语种(包括粤方言)之中,说普通话单语的导游人数最多;在双语和三语中,普通话与10个语种(包括粤方言、福建话和潮州话)组合成双语和三语,是组合双语和三语的最活跃的成分。如果没有普通话的加入,三语导游将付诸阙如,澳门的导游将会缺少"普粤"、"普福建"、"普英"、"普日"、"普韩"、"普德"等双语类型。

英语组合双语或多语的能力仅次于普通话。

594个导游远远不能满足实际需要。"虽然目前本澳有五百多名注册导游,扣除转行、退休和转为旅行社行政人员,所剩无几,故真正从事导游工作的远低于政府公布的数字。""与香港比较,澳门入境游客总量为香港的74%,但香港有近7000,澳门导游只有500,只占香港导游数量的7.4%,比率偏低。又如2000年,澳门接待的游客有23%的增长,导游升幅却只有3%。"(《澳门日报》2002年4月23日)

导游不足造成不良影响。2001年中国国庆长假期和2002年五一长假期因为普通话导游不足造成混乱。政府一方面取缔那些无证上岗的现象,一方面又不能满足旅游业发展的需要,结果受损的是澳门的旅游业,损失的是澳门的形象和澳门的经济。

旅游界特别重视普通话导游问题,把导游语言能力的培训与提高视为带动澳门经济发展的一项战略性措施。"近年两岸游客不断大幅上升,对能操流利普通话的导游需求更殷切,但目前本澳最欠缺的就是能操良好普通话的导游。旅游学院虽然每年都培养出一批导游,但普遍都不能掌握普通话,难派上用场。如有旅行社经营者女儿毕业于旅游学院,虽然是持牌导游,同样因为不懂普通话而未能帮手带团。"(《澳门日报》2002年4月23日)这是2000年的结论,2002年赌牌分派三个机构,2004年新发牌的两个赌场陆续开始营业,普通话赌客和英语世界的游客相应增多,普通话和英文的运用范围进一步扩大,特区政府积极作好应接的准备,其中最重要的是语言能力的准备。

叁 语言规划中存在的问题及其对策

澳门的语文问题比较复杂。澳门回归祖国后,中文官方地位从回归前的纸上谈兵走向名副其实,正在逐步落实《基本法》有关"正式语文"的条款。现在基本理清这样的思路:作为官方语文,只有中文和葡文,排序是中文在前,葡文在后。作为社会普遍的交际工具,则是中—英—葡三语。澳门回归后,中文的运用得到扩展,语文工作得到加强,特区政府在语文方面的成绩至少有以下几项:

(1)确立了中文的官方地位。政府行政语文,公文和法律文件都以中文为载体,公务员执行接待任务时以中文为工作语文;立法机构亦以中文为工作语文。行政长官施政报告以中文为起草语文(然后翻译成葡文和其他语文),政府官员用中文与市民沟通。立法会会前发言和会议发言均可使用中文,法律文件尽量形成中文文本(尽管其中不少是从葡文翻译成中文的)。

(2)各级学校不同程度地重视或加强中文教学,轻视或忽视中文教学只占极少数。

(3)民间社团对中文的推广表现出高度的热情与积极的态度。

但是,由于葡萄牙的长期统治,中文取得官方语文地位只有10多年历史,葡萄牙语文在法律、公文写作领域内对中文的冲击和负面影响还深深存在。国家语言文字工作委员会发布的"中国语言生活绿皮书"这样评估澳门的语言生活状况:

> 澳门使用语种主要有汉语、葡萄牙语和英语,粤方言使用广泛。"土生葡人"的葡汉双语人同时以葡语和汉语为母语,其中有极少数人会说一种以葡语为基础的混合语(克里奥尔语)。闽方言、客家方言、吴方言等也有使用。"葡式中文"盛行。属于澳门自己的中文法律用语和公文用语体系还没有建立起来,公文格式也没有最后统一。没有统一的中小学语文课本、语文教材。没有专门的机构协调语言之间的关系,也没有专门的机构处理语

第七章　澳门的语言政策和语言规划

文业务范围内与范围外的联系。
　　(中国语言生活状况报告课题组编《中国语言生活状况报告(2005)》(上编)第8—9页,商务印书馆,2006年)

　　具体说来,中文在应用中存在的问题至少有:
　　(1)不规范的中文依然充斥于政府公文和法律文件中,"葡式中文"继续通行无阻。在澳门的报章上,几乎每天都刊载有市民无法看懂的"通知"、"通告"、"公告"、"布告"、"告示"之类的政府文件,文件虽不一定是葡文的译文,但行文深受回归前公文格式及公文用语的影响,损害特区政府的亲民形象。
　　(2)双语立法推行缓慢。目前还很少有用中文草拟的法律,多数法律至今还是先用葡文拟定,然后翻译成中文,如有疑义或歧义,以草拟文件的语文即葡语为准。这就是说,中文到今天还没有全面运用到立法上面。
　　(3)属于澳门自己的中文法律用语和公文用语体系还没有建立起来。公文格式也没有最后统一起来。
　　(4)学校语文教学的方向和目标不够清晰,缺乏统一的中小学语文课本、语文教材。教学时数以及教学要求等等都没有明确的规定。目前中学过早实行文理分科,学生的语文基础本来就很薄弱,人学又不把《大学国文》当作必修课规定学生必须选读,学生的母语能力远远不能满足社会需求。
　　(5)中文公文的标准模式尚未确立,社会上的语文运用(广告用语,标语用语,招牌用语,商业用语,社交用语等)缺乏必要的指引,标准化和规范化程度有待提高。
　　(6)欠缺编纂、出版各种工具书、辞典和公文写作范本的计划和行动。

（7）没有专门机构协调两种官方语文之间、官方语言与其他语言之间、普通话与方言之间的关系。也没有机构在语文业务范围内与有关方面建立关系，如与立法会、政府各部门、报纸传媒、教学单位的文字工作者互通信息、彼此配合。

（8）没有一支高水平的语文专业队伍。由于中文人才尚缺、中文水平不高，以致不得不继续用葡文制定特区法律。

为了配合澳门政治、经济和文化教育事业的进一步发展，为了把澳门建设成为一个以旅游博彩业为龙头的文化城市，解决语言文字方面存在的问题，到了势在必行和迫不及待的时候了。

澳门具有特殊的政治地位、历史地位、地理地位和经济地位，因此语言规划的涉及面很广，要做的事很多。政治上它是中国的一个特区，实行一国两制。一国两制的国策如何在语文规划上得到体现，值得思考。历史上澳门长期由葡萄牙人统治，葡萄牙语文长期居于官方地位，至今影响深远，今天对葡萄牙语文应当采取何种态度，值得深思。地理上澳门处于整个粤方言的大环境中，语文的规划不可避免地与香港和广大的珠江三角洲的粤方言相连。经济上澳门是个博彩旅游城市，游客比本地人口多出 30 倍，语文上如何适应城市的需要和发展，必须认真制定方略。千头万绪，我们应当高屋建瓴，解决几个关键性的问题。关键性工作做好了，一项项具体问题都会迎刃而解。目前澳门语文规划中存在的问题主要是：没有一支用语言学理论武装起来的足以胜任规划任务的团队；缺少必要的机构从事学术研究和开展实际工作；社会上偶有语文问题的争论，但多偏重于语文的微观运用，缺乏宏观的视野，未能把澳门的语言工作放在社会和时代的大环境中开辟道路。针对这些问题,我们认为可以采取以下的对策。

一、加强语言规划理论研究

理论是制定政策和规划的基础和依据。从回归前到回归后,语言理论的宣传和培训在澳门都有待加强。回归前澳葡政府把公务员培训成同时能说几句葡语和汉语的"双语人",以为这样就算落实了双语政策。这一政策具有很大的欺骗性,其实它的性质是以个人双语取代社会双语。执行这一政策的结果是公务员虽然能说几句葡语和汉语,但他们的语言能力满足不了立法和施政的要求,给澳门的回归和回归后的工作造成负面影响。葡式中文的大行其道,葡式中文公文的普遍存在都与回归前没有实行社会双语政策不无关系。问题不完全在澳葡政府做了些什么,还在澳门市民和政府官员能否认识它的动机和后果。有人不能认识问题的要害,甚至误以为澳葡政府在官方语言问题上做得最好。其实澳门的语言培训应当实行精英政策,只有精通中文的人才、精通葡语的人才、双语翻译人才,才能承担立法、司法和施政的重任。时至今日还很少有用中文写成的法律文本,原因之一是立法者中文水平的限制。因此,在今后的语言规划中应当从理论上总结以往的经验和教训。

语言理论的培训和提高在回归后的今天十分重要。理论水平的高低将直接影响到语言政策的制定与执行。例如语言规划的任务之一是进行"语言选择",在一个存在两种或两种以上语言的社会首先要给语言定位,选择何种语文是国语,何种语文是官方语文或正式语文,如果定位不适当,制定语言政策就会失去正确的依据,制定出来的语言政策就会是错误的政策。回归后澳门语文的地位应当是：中文具有国语地位，因为澳门是中国的一个特区，同时中文又是官方语文和正式语文；葡萄牙语文在澳门不享受国语地位，但它可以是正式语文。正式语文或工作语文是配合工作环境被选用的语文，需要使用葡文时用葡文，需要使用中文时用中文。一个社会中几种语文相处，关系越平等越好，越平等越有利于社会的和谐和国家的稳定。

澳门土生土语是一种人文价值和学术价值很高的濒危语，是人类语言中的宝贵资源，现在只有几十人能说这种语言，必须对它实行抢救。这项抢救任务责无旁贷地落在澳门语言学家的肩上。但要抢救成功，必须要有语言学的理论工具。土生土语是一种克里奥尔语，与澳门土生说的葡语是两种不同的语言。现在澳门对这种克里奥尔语的研究存在混乱的情况，关键就是语言学理论修养不足，概念不清，混淆了研究对象。把凡是土生说的葡语都叫土生土语，这是概念外延的扩大。土生说的葡语依然是葡语，不过是不规范的葡语，可被认为葡语的一种方言。土生土语是说正宗葡语的人都听不懂的语言，其内部结构有许多混合成分，从语言识别的立场看是另外一种语言。因此，研究土生说的葡语和土生土语的意义完全不同。

二、建立语言规划机构

语言规划是一项细致而浩繁的工作，政策性很强，学术性也很强，需要为此建立学术研究机构和行政运作机构。学术机构对社会上存在的各种语言现象和语言问题进行研究探讨，以科学的结论提供给施政部门参考；行政机构据此制订行动计划加以推行。新中国建立以后仅十天，国家就设立了中国文字改革协会（费锦昌

《中国语文现代化百年记事》,语文出版社,1997),发展到今天,不仅中央,而且各省市都有包括行政任务和研究任务在内的组织"语言文字工作委员会"。从 20 世纪 90 年代起到本世纪,澳门一直有人呼吁建立以语文研究为内容的机构。《澳门中文官方地位的提出与实现》最早提出"设立本地区的标准中文工作委员会"的建议(程祥徽 1992)。"标准中文工作委员会"的构思来源于新加坡"标准华语委员会"。此类机构邀集语文专家组成,广泛学习和参照世界各国各地语文规划的经验和最新理论,结合本地语言发展的历史和现时状况开展研究,制订长远规划与短期计划。这个机构可以开展如下工作:

(1)制定长期语文规划及短期工作计划。

(2)制定公文写作规范。

(3)协同立法机构讨论法律语文通俗化。

(4)制定外来词语统一翻译标准及社会用语标准。

(5)研讨各级学校中文语文课本及教学问题。

(6)研究官方语文、双语、共同语与方言以及外来词语、网络语言等理论问题,尤其要正确处理粤方言与普通话的关系,一方面要加大推普的广度,另一方面是要正确对待粤方言。

(7)制订抢救澳门濒危语的方法和步骤。

(8)收集、鉴别新词语,讨论用词规范化问题。

(9)正确处理语言培训与龙头产业的关系。一些高校和职业学校都开设普通话课程和英文课程。例如澳门理工学院职业技能培训中心设有"普通话/应用文"和"应用英语"或"基础应用英语"科目,普通话科目学分(3 分)占总学分(25 分)的 12%,英语科目学分(6 学分)占总学分(25 分)的 24%,两种语言科目共占总学分的36％，而且4个学期都有这个科目。开设语言课的目的很明确："旅游博彩业是澳门经济的龙头行业。随着澳门与内地的交流日趋频繁，本澳旅游博彩从业员使用普通话与游客沟通的机会显著增加，普通话便成了旅游博彩行业中必不可少的职业语言技能，因此，该行业的普通话培训势在必行。为了配合澳门博彩业的职业语言技能培训需要，由澳门理工学院和澳门旅游学院共建共管的澳门旅游博彩技术培训中心发展了这本《娱乐博彩业实用普通话》课本。"(澳门理工学院和澳门旅游学院下设澳门旅游博彩技术培训中心《娱乐博彩业实用普通话·序》，2004年)

(10)全面规划母语教育、外语教育和双语教育。

母语教育必须加强。到现在为止，澳门法律文本还很少是用中文起草的，政府文件也多数由葡文起草而后翻译成中文。"法律本地化"的历史任务没有完成；用中文写作其他文体的水平也需要提高。中文官方地位的落实和母语教学的成功要看是否已经用中文制定法律和书写公文，还要看是否具备了用中文制定法律和书写公文的能力。目前澳门市民的母语水平亟待提高，这已是社会普遍的呼声。在制定母语教学的政策时必须防止那些空喊双语潮流而实际贬低母语的倾向。

外语教学的首要任务是正确选择学习目标。目标现已清晰，那就是需要加强英语的教学。澳门学生学习语言的任务历来非常繁重，回归前澳门学生除了先天得来了一种语言或方言之外，还要学葡萄牙文，因为葡文是官方语文，当时的政府列为必修科目（如果是官立学校的话）；更要学习英文，因为英文是重要的谋生手段；又要学习普通话，因为会说普通话有助提高竞争力，现在连招工广告也会列出对普通话的要求，眼下旅游行业就严重缺乏会说普通话的导游,博彩行业急需懂普通话的接待人员和工作人员;假如新移民来自粤方言以外地区,例如来自福建、上海或东南亚,还需要学习粤方言,因为会说粤方言是取得社会认同的重要标志。在多项语言学习任务面前,应当引导市民从整个社会的需求和发展的眼光作出选择。从总体看,英语应当是学习外语的首选。

配合城市发展的需要有计划地组织各种双语教学。旅游博彩作为澳门经济发展的龙头产业,需要接待来自世界各地的客人,具备双语能力成为这个城市得以生存和发展的必要条件。2005年3月7日《澳门日报》刊载金沙娱乐场招聘广告,要求"机场贵宾室经理"、"国际市场贵宾服务——行政主任"、"国际市场——迎宾"、"餐饮服务员"等职位具有"良好英语、广东话及普通话读、讲能力"。因此,有人说把澳门建设成"语言博物馆"。在建设语言博物馆的进程中,大专院校和专业学校的作用十分重要,例如现有的12所大学中应当有一些学校或专业突出语言教育或旅游业务的培训。

除了语言教学问题,还有教学语言问题,即用什么语言开展教学工作。一个国家或一个地区选择什么样的语言作为教学语言,是一项关系全局的大事情。一般认为确定教学语言时应考虑三个问题:学生是否能熟练地用这种语言进行有效的学习;所选语言与国家或地区利益是否一致;所选语言本身的书面语料的丰富程度以及能用此语言从事教学的教师的数量与质量。美国语言学家Ralph Fasold建议,选择教学语言时要按如下五个标准:能否用作较广泛交际的媒介;使用某种语言的人数;语言的发展和完善情况;语言集团的语言偏爱;因使用某种语言而引起的学生辍学率。澳门教学语言情况十分复杂,教学语言有葡语、英语,更多的是粤方言,极少用普通话。2005年2月28日香港《明报》发表邵善波文章《大中小学教学语言之争》,文章的基本观点是:"除非香港以发扬岭南广东话文化为己任,否则大学首先应该取缔广东话授课,改以普通话和英语授课,与国际大势及全国(包括台湾)大学看齐。"

特别值得研究的问题是中国语文课用什么语言进行教学。事实证明用普通话授课对提高学生中文水平是有好处的。2003年2月15日《澳门日报》特稿《普通话授课 提高中文水平》说:"香港保良局辖下4所小学,4年前开始试验以普通话教授中文,其中一所小学连续4年的追踪调查显示,教师用普通话教授中文,学生中文科总平均分较广东话授课高5分,其中写作能力成绩高7至11分。"该文还列举如下资料:"4所学校向841名参与计划的小学生进行问卷调查,结果有86%的学生表示喜欢普通话授课,只有极少数表示因普通话授课而令学习困难。参与计划的学生家长中,有94%家长同意普通话授课能提高子女的普通话能力;78%认为可提高子女的中文水平及学习中文的兴趣。"

关于使用普通话还是广东话教中国语文课,一向以来有三种不同的见解:

第一,纯粹用广东话教学,因为广东话才是真正的"母语",用广东话作教学语言才是真正的"母语教学"。因此学校招聘语文老师规定会说广东话为先决条件。

第二,改用普通话教语文,因为文章是用普通话写的。澳门人所谓"白话文"或"语体文"实际上就是书面化的普通话。选进语文课本中的文章几乎百分之百是用这种书面普通话写的。

第三,一部分教材可以(但不强制)用广东话教,例如旧体诗词,因为旧体诗词押韵用的所谓"诗韵"是唐宋期间的语音,普通话与唐宋音相差很远,广东话与唐宋音倒是相当接近。用广东话读旧体诗词,比用普通话朗读更加和谐。

教学语言的选择应当把握一个原则,即作品用什么语文写的最好用什么语文去教。香港电视台转播《红楼梦》电视剧,将人物的对话改为广东话,许多观众不能接受,因为《红楼梦》的艺术成就很重要的一个方面就是它的语言艺术,它的语言是近代和现代汉语的标准模式,一改成广东话,它的语言艺术也都改掉了。这正像用普通话去读粤方言写成的澳门新闻故事或其他书面作品一样,失去了它的通俗性、调侃性以及特定的地方色彩和生活趣味。这就是说,粤方言文章只能用粤方言念,即使能用普通话念得出来,也会失去原文风味。

文言的诗词可以考虑用广东话朗读,那是因为粤方言接近古音,用一种接近的音去读,可以更能体味作品的精髓和艺术趣味。例如押入声韵的《满江红》、《念奴娇》。《念奴娇·赤壁怀古》用普通话念是不押韵的,它的韵脚是:物、壁、雪、杰、发、灭、发、月。[u/ i/ ye /ie/a],其中只有"雪杰灭月"四个字可以相押,其余都不再押韵了,用广东话念,都是入声,押韵比较和谐。当然这是就港澳地区而言,因为这里流通粤方言,人人会说粤方言;如果是在其他方言区,没有必要非用粤方言教旧诗不可。

教学语言的差异反映着学校类型、学生发展方向、学校归属关系的不同。因此,必须据此协调与规划教学语言的分布,推动与促进语文规划的实施。

三、注意各方因素的配合

澳门土地面积小,人口不多但语言复杂,三文四语(汉、葡、英三文,汉语分粤方言和普通话)分别处于不同的语用环境中。在澳门进行语言规划必须注意各方面因素的配合。

首先要考虑政治因素。澳门各种语言状况的形成是由社会政治、历史、文化、经济、人口等诸多方面的原因造成的。因此,处在一个社会中的各语言,其功能分布也不会是一样的,粤方言的使用人数虽然是澳门总人数的95%以上,但从未正式进入政务、司法和政府机构,英语虽然不是官方语言,但在经贸、科技等范围内广泛通行。这些因素在语言规划时必须认真考虑。葡国科英布拉大学经济系教授兼社会所主任苏保荣曾对现今的澳门社会作过这样的描述:"澳门是一个极其复杂的微型世界,是一个十分特别的葡国的老殖民地,又是一个多种文化、多种语言的社会。她将好几个多元——文化的多元化、社会政治的多元化、语言多元化、法律多元化——共冶于一炉。"(转引自杨秀玲"研究社会语言学,迎接划时代的挑战",载程祥徽主编《澳门语言论集》,1994年)这种多元社会的多元语言分布是澳门语文规划的背景。

其次须考虑经济因素。澳门今天的现实和未来的发展前景有一个共同点,那就是向着国际化、现代化都市发展。现代社会衡量一国一市的国际水平是看其经济实力,国际化的现代都市的特征是经济的高度发展。因此,作为沟通现代业务与联系世界的重要工具的英语,现在已经广泛地得到应用。随着澳门国际化水平的提高,英语的价值也将进一步提升,未来澳门在语际交流中英语的比重还会进一步增大。

再次必须考虑人文因素。澳门多种语言共生共存的磨合史表明,人文因素所起的作用远远超过任何政治因素。从1553年葡国人获准在澳门定居到现在450多年间,葡萄牙语从来没有成为主导语言,而汉语(在口语上表现为粤方言,在书面上表现为语体文)却不仅没有一丝一毫的蜕萎,反而以其深厚的文化底蕴,抵御、消融了外来文化,并以其强韧的力量使许多来澳门的葡国人接受汉化的生活方式。这就是葡语始终没有被华人社团的绝大多数居民接受的原因。当然,不同文化的相互影响还是有的,多语的相互影响与渗透,语界的模糊和语言的混杂使用也在所难免。

最后还须顾及地理因素。澳门位于珠江口,接壤20世纪80年代以来经济发展迅猛的中国大陆,东面隔海与最具经济活力的香港相望,形成"省港澳"三足鼎立的格局。这一地理位置,决定了澳门必须与这两个地区同步发展的命运,即所谓"一损俱损,一荣俱荣"。整个这个地区,居民对粤方言的忠诚度都很高。特别在港澳人心目中,粤方言情意结是其他语用者所难理解的。因此,粤方言在澳门的地位将会有一个长久的稳固期。语言态度是多种因素综合作用的结果,这些因素包括民族历史文化、社会政治制度、经济结构以及人口的数量与质量、性别与年龄、职业与教育等的配比关系。一种语言在语言状况中所处的位置与人们对它的态度,并非总是成正比的,例如葡语在澳门,曾经长期处在至高无上的官方地位,但它却始终没有成为澳门社会普遍通用的语言。

"语言规划"作为语言学的一个术语在中国只有20多年的历史,但是语言规划这件事却已进行了几千年。秦始皇实行"书同文"措施就是一次语言规划的成功实践。汉朝政府派官员驾驶軿轩车下乡采集民谣和方言以作为施政参考,说明中国的语言政策早已有之。历代政府设立专门机构编纂字书、韵书、字典等等,都具有语言政策和语言规划的性质。中华人民共和国成立后语言规划和语言政策的制定和推行更加步入正轨,取得丰硕成果;但"也有局部的失误或失败……面对如此丰富的实践经验和教训,我们的研究总结和理论概括工作却显得过于薄弱"。(仲哲明"关于语言规划理论研究的思考",载周玉忠、王辉主编《语言规划与语言政策:理论与国别研究》,2004年)澳门语言状况复杂,无论在实践方面还是理论的提高方面,要做的事情很多,然而都必须在语言的总体规划下进行。

参考文献

论 文

《澳门语言学刊》第 1—30 期　1995—2005　澳门语言学会。
曹聪孙　1997　试论进入共同语的方言外来词,《方言与共同语》,香港和平图书·海峰出版社。
曹志耘　1989　方言学和社会语言学,《汉语研究论集》,中国矿业大学出版社。
曹志耘　1991　汉人命名中存在的问题及其对策,《语言·社会·文化》,语文出版社。
曹志耘　1991　济南方言若干声母的分布和演变——济南方言定量研究之一,《语言研究》第 2 期。
曹志耘　1993　汉语方言的人类语言学研究,《黄河学刊》第 1 期。
曹志耘　1994　口语初探,《民俗研究》第 3 期。
曹志耘　1997　谈谈方言与地域文化的研究,《语言教学与研究》第 3 期。
曹志耘　1999　方言与地域文化研究的对象和方法——读《福建方言有感》,《语文研究》第 2 期。
陈合宜　2001　对澳门公文改革的思考,《行政》杂志第 52 期,澳门行政暨公职局。
陈耀南　1990　观台思港话语文,《语文建设通讯》第 28 期,香港中国语文学会。
陈耀南　1994　歪风卑格·中英夹杂——鸡尾文体的检讨,《语言风格论集》,南京大学出版社。
程祥徽、刘羡冰　1991　澳门的三语流通与中文的健康发展,《中国语文》第

1 期。

程祥徽　1992　澳门中文官方地位的提出与实现,《中国语文》第 1 期。
程祥徽　2001　澳门中文公文的回归之路,《语言文字应用》第 1 期。
程祥徽　2002　澳门社会的语言生活,《语文研究》第 1 期。
程祥徽　2003　新世纪的澳门语言策略,《语言文字应用》第 1 期。
费成康　2002　澳门的路名:澳门特色文化的组成部分,《澳门文化、汉文化、中华文化与 21 世纪》,澳门社会科学学会。
冯润华　1999　语言规划与语言政策,《澳门语言学刊》第 8—9 期。
傅玉兰　1996　澳门街道标帜及名称,《澳门研究》第 5 期。
龚水桑·阿尔芙斯·斌多　《澳门教育——对教育制度的探索》,王伟译,澳门政府版权。
濠江客　2003　澳门图说,在《澳门日报》不定时长期连载。
侯精一　1992　普通话在未来澳门特别行政区的地位,《澳门语言论集》,澳门社会科学学会。
胡慧明　2000　《澳门记略》反映的澳门土生葡语面貌,澳门大学硕士论文,藏澳门大学图书馆。又载《文化杂志》中文版第 52 期, 澳门特别行政区政府文化局 2004 年。
黄鸿钊　1998　16 至 18 世纪的澳门与东西方文化交流,《澳门研究》第 7 期。
黄坤尧　2000　论港式中文,《语体与文体》,澳门语言学会、澳门写作学会。
黄　翊　1999　澳门言语社会在语际交流中的语码转换,《中国语文》第 1 期。
黄　翊　2003　从命名看澳门土生葡人的文化特征,《中国社会语言学》创刊号。
金丰居士　2002—2003　澳门街巷来龙去脉,《大众报》连载。
林清风　2004　澳门人口构成特征及归侨人口初探,《缅华社会研究》第 3 期,澳门缅华互助会。
楼光庆　1998　从姓名看社会和文化,《文化与交际》,外语教学与研究出版社。
刘羡冰　1994　澳门开埠前后的语言状况与中外沟通,《中国语文》1994 年第 1 期。
陆镜光　2003　从双语和双言看香港社会语言变迁,11 月 21 日中国社会语言学学术研讨会论文。

陆世光　1992　澳门的双语制与汉语文的规范化,《澳门语言论集》,澳门社会科学学会。

罗世贤(Rui Manuel de Sousa Rorcha)　1992　一国两制,一区多语,《澳门语言论集》,澳门社会科学学会。

马加杰(Joaquim Ribeiro Madeira de Carvalho)　1999　土生文化在未来特别行政区的存亡——土生葡人话今昔说未来系列之五,《澳门日报》10月13日。

邵朝阳　.2003　澳门博彩语研究,北京语言大学博士研究生学位论文。

邵朝阳　2003　澳门粤方言[N]音节渐变研究,《中国社会语言学》创刊号。

盛　炎　1999　澳门语言现状与语言规划,《双语双方言》(六)。

盛　炎　2001　再谈中文公文中的语言问题,《行政》杂志第52期,澳门行政暨公职局。

唐作藩　1992　从汉语发展史看澳门过渡期应采取的一项语言措施,《澳门语言论集》,澳门社会科学学会。

汪长南　1996　公务员本地化应跳出旧框框——读程祥徽教授《语言与沟通》有感,《大众报》3月1日。

汪林芳　2003　澳门街巷文化特色,《澳门日报》10月5日。

杨福绵　2001　罗明坚和利玛窦的《葡汉辞典》(历史语言学导论),《葡汉辞典》葡萄牙国家图书馆、东方葡萄牙学会、利玛窦中西文化历史研究所出版。

杨继波　1999　略谈澳门地名的演变,《澳门研究》第11期。

袁　焱　2003　族群分化与语言变迁,11月21日中国社会语言学学术研讨会论文。

张振兴　1988　台湾话研究的现状和进展,《中国语文》1988年第6期。

张振兴　语言规划和汉语方言研究,未刊。

张振兴　从局外看澳门的语言生活,《双语双方言》(七)。

赵燕芳　1994　土生葡人:澳门一个重要的、独特的居民阶层——美好前景在展现,《行政》杂志,第七册,第23期,澳门行政暨公职局。

郑淑贤　2004　Dona Aida和她的土生菜食堂,《澳门杂志》总第40期,澳门特别行政区政府新闻局。

郑淑贤　2004　土生土语话剧团以艺术延续土语生命,《澳门杂志》总第40

期,澳门特别行政区政府新闻局。

朱 斌 2003 论贡沙维斯著作中清代官话之语言现象,澳门大学硕士论文,藏澳门大学图书馆。

祝秉耀 2002 澳门街道名称的文化内涵,《中外文化交流与澳门语言文化国际研讨会论文集》,澳门理工学院。

(葡)安娜·玛利亚·阿马罗(Ana Maria Amaro) 1994 变迁中的土生社会：一项调查的初步结果,《文化杂志》中文版第 20 期,澳门政府文化司署。

(葡)安娜·玛利亚·阿马罗(Ana Maria Amaro) 1988 大地之子——澳门土生葡人研究,《文化杂志》中文版第 20 期,澳门政府文化司署。

(葡)巴塔亚(Graciete Nogueira Batalha) 1994 澳门语——历史与现状,《文化杂志》中文版第 20 期,澳门政府文化司署。

(葡)鲍登(C. R. Bawden) 1954 十八世纪澳门葡语方言的汉语资料,《文化杂志》,澳门政府文化司署。

(葡)贾渊、陆凌梭(João de Pina Cabral & Nelson Lourenço) 1991 澳门土生葡人问题初探,12 月 18 日在澳门的演讲稿。

(葡)卡布拉尔(Joao de Pira Cabral) 1994 澳门的族群构成,《文化杂志》中文版第 20 期,澳门政府文化司署。

(葡)玛利亚·依沙贝·汤马斯(Maria Isabei Tomás) 1990 一种土语的生存和死亡,《文化杂志》中文版第 9 期,澳门政府文化司署。

(葡)彭慕治(Jorge Morbey) 1994 澳门土生葡人种族同一性的几个侧面,《文化杂志》中文版第 20 期,澳门政府文化司署。

(葡)文德泉(Manuel Teixeira) 1994 澳门土生葡人的由来,《文化杂志》中文版第 20 期,澳门政府文化司署。

(葡)文德泉(Manuel Teixeira) 1994 关于澳门土生人起源的传说,《文化杂志》中文版第 20 期,澳门政府文化司署。

专 著

蔡鸿生主编 1998 《澳门史与中西交通研究》,广东高等教育出版社。

曹志耘 1994 《语言差异与文化心理——中外语言的文化学透视》,河北人民出版社。

曹志耘 2002 《南部吴语语音研究》,商务印书馆。

参考文献

陈松岑　1989　《社会语言学导论》,商务印书馆。
陈松岑　1999　《语言变异研究》,广东教育出版社。
陈　原　1983　《社会语言学》,学林出版社。
程祥徽主编　1994　《澳门语言论集》,澳门社会科学学会。
程祥徽、黎运汉主编　1994　《语言风格论集》,南京大学出版社。
程祥徽主编　1998　《语言规划的理论与实践研讨会论文汇编》,澳门语言学会。
程祥徽　2000　《中文回归集》,香港和平图书·海峰出版社。
程祥徽、林佐瀚主编　2000　《语体与文体》,澳门语言学会、澳门写作学会出版。
程祥徽、黄汉强主编　2003　《澳门文化、汉文化、中华文化与21世纪》,澳门社会科学学会。
戴庆厦　1993　《社会语言学教程》,中央民族大学出版社。
丁金国　1990　《语言学基础》,黑龙江教育出版社。
邓景滨　2000　《澳门莲系地名考》,澳门语言学会。
郭　锐　2002　《现代汉语词类研究》,商务印书馆。
郭　熙　2004　《中国社会语言学》(增订本),浙江大学出版社。
何大章、缪鸿基　1993　《澳门地理》10月刊,澳门基金会。
侯精一主编　1995、1996　《现代汉语方言音库》,上海教育出版社。
黄德鸿　1996　《澳门新语》,澳门成人教育学会出版。
黄翊、邵朝阳、龙裕琛等　1998　《澳门:语言博物馆》,香港和平图书·海峰出版社。
李福麟编　1995　《澳门四个半世纪》,澳门松山学会。
李鹏翥　1986　《澳门古今》,澳门星光出版社、三联书店香港分店联合出版。
李如龙　1993　《地名与语言学论集》,福建省地图出版社。
李如龙主编　1999　《东南亚华人语言研究》,北京语言文化大学出版社。
李向玉主编　2001　《中文公文写作教程》,澳门理工学院和行政公职局联合出版。
刘羡冰　1994　《双语精英与文化交流》,澳门基金会。
刘羡冰　1999　《澳门教育史》,人民教育出版社。
刘羡冰等　1999　《澳门今昔》,三联书店(香港)有限公司。
刘羡冰、陈树荣、王国强、冼为铿编著　1999　《澳门今昔图片》,三联书店(香港)有限公司。
刘羡冰　2002　《世纪留痕——20世纪澳门教育大事志》。
罗常培　1989　《语言与文化》,语文出版社。
马克平主编　1994　《澳门三化论文集》,澳门社会科学学会。
马克平主编　1994　《人口与文化》,澳门社会科学学会。
钱　穆　1988　《中国文化史》,三联书店上海书店。
苏新春等著　2002　《汉语词汇计量研究》,厦门大学出版社。
汤开建　1999　《澳门开埠初期史研究》,中华书局。
唐　思　1998　《澳门风物志》,中国友谊出版公司。
唐作藩　1991　《音韵学教程》,北京大学出版社。
陶原珂执行编委　1995　《澳门教育、历史与文化论文集》,《学术研究》杂志社出版。
王建华　1990　《文化镜像——人名》,吉林教育出版社。
王　力　1972　《汉语音韵》,中华书局香港分局。
王　力　1983　《广东人怎样学习普通话》,香港万海语言出版社。
王文达　1999　《澳门掌故》,《澳门教育》出版社。
魏美昌　1994　《澳门纵谈》,澳门基金会。
吴志良主编　1994　《东西方文化交流》,澳门基金会。
冼为铿　2004　《谈文字说古今》第三、四集,澳门成人教育学会。
肖遥天　1987　《中国人名的研究》,国际文化出版社。
徐大明、陶红印、谢天蔚　1997　《当代社会语言学》,中国社会科学出版社。
徐　新　1994　《澳门的视野》,澳门基金会。
许嘉璐　1999　《语言文字学及其应用研究》,广东教育出版社。
于根元　1999　《语言应用论集》,北京广播学院出版社。
邹嘉彦、游汝杰　2001　《汉语与华人社会》,复旦大学出版社、香港城市大学出版社。
詹伯慧主编　2002　《广东粤方言概要》,暨南大学出版社。
张联芳主编　1987　《外国人的姓名》,中国社会科学出版社。
张清常　1990　《胡同及其他》,北京语言学院出版社。
张清常　1997　《北京街巷名称史话——社会语言学的再探索》,北京语言文化大学出版社。
张卓夫　2001　《澳门多语现象研究》,澳门写作学会。

章文钦　1995　《澳门记略研究》,澳门基金会。
周庆生主编　2001　《国外语言政策与语言规划进程》,语文出版社。
周庆生主编　2003　《国家、民族与语言——语言政策国别研究》,语文出版社。
郑天祥、黄就顺、张桂霞、邓汉增著　1994　《澳门人口》,澳门基金会。
中国政法大学澳门研究中心　1999　《比较法研究·澳门研究专号》,中国政法大学出版社。
周玉忠、王　辉主编　2004　《语言规划与语言政策:理论与国别研究》,中国社会科学出版社。
祝畹瑾　1985　《社会语言学译文集》,北京大学出版社。
祝畹瑾编著　1992　《社会语言学概论》,湖南教育出版社。
(清)印光任、张汝霖原著 1745—1746,赵春晨校注　1992,《澳门记略校注》,澳门文化司署。
(法)路易-让·卡尔韦著,曹德明译　2001　《我知道什么？社会语言学》,商务印书馆。
(美)布龙菲尔德著,袁家骅、赵世开、甘世福译　1997　《语言论》,商务印书馆。
(葡)J. H. 萨拉依瓦著,李均报、王全礼译　1994　《葡萄牙简史》,澳门文化司署与花山文艺出版社。
(葡)劳尔·莱阿尔·盖昂(Raul Leal Gaião)　1999　《澳门土生葡人作家作品里的词汇》,澳门大学出版中心。
(葡)徐萨斯　2000　《历史上的澳门》,澳门基金会。
(瑞典)龙思泰　1997　《早期澳门史》,东方出版社。

辞书、类书

澳门统计暨普查司　《澳门及其人口演变五百年(一五零零年至二零零零年)人口、社会及经济探讨》。
澳门民政总署　2004　《澳门特别行政区街道》。
澳门统计暨普查司　1997　《九六中期人口统计总体结果》。
澳门特别行政区政府统计暨普查局《2001人口普查》。
澳门特别行政区政府行政暨公职局《2003年澳门特别行政区公共行政人力

资源报告》。

黄汉强、吴志良主编 1994 《澳门总览》,澳门基金会出版。
李鹏翥主编 2003 《澳门手册》,澳门日报。
李　荣主编、曹志耘编撰 1996 《金华方言词典》,江苏教育出版社。
梁官汉前言 1999 《澳门特别行政区实用指南》,澳门成人教育学会。
刘　芳辑、章文钦校 1999 葡萄牙东波塔档案馆藏《清代澳门中文档案汇编》(上、下),澳门基金会。
戚雨村、董达武、许以理、陈光磊编 1993 《语言学百科辞典》,上海辞书出版社。
饶秉才、欧阳觉亚、周无忌编著 1981 《广州话方言词典》,商务印书馆。
王锁英、鲁晏宾编 1997 《简明汉葡词典》,上海外语教育出版社。
香港中国语文学会统筹 2001 《近现代汉语新词词源词典》,汉语大词典出版社。
禤伟旗总编辑 2003 《中华民俗大全·澳门卷》,《中华民俗大全·澳门卷》编辑委员会出版。
吴开斌 1991 《简明香港方言词典》,花城出版社。
吴志良、杨允中主编 1999 《澳门百科全书》,澳门基金会出版。
詹伯慧主编 2002 《广州话正音字典》,广东人民出版社。
郑定欧主编 1996 《香港词典》,北京语言学院出版社。
郑定欧编撰 1997 《香港粤语词典》,江苏教育出版社。
周汉军、王增扬、赵鸿玲、崔维孝编写 1992 《简明葡汉词典》,商务印书馆。
(葡)贡萨维斯(J. A. Goncalves) 1833 《汉洋合字汇》(Dicionario China - Portuguez),Real Collegio do S. Jose。
(葡)贡萨维斯(J. A. Goncalves) 1834 《洋汉合字汇》(Dicionario Portuguez - China),Real Collegio do S. Jose。
(意)利玛窦(Matthaeus Ricci 1552—1610)、罗明坚(Michel Ruggieri 1543—1606) 1584 《葡汉辞典》,商务印书馆。

图表目录

图 1　高、低层行政人员葡籍比例(1985—1998年)……103
图 2　回归前后公职人员母语状况比例(1999—2003年)……106
图 3　大潭山郊野公园宣传牌……193
图 4　土生葡人祖孙三代中文姓名的比例……209
图 5　土生葡人起中文姓名的年代……210
图 6　澳门的"梯"(跛脚梯)……220
图 7　澳门的"斜巷"(兵房斜巷)……220
图 8　澳门的"斜路"和"斜巷"……221
图 9　澳门的"前地"(天后庙前地)……222
图 10　澳门的"圆形地"(奥林匹克游泳馆圆形地)……222
图 11　回归前的路牌(田畔街)……223
图 12　回归后的路牌(幸运围)……223
图 13　中葡英三文的路牌(葡萄牙地区之家)……224
图 14　中葡英三文的路牌(土生葡人之家)……225
图 15　以中葡人名命名的大马路比例……233
图 16　氹仔的"村"(卓家村 a)……235
图 17　氹仔的"村"(卓家村 b)……236
图 18　澳门半岛的"新村"(祐汉新村)……237
图 19　以人名为专名的街道比例……251

图 20　以地名为专名的街道比例 ·················· 253

图 21　报读中葡翻译高等专科学位的人数(1997—2005 年)
　　　 ·· 278

图 22　报读中英翻译高等专科学位的人数(2000—2005 年)
　　　 ·· 282

图 23　回归前后的政府文件 ························ 283

图 24　回归前的电费单(1998.9.3)、回归后的电费单(2001.1.8)
　　　 ·· 284

表 1　澳门不同年代的人数调查记录 ················· 8
表 2　澳门居住人口出生地分布(2001 年) ········· 10
表 3　清代澳门中文档案的词语 ······················ 31
表 4　清代档案中构词能力较强语素举例 ·········· 48
表 5　清代档案中常见词语类型举例 ················ 49
表 6　《澳门记略》词表 ································ 58
表 7　《澳门记略》词语类别 ·························· 73
表 8　《澳门记略》地区词或方言词举例 ············ 74
表 9　《澳门记略》词语的语音特征 ·················· 77
表 10　前鼻音字与 n 对应 ····························· 78
表 11　边音字与 l 对应 ································ 78
表 12　在一个词语中 n/l 分别得很清楚 ············ 78
表 13　n/l 相混 ··· 78
表 14　l 取代 r ·· 79
表 15　保留 b、p ·· 79
表 16　保留 f、v ·· 79

图表目录

表 17	m、w 代 b、p ···	80
表 18	b、p 代 f、v ···	80
表 19	声母的清浊不分 ··	81
表 20	声调的舒声和入声不分 ····································	81
表 21	粤方言翻译 ···	82
表 22	官话或其他方言翻译 ·······································	82
表 23	澳门华籍人数(1563—2001 年)····························	86
表 24	汉语方言人数(1991 年、1996 年、2001 年) ············	88
表 25	金域酒店招聘广告 ··	94
表 26	澳门电讯有限公司招聘广告 ······························	95
表 27	按出生地统计居住人口(1996 年)························	97
表 28	家庭使用语言(2001 年) ····································	97
表 29	澳门葡籍人数(1910—1991 年) ···························	101
表 30	葡籍行政人员人数(1985—1998 年) ·····················	102
表 31	高、低层行政人员葡籍人数(1985—1998 年) ········	103
表 32	回归前公职人员母语状况(1999 年) ····················	104
表 33	回归后公职人员母语状况(1999—2003 年) ···········	105
表 34	澳门英籍人数(1839—1996 年) ···························	108
表 35	以英语为日常用语的菲律宾人数(1991 年、1996 年、2001 年) ···	109
表 36	家庭使用语言(1991 年、1996 年、2001 年)············	110
表 37	双语、三语、多语人数(2001 年) ························	131
表 38	土生葡人掌握双语文的四种类型 ·······················	133
表 39	1999/12/20 至 2004/11/15 通过的法规(按年份)······	192
表 40	土生葡人双语姓名统计 ····································	208

表 41	土生葡人前两辈双语姓名状况	209
表 42	土生葡人中文姓名的由来	214
表 43	起中文姓名的时间或原因	215
表 44	签名和呼名的语文选择	216
表 45	中文街道通名数目及举例	218
表 46	巷、里、围通名互换举例	227
表 47	路、马路、大马路的数量	230
表 48	广场、前地、圆形地的葡文翻译和数量	233
表 49	澳门街名的结构方式	237
表 50	以葡萄牙人名为专名的街道	238
表 51	以中国人名为专名的街道	250
表 52	以外国城市为专名的街道	251
表 53	以中国地名为专名的街道	252
表 54	以吉祥语为专名的街道	254
表 55	以口彩化为专名的街道	255
表 56	省略、简称或代称的街名举例	261
表 57	俗名代正名的街名举例	262
表 58	俗名选取标志性建筑物的街名举例	263
表 59	修饰语＋通名的"街"名系统化举例	264
表 60	序数＋通名的"街"名系统化举例	265
表 61	修饰语＋通名的"巷"名系统化举例	265
表 62	修饰语＋通名的"围"名系统化举例	266
表 63	一个专名带多个通名的街名举例	267
表 64	掌握各种语言能力的导游(2000年)	288

后　记

　　1993年我在天津师范大学陆世光教授和曹聪孙教授指导下攻读硕士课程,1998年通过论文《多语社会与语码转换》而获学位。2000年我被北京语言文化大学录取为博士研究生,无奈当时我在香港教育学院作兼任教师,每周三天往返港澳,每次花在舟车上的时间至少五个钟头,哪还有读博的时间与精力!于是申请延期入学,直到2001年应聘澳门理工学院讲师成功,不再奔波于港澳两地,这才重拾旧荒,在曹志耘教授指导下攻读社会语言学,2005年通过论文《澳门语言状况与语言规划研究》而获得博士学位。其实荒废学业对我来说并非这一次,早在14岁那年我就被上海的里弄干部连逼带哄地轰到中苏边境插队落户,被剥夺了求学的权利。28岁时一位老人把我带到一个完全陌生的世界香港,开始一边工作一边求学,工作也是学习的生涯。凑巧的是,凭着我在当知青习得的普通话和到香港后很快学会了广东话,竟然当过一阵子语言教师;后来我开公司,因为从事进出口贸易的需要又不得不学些英语。我借助一本《应用化工辞典》向印度尼西亚、新加坡、马来西亚订货,依靠几本英汉字典和汉英字典签合同、开LC。于是我开始察觉:语言也是一种谋生工具。20世纪80年代末那场风波后外汇突然紧缩,生意没法做了,我就弃商学文,老老实实当一名学生,填补我失去的青春。先在亚洲国际公开大学取得学士学位,继而因教学业务的需要和作为教师必备的学位资格的需要,又继续往下读。是人世的偶然也罢,是历史的必然也罢,人生的这一段历程使我既觉得幸运又觉得充实。

值此掩卷冥想之际,我首先想到我的父亲。我父亲是一位循规蹈矩、心洁如海的知识分子。一家人住在上海市区,组织上硬要把一家之主派往安徽工作;我们兄弟姐妹四个小生命交由母亲独力抚养。几经周折,父亲调回上海,却又让他去浦东农村教中学。那时的浦东不是今天的浦东。一条黄浦江把上海分割成两半,一半叫浦东,没有一丝一毫大上海的气息;另一半才叫上海。上海人把浦东当乡下,称浦东人为乡下人。上海人只有在远足或郊游的时候偶尔去一趟浦东。现在浦东发展起来了,上海的另一半才改称浦西。当时我父亲每周末得坐船来回于学校与家庭之间,虽说调回了上海,却依然无法照顾家庭。严冬酷暑,他一人在江的对岸,勤勤恳恳培育下一代,他教的班级高考入学率最高,一届又一届的高中毕业生被送入大学的校门,因而得了"人民代表"的美誉。因为他所学专业是法律,当时非常缺乏这样的人才,复旦大学要他去担任教职,那所农村中学却以需要为名不予放行。20世纪80年代中期,父亲终于在不停地折腾后离开人世了。我的父母都是解放前的大学毕业生,他们引以为憾的是没有让子女多读点书,总想让他们的子女哪怕只有一个能念上大学。因此我必须把我的学习成绩报告给我的家人,特别是告慰在天之灵的父亲。

我要感谢学习期间给我授课和指导论文写作的曹志耘老师。他是一位极端认真的教授,要求严格得近乎严酷。在我的记忆中,4年学习期间他从未当面表扬过他的学生(倒是在他人面前表现出对学生的学习充满信心),直到论文已经竣工,他还在逐字逐句捉摸学生的写作提纲,怕有什么疏漏。严师出高徒,只可惜我囿于愚钝,空有严师而不是高徒。师母高老师是我崇敬的人,老师一年中用很多时间在外调查方言或从事学术活动,家务全由师母一人打理,师母的操劳是对老师事业的支持,间接受惠的是我们这些学生。此外,我必须感谢给我的论文写作提供了极大帮助的丁金国教授和张振兴教授,感谢在开题报告和论文答辩中给我指导的钱曾怡教授、侯精一教授、张双庆教授、张维佳教授。没有他们的指导,我要完成学业是很困难的。我的夫君也是研究语言学的。20世纪90年代他在澳门创办语言学会,发起和主持一系列语言学和社会语言学学术会议,例如"澳门过渡期语言发展路向国际学术研讨会"、"语言规划的理论与实践学术研讨会"等等。我在协助他工作的过程中爱上了语言学,是他引领我进入语言学的天堂。在读硕士、读博士的过程中一直得到他的帮助,是他改变了我的生命,因此我对他是非常感激的。我的论文内容牵涉面很广,协助我调查资料的师友和发音合作人很多,引用过的、参考过的文献也是大量的,还有指导我解决电脑难题的师友,我都诚挚地、由衷地表示感谢。这将是一份长长的清单,这份清单中至少应当有唐作藩教授、李沛霖校长、尹德刚教授、彭慕治博士(Dr. Jorge Morbey)、谭剑虹(Gonçalo Xavier)和欧颖妍(Orivia)伉俪、李珍娜同学(Regina)、骆宇峰同学、李思豪(Marcelo)、胡慧明、朱斌、邝玉球、高力力老师、黄健清厅长、欧慧仪、胡倩子、蔡文芳、萧绍兴等同学以及澳门理工学院语言暨翻译高等学校、澳门理工学院职业技能培训中心、澳门旅游博彩技术培训中心、澳门旅游学院、澳门特区政府统计局……尤其要感谢澳门理工学院提供学习费用和此书的出版经费。

人生最幸福的时光是学生时代。我觉得最幸福的时光是在经历了无数波折后懂得了学习重要性而又重获学习机会的岁月。我会永远怀念这一段岁月。

最后,感谢周洪波、余桂林先生安排和编辑本书出版,感谢王宁教授、张振兴教授赐序。

黄　翊

2006 年 12 月 20 日澳门回归 7 周年

图书在版编目(CIP)数据

澳门语言研究/黄翊著.—北京:商务印书馆,2007
ISBN 978-7-100-05417-1

Ⅰ.澳… Ⅱ.黄… Ⅲ.粤语—方言研究—澳门 Ⅳ.H178

中国版本图书馆 CIP 数据核字(2007)第 030065 号

所有权利保留。
未经许可,不得以任何方式使用。

ÀOMÉN YǓYÁN YÁNJIŪ
澳 门 语 言 研 究
黄翊 著

商 务 印 书 馆 出 版
(北京王府井大街36号 邮政编码 100710)
商 务 印 书 馆 发 行
北京瑞古冠中印刷厂印刷
ISBN 978-7-100-05417-1

2007 年 9 月第 1 版　　　开本 850×1168　1/32
2007 年 9 月北京第 1 次印刷　　印张 10¾
定价:21.00 元